AF372784

Bertha Pappenheim

Sisyphus: Gegen den Mädchenhandel - Galizien

e-artnow 2018

Wilhelm Gottlieb Soldan
Die Hexenprozesse

Paul Lafargue
Das Recht auf Faulheit (Widerlegung des "Rechts auf Arbeit" von 1848)

Max Weber
2 Vorträge: Wissenschaft als Beruf + Politik als Beruf

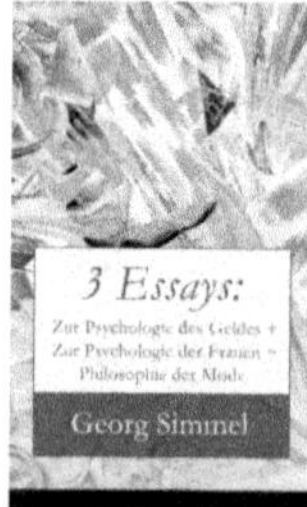

Georg Simmel
3 Essays: Zur Psychologie des Geldes + Zur Psychologie der Frauen + Philosophie der Mode

Max Weber
Wirtschaft und Gesellschaft: Grundriß der verstehenden Soziologie

August Bebel
Die Frau und der Sozialismus: Klassiker der sozialistischen Literatur - Beitrag zur Frauenemenzipation: Die Stellung der Frau in ...und Vaterrecht + Die Frau im Mittelalter...

John Stuart Mill
Gesammelte philosophische Werke: System der deduktiven und induktiven Logik + Die Hörigkeit der Frau

Robert von Pöhlmann
Geschichte der sozialen Frage

Johann Most
Anarchistische Werke: Die freie Gesellschaft + Die Anarchie + Die Gottespest + Die Eigentumsbestie + Der kommunistische Anarchismus

Max Weber
Die sozialen Gründe des Untergangs der antiken KulturSozialgeschichte und Wirtschaftsgeschichte

Bertha Pappenheim

Sisyphus: Gegen den Mädchenhandel - Galizien

Eine Studie über Mädchenhandel und Prostitution in Osteuropa und dem Orient

e-artnow, 2018
Kontakt: info@e-artnow.org
ISBN 978-80-273-1843-8

Inhaltsverzeichnis

Die »Immoralität der Galizianerinnen«

Sie sprachen und sprechen von der »Immoralität der Galizianerinnen«, als ob das eine ganz exceptionelle für sich bestehende Abnormität einer besonderen Menschenklasse wäre. Ja, wissen die Herren nicht oder wollen sie es nicht wissen, daß unter den deutschen, hier heimatberechtigten jüdischen Mädchen dasselbe Sinken des moralischen Niveaus zu bemerken ist – dasselbe Sinken wie unter allen Mädchen, die durch die bestehenden sozialen Verhältnisse moralisch haltloser und schwächer geworden sind? Einst war es ein unerhörtes Ereignis, wenn ein jüdisches Mädchen außerehelich ein Kind gebar, – ein Ereignis, das so wie die Abtrünnigkeit vom Glauben, die Taufe einen Romanen- oder Novellenstoff bildete. Heute sind das gar nicht seltene, sondern sehr oft wiederkehrende Fälle.

Die Sittlichkeit der jüdischen Frauen und Mädchen, dieser Pfeiler, auf dem die unauslöschliche Ausdauer und Regenerationskraft unseres Volkes beruht, sie ist tatsächlich bedroht – aber nicht von den Galizierinnen allein.

Die Herren sprachen auch in beiden Sitzungen von einer drohenden Gefahr, von Schutzmaßregeln, abwehrenden und vorbeugenden, den Galizierinnen gegenüber. Nach dem Grunde und der Ausdehnung des Übels fragte Niemand. Das ist aber kein guter Arzt, der die Symptome kurieren will und nicht nach Art und Sitz der Krankheit forscht.

Wenn man sich nun die Mühe gibt, so im allgemeinen nach der Ursache der zunehmenden Immoralität unter den Frauen und Mädchen zu forschen, dann lautet die Antwort der Geistlichen aller Konfessionen meist: es ist der Mangel an Frömmigkeit. Im ersten Augenblick erscheint der Grund auch stichhaltig. Bei näherem Zusehen aber kann man erkennen, daß es die reaktionäre Partei ist, die unter dem Ruf nach Sittlichkeit die persönliche und Glaubensfreiheit unterdrückt, um ihre Privat-, ihre politischen und Spezialinteressen dabei zu verfolgen. Sehr augenfällige Erscheinungen, die von den Bekennern strengster Observanz in allen Konfessionen nicht geleugnet werden können, sprechen dagegen, daß die abnehmende »Frömmigkeit« die zunehmende Immoralität bedingt. Und so sehen wir denn auch, daß Galizien, das Reservoir der jüdischen Orthodoxie, seit vielen Jahren an Ungarn, Rumänien, London und viele Städte Amerikas einen bedeutenden Teil ihres Bedarfs an Mädchen »liefert«. Die Frömmigkeit, wie sie die orthodoxe Geistlichkeit verlangt, scheint nach dieser Richtung hin kraftlos zu sein und machtlos bleibt auch ihr Einfluß in den Asylen und Magdalenenhäusern, die mit ihren Besserungsversuchen recht klägliche Resultate aufweisen.

Ein einziges Haus in Chicago, das sich die Rettung gefallener jüdischer Mädchen ohne jeden religiösen Zwang zur Aufgabe macht, hat relativ den anderen confessionellen Einrichtungen gegenüber bessere Resultate. Als zweiten Grund nach der landläufigen Auffassung nennen die Herren – die Damen in ihrer behaglichen Indolenz befassen sich mit so schmutzigen Dingen nicht – also die Herren in ihrer patentierten Logik sagen: »Die Mädchen sind schlecht, weil sie schlecht sind.«

Nun, das ist einfach nicht wahr. Daß es viele zügellose, schlechte Elemente in der Gesellschaft gibt, und wenn nicht energisch dagegen gearbeitet wird, späterhin noch viel mehr geben wird, ist wahr. Aber die Mädchen, die heute schlecht sind, sind schlecht, weil die Gesellschaft sie schlecht werden ließ und ihnen, so lange sie schwankten, so lange sie auf der Scheide zwischen gut und schlecht standen, nicht half, gut zu werden.

Unter helfen verstehe ich natürlich keine Hilfe im Sinne von Wohltätigkeit, sondern ich verstehe darunter: Rat, Schutz, Förderung und das Zugeständnis aller rechtlichen und politischen Mittel, deren jeder Mensch, Mann und Frau, zur Aufrechterhaltung seiner physischen und sittlichen Existenz bedarf. Verfolgen Sie doch einmal den Lebenslauf eines solchen Geschöpfes, über das die satte ungeprüfte Wohltätigkeit den Stab bricht (Fälle, in denen übermäßige Wohltätigkeit ganze Familien üppig und träge macht, nehme ich natürlich aus). Ein Mädchen, gleichviel ob es in Whitechapel, in einem Hinterhaus in Berlin oder in einem galizischen Dorfe ist, kommt zur Welt. Erlassen Sie es mir, Ihnen das Milieu zu schildern. Körperlich ungepflegt nehmen die Sinne nur Wahrnehmungen auf, die der gesunden Entwicklung des Kindes nach jeder Richtung hinderlich sind. Die Schlafräume sind überfüllt, und das Ringen zur Existenz und um die Existenz spielt sich als einziger Lebensinhalt vor dem Kinde ab. Auch wie es um Unterricht und Ausbildung, um Erziehung und Beaufsichtigung bestellt ist, wissen Sie. – Alles ungenügend im Verhältnis zu den Anforderungen, die das Leben späterhin unweigerlich stellt. Was der Staat in Deutschland bietet, ist der Schulzwang bis zum 14. Lebensjahre. Daß in diesem Alter ein Mädchen geistig reif zur Selbstbestimmung und erwerbsfähig sein kann, wird niemand ernstlich behaupten können, und doch ist mit dem zurückgelegten 14. Lebensjahre gesetzlich das Schutzalter für Mädchen überschritten und in vielen tausend Fällen tritt mit demselben Augenblick auch die Notwendigkeit des Broterwerbes an das Mädchen heran. Aber nehmen Sie auch die günstigeren Fälle an, in denen den Mädchen eine Lehrzeit zugestanden wird als Näherin, Schneiderin, Modistin, Ladnerin etc. etc., auf allen Erwerbsgebieten, von der Fabrikarbeiterin bis zur Lehrerin und Beamtin, ist die Arbeit der Frau bei gleicher Leistung noch schlechter bezahlt als die des Mannes. Es gibt Lohnsätze und Gehälter, die geradezu empörend sind. Wenn nun ein nach jeder Richtung schwaches, mangelhaft erzogenes, ungenügend vorgebildetes Mädchen bemerkt und erfährt, daß es einen Erwerb gibt, der ihr mühelos ein sorgloses, bequemes Dasein unter verlockenden Äußerlichkeiten bietet, da ist es nur zu begreiflich, ja entschuldbar, wenn sie das Martyrium der Anständigkeit nicht länger auf sich ladet.

Für die galizischen Mädchen liegen die Verhältnisse noch schlechter. In Galizien gibt es keinen Schulzwang. Die Mädchen, nicht nur sozial, sondern auch religiös minderwertiger als die Knaben, dürfen zwar in die Schule gehen, es geschieht aber nur sehr unregelmäßig, und soweit überhaupt von Unterricht die Rede sein kann, ist er ganz planlos. Dazu kommt noch, daß die Mädchen im Kindesalter schon verlobt werden. Empfinden sie dann heranwachsend einen Widerwillen gegen den ihnen bestimmten Mann, dann nehmen sie entweder die Zuflucht zur Taufe, oder sie laufen in die weite Welt, um endlich auf illegalem Wege demselben Schicksal zu verfallen, dem unter legaler Form sie zu entrinnen hofften.

Was ich ihnen bis jetzt in allerdings nur sehr flüchtigen Strichen zu zeichnen versuchte, ist die soziale Begründung jener Erscheinungen, die als »zunehmende Immoralität« die Veranlassung zu vielfachen Erwägungen gibt. Vielleicht haben sie zwischen meinen Erörterungen die verzweigten Wurzeln der Frauenfrage gesehen, vielleicht auch in dämmriger Ferne die Ziele der Frauenbewegung.

Die extremsten Erscheinungen, die stellenweise auf der Oberfläche des Gemeinlebens erscheinen, erschrecken zum Glück auch wohlmeinende Männer. Sie sehen und erkennen die Größe der Gefahr, die die Häufung dieser Erscheinungen für die Gesamtheit ergibt, und aus ihren Reihen erwachsen den Frauen und ihren Bestrebungen heute schon eine recht stattliche Zahl von Mitarbeitern, allerdings meist nur so weit es sich um gewisse äußere Reformen handelt.

Der Zusammenhang der Sittlichkeitsfrage mit der Wohnungsfrage, mit der Lohnfrage, mit der Erziehungsfrage ist ja leicht zu fassen.

Aber wenn man sich in der Behandlung der Sittlichkeitsfrage nur auf diese äußeren Reformen beschränkt und dabei auf dem Standpunkt der doppelten Moral stehen bleibt, dann wird man fortfahren, die Krankheit zu verschleppen. Die Herren des *Israelitischen Hilfsvereins* sind nicht die ersten und nicht die einzigen, denen die zunehmende Prostitution unter den Mädchen bedenklich erscheint. Und wie aus ihrer Mitte kürzlich lakonisch der Rat erteilt wurde: »Fort mit dem Gesindel«, so ist auch diese, allerdings nicht sehr weitherzige Auffassung, keine vereinzelte. Merkwürdig ist nur, daß seitens der Männer, selbst kaufmännisch gebildeter, das Gesetz von Angebot und Nachfrage zur Durchleuchtung dieser Sache keine Anwendung findet.

Diese jüdischen Hausiererinnen und Artistinnen, die Kellnerinnen, die Ladnerinnen, Modistinnen, Probiermamsellen, Balletteusen und Choristinnen, ja, sie verkaufen sich. »Man« ist sittlich entrüstet darüber – aber könnten sie sich denn verkaufen, wenn keine Käufer da wären? Die furchtbare Ungerechtigkeit liegt eben darin, daß, wenn zwei Menschen gemeinsam ein Verbrechen begehen, dem einen von ihnen alle Schuld beigemessen wird, während der andere

in den Augen der Welt als makellos gilt. Ich sage absichtlich: in den Augen der Welt makellos,
denn straflos nach den unwandelbaren Naturgesetzen geschieht es ja nicht.

Die sozialen Grundlagen der Sittlichkeitsfrage

Wenn ich zu dem durch mein Thema bezeichneten Problem das Wort ergreife, so geschieht es nicht, um eine Lösung der Frage in dem Sinne, der so oft zum Mittelpunkt der Sittlichkeitsfrage gemacht wird, zu versuchen, nämlich ob die Reglementierung, ob die Aufhebung der sittenpolizeilichen Maßregeln geeigneter sei, gewisse verderbliche Erscheinungen unseres Gesellschaftslebens zurückzuhalten. In dieser Frage dürften nur Fachleute eine volle Kompetenz beanspruchen.

Ich gedenke sie zu betrachten von dem Standpunkte meines Faches und Berufes als Frau, jenes Berufes, der uns allen die Pflicht auferlegt, sich nach Kraft und Gelegenheit in den Dienst der Gesamtheit zu stellen.

Es ist durch viele, dem Thema der Sittlichkeitsfrage anhaftende Details begreiflich und erklärlich, daß eine teils angeborene, teils anerzogene Scheu besteht, sich mit ihr zu beschäftigen, oder sie gar öffentlich zur Sprache zu bringen. Ich selbst habe in meiner Bildung als »höhere Tochter« und im Sinne von Gabriele Reuter[1] »aus guter Familie« alle Phasen dieser Scheu in mir selbst durchlebt. Ich weiß, daß es zwischen den Momenten naiven Erstaunens und entsetzten Begreifens eine lange Stufenleiter quälender und bedrückender Empfindungen giebt, die man wohl in seinem ganzen Leben nicht los wird. Hat man sich aber erst klar gemacht, daß es Verhältnisse und Vorkommnisse giebt, deren Erwähnung moralisch empfindende Menschen, auch wenn sie verheiratet sind, höchst peinlich berührt, dann ist der Schluß doch nahe, welch furchtbare Kämpfe gegen Scham, Schande und Erniedrigung von vielen Tausenden menschlicher Geschöpfe durchgefochten werden, ehe sie so »gesunken« sind, daß andere ein Recht zu haben glauben, heuchlerisch über sie zu schweigen.

Was zu denken uns peinlich, was vorzustellen uns schaurig ist, das wollen wir andere erleben lassen, gleichmütig, ruhig?

Ich glaube, wenn die Sittlichkeitsfrage nichts andres bedeuten würde, als jenen moralischen Kampf des einzelnen, dessen eventuelles Unterliegen weiter keine Bedeutung für die Gesamtheit hätte, – auch dann wäre es grausam, dem Ringen und langsamen Sinken von Menschen mit Achselzucken zuzusehen.

Aber die Prostitution als moralisches Siechtum oder Tod des einzelnen Individuums ist nicht die Sittlichkeitsfrage. Sie ist nur ein furchtbares Symptom dafür, daß es soziale Verhältnisse giebt, die solche antisoziale Folgeerscheinungen hervorbringen und fördern.

Einblick in diese antisozialen Folgeerscheinungen können wir bei verschiedenen Gelegenheiten erwerben. In krasser Deutlichkeit z.B. können wir sie erkennen, wenn wir Zahlen lesen, wie sie die Statistik aus Polizeilisten und Krankenkassen veröffentlicht. Wir erschrecken, wir denken, der Druckfehlerteufel habe mit den Nullen gespielt und einige zu viel hingestreut. Aber nein, die Zahlen sind richtig; die Zahlen verfolgen uns. Nach und nach gewinnen sie an Bedeutung, sie illustrieren sich gleichsam mit Bildern des Jammers und des Elends, körperlichen und geistigen Verfalls, und gerade auf dem Boden der Scheu vor jener vielgestaltigen Verkommenheit wächst unaufhaltsam, übermächtig das Mitleid empor.

Kein schwächliches Mitleid, das seufzt und sich abwendet, sondern ein Mitleid, das hört und sieht mit Herz und Verstand, und das die Scheu überwindet, wo es nötig ist und zu tapferer Arbeits- und Hilfsbereitschaft wird. Derartige Vorgänge erleben viele in sich selbst. Sie können sich ohne alle Sentimentalität heftig oder weniger heftig bemerkbar machen. Je nach der Individualität zeigen sie sich mehr nach der Gefühls- oder nach der Verstandesseite betont. Man kann diese Vorgänge als das Erwachen des sozialen Gewissens bezeichnen.

Eigentümlich ist, daß die Frage, die das erwachte soziale Gewissen eindringlich und unabweislich stellt, die soziale Frage, nicht durchgängig als wichtigste Gesamt-Interessenfrage, als Menschheitsfrage, aufgefaßt wird, sondern daß sie, in Teilfragen aufgelöst, häufig zu einem Kampf zwischen Mann und Frau verflacht. Durch Streitigkeiten und kleinliches Geplänkel auf dem Wege wird das Ziel, die Förderung der Gesamtheit, oft ganz vergessen. Diese Hemmungen kann man besonders deutlich auf der ganzen Linie der Frauenfrage beobachten, in der männlichen Opposition gegen Frauenerwerb, Frauenstudium, politische und kommunale Rechte der Frau.

Nun bestehen ja, soweit sich die Opposition auf dem Boden der Konkurrenz und des Broterwerbs bewegt, Scheingründe, die den männlichen Interessenten und den Kurzsichtigen unter den Unbeteiligten noch lange als stichhaltig gelten werden. Und wenn z.B. ein Arzt die Ärztin als Konkurrentin fürchtet, so kann ich mir Verhältnisse für den einzelnen im Existenzkampf denken, die dem Manne das Frauenstudium als gefährlich oder gar verderblich erscheinen lassen. Es gehört eben schon eine gewisse Abstraktionsfähigkeit, unterstützt von äußerer Unabhängigkeit, dazu, um den Wettbewerb der Geschlechter vom Standpunkte der Fortentwicklung des Geschlechtes als einen Vorteil anzuerkennen.

Anders verhält es sich auf dem Gebiete der Sittlichkeitsfrage als ethisches Moment. So wie es nur eine Wahrheit giebt, so giebt es nur eine Sittlichkeit. Wir nennen im Sinne der hier zu erörternden Frage »sittlich« jenes Thun oder Lassen, was vielleicht den einzelnen eine Überwindung oder ein Opfer kostet, aber der Allgemeinheit nützt. Wir nennen unsittlich, was vielleicht einzelnen ein Genuß oder eine Freude ist, aber der Allgemeinheit schadet. Da die Allgemeinheit eine untrennbare und unlösliche Interessengemeinschaft beider Geschlechter darstellt, so kann eine einseitig geschlechtliche Auffassung der Sittlichkeitsfrage niemals logisch oder gerecht sein.

Und so ist denn thatsächlich die zwiefältige Auffassung der Sittlichkeitsfrage die unter dem Kennwort der doppelten Moral landläufig geworden ist, eine der größten Ungerechtigkeiten, deren sich die Civilisation zu schämen hat.

Die Zunahme der »schlechten Krankheit«, wie in Rußland die verheerenden Folgeübel der Prostitution mit einem diskreten Sammelnamen bezeichnet werden sollen, ist die nächste Ursache für die Aufmerksamkeit, die man in Männnerkreisen der Sittlichkeit der Frauen und Mädchen zuwendet. – Zum Schutze der Männer! Man kann es leicht von frivolen Männern hören, daß es »um die Frauenzimmerchen nicht schade« sei, »die wollen es nicht besser«. Aber die Männer!

Bleibt zu beweisen, ob es alle nicht besser wollen oder ob nicht Tausende es teils nicht besser wissen, teils nicht besser können. Anschließend an diesen Gedankengang sehen wir nun in vielen Vereinen, Vorlesungen, ja sogar in Parlamenten Männer über die zunehmende Immoralität der Frauen und Mädchen sprechen und beraten. Ich glaube, daß die Zahl der gerechten und einsichtigen Männer, auch solcher, die mit ihrer Meinung an die Öffentlichkeit treten, im Wachsen begriffen ist. Aber es ist doch die Überzahl derer, die stolz darauf sind, »die Weiber« zu kennen, und die vielleicht nie einen Blick in das Geistes- und Gemütsleben eines normalen, ehrlichen Frauendaseins gethan haben, die das Urteil der denkfaulen Menge dirigieren. Und was sagen sie? Voll Indolenz, wie etwas Selbstverständliches, mit Mitleid oder Hohn, mit überlegenem Augenzwinkern, oder sattem Ekel wiederholen die Meister der Logik: die Mädchen sind schlecht, weil sie schlecht sind. Nun, das ist einfach nicht wahr. Daß es viele zügellose, schlechte Elemente in der Gesellschaft giebt, und wenn nicht energisch dagegen gearbeitet wird, späterhin noch viel mehr geben wird, ist wahr. Aber viele viele der Mädchen, die heute schlecht sind, sind schlecht, weil die Gesellschaft sie schlecht werden ließ und ihnen, so lange sie schwankten, so lange sie auf dem Scheidewege zwischen gut und schlecht standen, nicht half gut zu werden.

Unter Hilfe verstehe ich natürlich keine Hilfe im Sinne von Wohlthätigkeit, sondern ich verstehe darunter: Rat, Schutz und Förderung und das Zugeständnis aller rechtlichen und politischen Mittel, deren jeder Mensch, Mann und Frau, zur Aufrechterhaltung seiner physischen und sittlichen Existenz bedarf. Verfolge man doch einmal den Lebenslauf eines solchen Geschöpfes, über das die glatte, ungeprüfte Wohlanständigkeit den Stab bricht. Ein Mädchen, gleichviel, wo es auf die Welt kommt, ob in einem Hinterhause in Berlin, oder in einem Fabrikviertel in London, oder in einem Ghetto in Galizien – das Charakteristische des Milieus ist überall dasselbe. Körperlich ungepflegt, nimmt das Kind nur Wahrnehmungen auf, die seiner gesunden Entwicklung nach jeder Richtung hinderlich sind. Die Schlafräume sind überfüllt, und das Ringen zur Existenz und um die Existenz spielt sich als einziger Lebensinhalt vor dem Kinde ab. Auch wie es um Unterricht und Ausbildung, um Erziehung und Beaufsichtigung bestellt ist, wissen wir. Alles ungenügend im Verhältnis zu den Anforderungen, die das Leben später unweigerlich stellt. Was der Staat in Deutschland bietet, ist der Schulzwang bis zum 14. Jahre. Daß in diesem Alter ein Mädchen geistig reif zur Selbstbestimmung und erwerbsfähig sein kann, wird niemand ernstlich behaupten, und doch tritt in vielen tausend Fällen in diesem Augenblick die Notwendigkeit des Broterwerbes an das Mädchen heran. Aber man nehme auch die günstigeren Fälle, in denen den Mädchen eine Lehrzeit zugestanden wird, als Näherin, Schneiderin, Modistin, Ladnerin, etc., etc. Auf allen Erwerbsgebieten von der Fabrikarbeiterin bis zur Lehrerin und Beamtin ist die Arbeit der Frau bei gleicher Leistung noch schlechter bezahlt als die des Mannes. Es giebt Lohnsätze und Gehälter, die geradezu empörend sind. Wenn nun so ein nach jeder Richtung schwaches, mangelhaft erzogenes, ungenügend vorgebildetes Mädchen bemerkt und erfährt, daß es einen Erwerb giebt, der ihr mühelos ein sorgloses, bequemes Dasein unter verlockenden Äußerlichkeiten bietet, da ist es nur zu begreiflich, ja entschuldbar, wenn sie das Martyrium der Anständigkeit nicht länger auf sich lädt. Und so sehen wir denn die Kellnerinnen, die Ladnerinnen, die Modistinnen, die Probiermamsellen, Balletteusen und Choristinnen, wie sie sich verkaufen, leichteren oder schwereren Herzens verkaufen sie sich. »Man« ist sittlich entrüstet darüber – aber könnten sie sich denn verkaufen, wenn keine Käufer da wären?

Das ist eben die furchtbare Ungerechtigkeit, daß, wenn zwei Menschen gemeinsam ein Verbrechen begehen, dem einen von ihnen alle Schuld beigemessen wird, während der andre in den Augen der Welt als makellos gilt. Ich sage absichtlich: in den Augen der Welt makellos, denn straflos nach den unwandelbaren Naturgesetzen geschieht es ja nicht. Es ist unmöglich, hier eingehend über eine Frage zu sprechen, die alle Tiefen und Höhen menschlichen Seins berührt, die erschöpfend zu studieren ein Menschenleben ausfüllen kann und deren glückliche Lösung die Arbeit und das Streben von Jahrhunderten erfordern wird. Dennoch würde ich glauben, meine Aufgabe nur sehr ungenügend gelöst zu haben, wenn ich theoretisierend nicht auch einen Hinweis darauf bringen wollte, wo uns das erwachte soziale Gewissen ganz konkrete Arbeitsgebiete und Interessenkreise eröffnet und anweist, die scheinbar für sich bestehen, die aber, sowie man weiter in sie eindringt, ergeben, daß sie unlöslich untereinander verbunden und verschlungen sind.

Zwischen der Menge der Erscheinungen, die sich vielleicht erst bei genauerem Zusehen als schädlich erkennen lassen, liegt in die Augen springend die Wohnungsfrage.

Wer sich auch nur ganz oberflächlich mit Armenpflege beschäftigt hat und dadurch Gelegenheit fand, in die Wohnungen gänzlich Unbemittelter Einblick zu nehmen, wird bald zu der Überzeugung gelangen, daß alle theoretischen Erörterungen den bestehenden Mißständen gegenüber wertlos sind. Ob die schwindende Religiosität gekräftigt werden soll, ob Moralunterricht dafür eingesetzt wird – ob Predigt oder Bildung – so lange die Menschen durch ihre Wohnverhältnisse gezwungen sind, in Bezug auf Anstand und Feinfühligkeit hartschlägig zu werden, so lange trifft der Vorwurf der Verrohung nicht jene Klassen, die verrohen, sondern diejenigen Körperschaften, die nicht alles aufbieten, dieser Verrohung wirkungsvoll entgegenzutreten. Es giebt Wohnräume, um deren Tisch, wenn einer da wäre, sich nicht die Zahl ihrer Bewohner versammeln könnte, die sich nachts horizontal in die unmöglichsten Lagerstätten einpferchen müssen.

Vom subjektiven Standpunkte der Mieter, Aftermieter und Schläfer ist ihre heute vielleicht in vielen Fällen schon angeborene, der Mehrzahl nach durch Anpassung in das Unvermeidliche erworbene Hartschlägigkeit in Sachen des Anstandes ein Glück für sie zu nennen. Denn da eine Reihe von tierisch menschlichen Trieben und Äußerungen einfach nicht unterdrückt oder verleugnet werden können, so würde größere Feinfühligkeit in der Masse nur ein vermehrtes und vertieftes Unglücklichsein hervorrrufen.

Objektiv ist das zur Indolenz oder Roheit führende Abgestumpftsein in Dingen, die eine Stufenleiter bilden von Nichtachtung des Anstandsgefühls bis zur Verletzung der Sittlichkeit, aufs tiefste zu bedauern.

Denn die Gewohnheit hindert die Menschen, täglich und stündlich die obwaltenden Verhältnisse als unerträglich und unwürdig zu erkennen, und es schwindet ihnen damit der Anstoß und der Aufschwung, sie auf die eine oder andre Art verbessern zu wollen.

Diese engen, nach jeder Richtung ungenügenden Menschenwohnungen sind aber nicht nur im allgemeinsten Sinne gefährlich und ungesund, weil sie einem in der Selbstzucht sehr ungeübten Teile des Volkes in aufdringlichster Art die Gelegenheit geben, den Verkehr der Geschlechter verderblich zu gestalten. Sie sind auch deshalb ein Schaden für das Volk, weil sie den Begriff des Heims, des erstrebenswerten Aufenthaltes für die Familie, vernichten. Kein Raum, keine Luft, kein Licht, nach Feierabend kein Fürsichselbstbleiben der zusammengehörigen Familienglieder, geschweige denn Schmuck und Behagen im Wohnraum – woher soll da die Freude am Heim kommen? Was man nicht liebt, das pflegt man nicht, und was nicht gepflegt wird, geht zu Grunde – in diesem Falle Häuslichkeit und Familie.

Neben der Wohnungsfrage und sie an Wichtigkeit noch weit überragend steht die Lohnfrage. Da sie zu den heute meist besprochenen Angelegenheiten gehört und sie in ihrer ganzen Ausdehnung und Bedeutung hier doch nicht herangezogen werden kann, so sei mir gestattet, im Zusammenhange mit meinem Thema nur auf die ebenso bewunderns- wie beklagenswerten Lebenskünstler hinzuweisen, die mit den üblichen Löhnen auszukommen verstehen. Alleinstehende Mädchen und Burschen, die per Tag 1-1,20 Mark, Familienväter, die 3 Mark verdienen, gehören, soferne der Verdienst nur regelmäßig ist, schon zu den Gutsituierten. Und nun rechne man! Wöchentlich 18 Mark für den Lebensunterhalt einer Familie von durchschnittlich 6-8 Köpfen. Ich habe die Rechnung oft versucht, und das Resultat war auf dem Papier schon ein sehr beklemmendes. Nun bedenke man aber, wenn man die einzelnen Posten der Rechnung durchleben, oder richtiger gesagt, durchdarben muß am eigenen Leibe und am Leibe derer, die man liebt. Man sage nicht, daß die Gewohnheit des Entbehrens die Entbehrung leicht macht. Es giebt Dinge, die leicht zu entbehren man nicht gewöhnt sein darf, weil ihnen entsagen eine Herabsetzung und Herabwürdigung des Menschen bedeutet. Dazu kommt, daß Askese von der Natur nicht gewollt ist. Ein Aufgeben aller Genüsse, aller großen und kleinen, weisen und unweisen Freuden des Lebens im Berufe als Last- und Haustier wird nur von den wenigsten mit Bereitschaft geübt, und das furchtbare Wort von der »Prostitution als Aufbesserung des Lohnes« wird erklärlich. Das ganze Elend des Kellnerinnenberufes

Kellnerinnenfrage und Dienstbotenfrage: Jeweils 30% der unehelichen Kinder stammen von Kellnerinnen bzw. weibl. Dienstboten. Beide Berufe sind die prädestiniertesten in der Vorstufe *zur gewerblich registrierten Prostituierten.* Für beide sucht Bertha Pappenheim ein ehrenhaftes Berufsbild durchzusetzen, das jungen Mädchen gestattet, sittlich ungefährdet ihren Lebensunterhalt zu verdienen

Als Mitglied der Kellnerinnenkommission des *ADF*, die zum Ziel hat, das Kellnerinnengewerbe ihres anstößigen Charakters zu entkleiden, führte Bertha Pappenheim in Frankfurt a.M. eine Fragebogenaktion bei Frauen, die in Animierkneipen, Bars, Varietés, Wirtschaften, Kneipen, Restaurants, Café chantants u.a. tätig sind, durch, um auf der Basis dieses Materials eine Petition im Reichstag einzureichen mit ehrenamtlich tätigen Frauen aus der sozialen Hilfsarbeit. Welche Schwierigkeiten diese ehrenamtlich durchgeführte Enquête den Helferinnen machte, berichtet sie auf der X. Generalversammlung des *ADF* (2.-4. Okt. 1912) in Gotha. »Ich selbst muß sagen, daß ich es mir wohl überlegt habe: Wen können wir beauftragen, in dieses Lokal zu gehen, um eine wirkliche Beantwortung des Fragebogens zu bekommen? [...] Wir können es jungen Frauen nicht zumuten und auch den Männern dieser Frauen nicht, den Antrag entgegenzunehmen, daß die Frauen eine Enquete in den Animierkneipen, in den Varietés und dergleichen Räumen machen.« Aus diesem Grund stellt sie den Antrag für eine berufsmäßig durchgeführte Enquête.

z.B., das moralische und physische Zugrundegehen von Hunderten von Mädchen, ist in Arbeitsbedingungen begründet, die ein Auskommen ohne sogenannten »unanständigen Nebenverdienst« so gut wie unmöglich machen.

Die schlechten Lohnverhältnisse sind aber nicht nur Grund dafür, daß die Mädchen sich selbst zur käuflichen Ware erniedrigen müssen, sie machen es auch den Männern vielfach unmöglich, eine legitime Eheschließung mit ihrer ganzen Gefolgschaft von Kosten und Verantwortung auf sich zu laden. Die Folge davon sind wilde Ehen, die Frauen und Kinder ganz der Willkür, dem Wohl- oder Übelwollen der Männer anheimstellen, und die, im Zusammenhang mit dem Sinken des sittlichen Gefühls von Mann und Frau, den Ausgangspunkt zu unsäglichem Jammer, Not und Herzeleid bilden.

Radikale Abwehr und Hilfe gegen Mißbräuche aller Art, wie sie die bestehenden Lohnverhältnisse mit sich bringen, kann nur die Organisation der Arbeit, das Zusammentreten der Arbeiter zur Gewerkschaft bieten.

Jedoch ist schon oft darauf hingewiesen worden, wie sehr in der Angelegenheit der Hungerlöhne die Frauen sowohl als Konsumenten wie als Arbeitgeber einen nachdrücklichen Einfluß zum Guten und Gerechten ausüben können. Freilich müssen sie, um diesen Einfluß thatsächlich auszuüben, beobachten, denken und urteilen lernen und den Blick weiten über die oft eng gesteckten Grenzpfähle der Häuslichkeit. Unbeschadet dieser Häuslichkeit würden viele Frauen dann zu der Einsicht kommen, daß es im Wettbewerb bei den Kaffeekränzchen ein höheres Interesse und einen höheren Ehrgeiz geben kann als den, der Putzfrau oder der Schneiderin 20 Pfennig Tagelohn weniger zu geben als die »unökonomische« Freundin oder Nachbarin.

Während die Behandlung der Lohnfrage und der Wohnungsfrage als Gegenstand der Bethätigung des einzelnen schon gewisse theoretische Voraussetzungen erfordert und Ergebnisse auf diesen Gebieten von Verhältnissen abhängen, die häufig von dem Wollen des einzelnen nicht direkt beeinflußt werden können, so finden wir dagegen in der Dienstbotenfrage[2] einen großen Ausschnitt der Sittlichkeitsfrage, in der sehr oft die einzelnen Fälle von der Einsicht, dem Wohlwollen und dem Gerechtigkeitssinne einzelner Personen oder Familien abhängig sind.

Ich will in dem Augenblick von den Verbrechen der männlichen Familienglieder, die die Unerfahrenheit, Dummheit oder den Leichtsinn von Dienstmädchen nach ihrem Gefallen ausnützen, nicht sprechen, sondern nur von dem, was die Damen in liebelosem Aburteilen verpönen, von den »unsittlichen Verhältnissen« der Mädchen. In sehr vielen Fällen werden diese Verhältnisse nur dadurch zu unsittlichen, weil die Hausfrauen und Familienvorstände es nicht verstehen und es nicht der Mühe wert finden, sie durch Rat und That zu ganz sittlichen zu gestalten.

Und so frage ich denn, ist der Trieb, den die Natur zum Zwecke der Erhaltung der Art in alle Geschöpfe gepflanzt hat, in einem Mädchen zu verurteilen, weil es ein Dienstmädchen ist? Wenn ein Dienstmädchen nach dem terminus technicus der Frauen mit einem Gärtner, Diener oder Metzger anbändelt, weil sie im Innern vielleicht hofft, auf diesem Wege zu einer Verheiratung und Versorgung zu kommen, so thut sie genau dasselbe wie die Haustochter, die mit ihren Tennispartnern und Ballherren kokettiert. Nur mit dem Unterschied, daß dieselbe Frau auf die »Erfolge« der Tochter stolz ist, während sie die Erfolge des Dienstmädchens mit ganz anderm Maße mißt.

Und während in den Toasten bei Verlobungs- und Hochzeitsfesten das romantische Sich-Kennen-und-Lieben-Lernen des Paares gerne betont wird, kann dasselbe Kennen-und-Lieben-Lernen des Dienstmädchens zu seiner Entlassung und damit zu vollständigem Verderben führen.

So wie es in Dingen der Moral kein bevorzugtes Geschlecht geben darf, so soll es auch keinen bevorzugten Stand geben, und deshalb ist das »Anbändeln« der Dienstmädchen und das Kokettieren der Haustöchter aus dem gleichen Grunde zu erklären, aus dem gleichen zu beurteilen und aus dem gleichen erziehlichen zu bekämpfen.

Die Dienstbotenfrage ist vielleicht derjenige Teil der sozialen Frage, der dem erwachten sozialen Gewissen am leichtesten Gelegenheit giebt, sich zu bethätigen und Gerechtigkeit walten zu lassen.

Das Wollen kann mit dem Können in vielen Fällen gleichen Schritt halten, da es ja, wie schon erwähnt, dazu keiner Studien, keiner Vorbereitungen, keiner Reorganisation öffentlicher Einrichtungen bedarf, um einem Menschenkinde, das unter einem Dache mit uns wohnt, durch

Güte, Geduld, Aufmerksamkeit und liebevolles Eingehen auf seine persönlichen Interessen den Weg zu rechtlicher, gesunder Lebensführung zu zeigen.

Die Dienstgeber müssen sich bemühen, das Vertrauen ihrer in gewissem Sinne Pflegebefohlenen zu erwerben. Vertrauen ohne verkehrte, schlechtangebrachte Vertraulichkeit kann der Autorität der Dienstgeber nur nützen.

Aus den bisherigen Ausführungen geht hervor, daß für diejenigen Klassen der Bevölkerung, die infolge kärglicher Lebensbedingungen auch moralisch von geschwächter Widerstandskraft sind, die Lohn- und Wohnverhältnisse den Boden bereiten, auf dem die Unsittlichkeit oft gegen das Besserwollen der Betroffenen wuchert.

Dieser aus Not käuflich gewordenen Ware steht ein Heer von Käufern gegenüber, für die alle jene Argumente, die für die Besitzlosen, in ihren Menschenrechten Geschmälerten zur Entschuldigung dienen, keine Giltigkeit haben.

Ich habe die Bemerkung gemacht, daß, wenn in ernsthafter Diskussion das Thema der Sittlichkeitsfrage zur Sprache kommt, oder wenn es in einschlägigen Schriften behandelt wird, von männlicher Seite immer die »geschichtliche Thatsache« ins Treffen geführt wird, daß, soweit wir menschliche Civilisation finden, auch die Erscheinung der Prostitution nebenher läuft. Aus dem, was war und ist, wird das, was immer sein wird, gefolgert, und man gelangt dann zu dem bequemen Schluß, die Gesellschaft habe sich unthätig, philosophisch ins Unvermeidliche zu fügen.

Nun wird es wohl zutreffen, daß es von jeher unter Männern und Frauen einen gewissen Prozentsatz gegeben hat und immer geben wird, die durch eine spezielle Veranlagung fast unüberwindlich gezwungen sind, sich fessellos ihren Leidenschaften und Begierden hinzugeben. Die Schwachen unter diesen gehen infolge ihrer Zügellosigkeit zu Grunde; Kraftnaturen können den Zumutungen, die sie sich selbst stellen, unter Umständen trotzen. Eine relative Minderzahl solcher Erscheinungen hat auch nie zu den sozialen Bedenken Veranlassung gegeben, wie das Überhandnehmen von Erscheinungen, wie sie z.B. in einem allbekannt gewordenen Strafprozeß symptomatisch geworden sind. – Vereinzelte Pest- oder Typhusfälle sind als solche auch nur vom Standpunkte des betroffenen Individuums sehr zu bedauern. Was aber in geordneten Staaten beim Vorkommen sporadischer Pest- oder Typhusfälle die Veranlassung zu umfassenden prophylaktischen und Sanierungsregeln giebt, ist die Gefahr einer weiten und späterhin unaufhaltsamen Verbreitung der Krankheit, die, indem sie Tausende von Einzel-Individuen erfaßt und vernichtet, dem Ganzen unermeßlichen Schaden zufügt.

Diese selbe Gefahr des unermeßlichen Schadens für das Ganze besteht auch auf dem Gebiete der Sittlichkeit, wie sie heute u. a. die Statistik der jugendlichen Verbrecher und andre Korruptionserscheinungen bei Individuen jugendlichen Alters signalisiert.

Nun ist ja natürlich weder anzunehmen noch zu verlangen, daß die leider sehr große Zahl derer, die infolge mangelnder Selbstzucht, Gelegenheit, Verführung oder andrer Antriebe dazu gelangen, gegen die Gebote der Sittlichkeit zu verstoßen, auf theoretischem Wege zu einer altruistischen Lebensauffassung gebracht werden.

Ich glaube, daß man volkserziehlich ein andres Mittel ergreifen muß. Bei den meisten Menschen sind Argumente, die geltend machen, was anderen schadet, wenig wirksam. Wirksamer sind Argumente, die zeigen, was uns selbst schadet, dem eigenen Ich, am eigenen Körper und in der nächsten Umgebung, der Familie.

Darum ist es vor allen Dingen die hygienische Seite der Sittlichkeitsfrage,[3] auf die nicht dringend genug hingewiesen werden kann und über deren Tragweite jedem Menschen, Mann und Frau, Klarheit verschafft werden sollte. – Die jungen Leute dürfen nicht im Unklaren darüber bleiben, daß, wenn sie sich gewisse Ausschreitungen zu Schulden kommen lassen, sie thatsächlich krank werden, daß solche Krankheiten ansteckend und vererblich sind und für Generationen hinaus Gesundheit, Glück und Wohlstand vernichten können.

Damit will ich aber gar nicht sagen, daß Detailkenntnisse in dieser Beziehung für jeden nötig oder auch nur zuträglich wären. Diese mag man getrost Fachleuten überlassen, und ihre

Diskussion ist der Sache nur schädlich, weil sie das große Publikum überflüssigerweise abstößt, statt es heranzuziehen.

Was an Kenntnissen nach dieser Richtung notwendig in Laienkreisen verbreitet werden sollte, übersteigt meiner Ansicht nach nicht das, was auch sonst an hygienischem Wissen allen Teilen des Volkes zugänglich gemacht werden sollte.

Was weiß z. B. eine Mutter über die Natur des Scharlachs als Krankheit mehr, als daß es eine ansteckende Krankheit ist, deren Verlauf ein bösartiger werden kann und in deren Folge oft recht unangenehme Nachkrankheiten auftreten können.

Jede Mutter würde berechtigterweise Zeter schreien, wenn in einem Ballsaal ein nach Scharlach nicht fertig »gehäuteter« und nicht gebadeter junger Mann erschiene, um mit der Tochter einen Walzer zu tanzen. Und auch das Mädchen wüßte, warum man sich vor der Berührung dieses Mannes zu hüten habe. Wenn aber ein junger Mann nach einiger Zeit, vielleicht mit einer nicht minder schlimmen Krankheit behaftet, um die Hand der Tochter wirbt, dann weiß in vielen Fällen niemand und in ebenso vielen will niemand wissen, ob nicht der Bund, dem man zujubelt, durch die mangelhafte Sittlichkeit des Mannes Krankheit und Elend zur Folge hat.

Und die Söhne, die auf die Universität und zum Militärdienst gehen, sollen die nicht wissen, wohin das Übermaß unverstandener Freiheit sie führen kann?

Den Zusammenhang von Sittlichkeit und Gesundheit der breiten Menge des Volkes klar zu machen, ist einer der wichtigsten Aufgaben innerhalb der sozialen Praxis, und es ist sehr erfreulich, daß es schon eine ganze Reihe von aufklärenden Schriften giebt, die in Ton und Inhalt den einschlägigen Ansprüchen entgegenkommen. Der Verein »Jugendschutz« in Berlin hat sich die Verbreitung solcher Schriften mit zu seinen dankenswerten Aufgaben gemacht. Wenn es auch einerseits erwiesen ist, daß Not und Mangel in unzähligen Fällen den Grund für das Sinken des Sittlichkeitsniveaus von Menschen ist, deren ganze Existenz auf die schwankende Basis kärglich bezahlter Lohnarbeit aufgebaut ist, so muß andrerseits auch sehr lebhaft betont werden, daß Reichtum und Üppigkeit an dem anderen Gesellschaftspole zu denselben Ausschreitungen und Übertretungen führen, wie Mangel und Armut. Dank der unverrückbaren und unabänderlichen Gerechtigkeit und Gesetzmäßigkeit in den Zusammenhängen der Natur sehen wir, daß Besitz und Vermögen nie und nimmer imstande sind, die Folgeübel der verletzten Sittlichkeit zurückzuhalten. Verhüllt, verhohlen, verleugnet mögen sie werden, aber sie werden sich doch unfehlbar einstellen in den verschiedensten Formen von Krankheit, Degeneration und Verfall der Familien und Geschlechter.

Wenn sich so beobachten läßt, daß die Forderungen der Sittlichkeit, die sich ja nicht nur auf das Geschlechtsleben der Menschen beziehen (wenn diese auch in der sogen. Sittlichkeitsfrage in den Vordergrund treten), daß diese Forderungen der Sittlichkeit in Normen bestehen, die sich zum Zwecke der aufsteigenden Fortentwicklung der Menschheit nicht umgehen lassen, dann wird man zu der Frage gedrängt: giebt es einen Faktor, der unter allen sozialen Verhältnissen wirkungsvoll herangezogen und angewendet werden kann, um der Sittlichkeit zu dienen und sie zum Gemeingut zu machen? Die Antwort kann lauten: ja, es giebt einen solchen Faktor, es ist die Erziehung.

Nun ist thatsächlich das Thema der Erziehung innerhalb der Sittlichkeitsfrage ein solches, das für sich allein Ausgang und Inhalt mannigfacher Studien und Erörterungen bilden kann.

Abgesonderte Gebiete innerhalb derselben bilden die Coeducation, – die gemeinsame Erziehung der Geschlechter – die Moralerziehung, die Volkserziehung durch öffentliche Einrichtungen wie Lesehallen.

Ich kann mich jedoch nur knapp an das halten, was ich, als im engsten Zusammenhang mit meinem Thema stehend, nicht unerwähnt lassen will.

Die große Menge des Volkes, die infolge der eingangs geschilderten sozialen Mißstände den Angriffen auf Moral und Sittlichkeit am exponiertesten gegenübersteht, genießt durchschnittlich die allergeringste Erziehung. Auch ist das, was man im allgemeinen unter Erziehung versteht, meist nur die Ausrüstung des einzelnen zum Kampfe gegen alle andren. Da aber die Gebote der Sittlichkeit sehr oft statt Selbstbehauptung Selbstverleugnung fordern, so bringt eine Erziehung, die nur den Zweck des Durchsetzens des eignen Ichs hat, im sittlichen Leben Konflikte hervor, denen das einseitig erzogene Individuum nicht gewachsen ist und in denen es unterliegen muß.

Das Ziel einer planmäßigen sittlichen Erziehung geht weit über die berufliche, bürgerliche Kampfausrüstung hinaus. Sie besteht darin, dem heranwachsenden Geschlechte den Weg zu zeigen zwischen Begehren, Gewähren und Verzichten. Eine solche Erziehung, die sich mit den zartesten sowie mit den heftigsten Regungen und Empfindungen des einzelnen Individuums zu befassen hat, kann, trotzdem sie als Ideal für alle das höchste Interesse des Staates bildet, nicht wie die Berufsbildungsanstalten direkt vom Staate veranlaßt werden. Eine solche Erziehung kann sich nur auf dem Boden der Familie entwickeln. Sache des Staates ist es aber, der Familie in ihren Vorständen und Mitgliedern als erste Bedingung die Zeit und damit die geistige und körperliche Frische und Energie zu geben, sich gegenseitig zu erziehen. Denn wenn heute durch die ganze Welt die Klage über sinkende Moral- und Sittlichkeitsbegriffe geht, so ist der wichtigste, innere, für alle Schichten der Gesellschaft gleichgeltende Grund darin zu suchen, daß die Eltern zu wenig Zeit und darum zu wenig Verständnis und Energie für die Erziehung ihrer Kinder haben.

So wie das alttestamentarische Gesetz der Sabbath-, in seiner modernen Form der Sonntagsruhe eine Vorschrift von der höchsten sittlichen Tragweite bis auf unsere Tage bildet, so ist die Forderung einer durchgangs für alle Arbeiter in allen Berufen herabgeminderten Arbeitszeit nur die Fortsetzung desselben Gedankens in Anwendung auf unsere raschlebige und intensiv arbeitende Generation: Ruhe und Muße zur Ausbildung und Förderung des Menschengeschlechtes!

Das für den einzelnen wie für die Gesamtheit so hochwichtige Geschäft der Jugenderziehung soll nicht als eine Nebenbeschäftigung betrieben werden müssen, deren Erfolg oder Mißerfolg einem Zusammenwirken von Zufälligkeiten überlassen bleibt. Denn die Erziehung ist es, die der Jugend den Wertmesser mit ins Leben geben soll für das, was erstrebenswert oder verderblich ist; sie muß den Grund legen zur Selbstzucht und Selbsterziehung, aus der allein dem Menschen die Kraft erwächst, jeweils die Sittlichkeitsfrage für sich selbst zu lösen.

Und so habe ich denn versucht, in allerdings nur sehr flüchtigen und sprunghaften Zügen, das mächtige Arbeitsfeld zu zeigen, das sich dem erwachten sozialen Gewissen darbietet. Es ist unermeßlich, denn es umfaßt das Leben; aber jeder Arbeitswillige kann einen Angriffspunkt finden, an dem er beginnen kann, es zu bestellen.

Und dieser sozialen Arbeit, es haftet ihr ein eigentümlicher, treibender und beglückender Zauber inne. Wie im Märchen verwandelt sie, was schmutzig und ekelerregend ist, in lauteres Gold.

Helene Lange über Bertha Pappenheims Vortrag:

»Frl. Pappenheim verstand es, die schon oft aufgezählten sozialen Ursachen des Übels, in der Wohnungsnot, den Lohnverhältnissen, der Dienstbotenfrage, der Erziehung so in den Vordergrund zu stellen, daß ihr Vortrag zu einem beredten Appell an das soziale Gewissen der Zuhörerinnen wurde. Sie zeigte ihnen die Seiten der Frage, an denen sie sich mit schuldig fühlen mußten, an denen sie mitarbeiten konnten, um eine Änderung herbeizuführen. Und sie zeigte ihnen unter Gesichtspunkten, die ihnen den Wunsch nahelegen mußten, innerhalb der Kommunen an der Hebung dieser Ursachen mitarbeiten zu können« (Helene Lange, Frauentage in Eisenach, aus: *Die Frau*, 9. Jg, Heft 2, S. 67-68).

Zur Lage der jüdischen Bevölkerung in Galizien. Reiseeindrücke und Vorschläge zur Besserung der Verhältnisse

Ich weiß, daß, was ich im Nachstehendem sage, vielen nicht gefallen wird; den Orthodoxen kann es zu modern, den Modernen zu altmodisch, den Philanthropen zu sozialistisch, den Sozialisten zu philanthropisch, den Gelehrten zu laienhaft, den Indolenten zu unbequem, den Vorsichtigen zu unvorsichtig, den Draufgehern zu zahm sein. Für alle diese habe ich nur eine Erwiderung: ich gebe die Dinge wieder, wie ich sie sah, wie ich sie auffaßte. Ich konnte mich nicht dazu verstehen, auf Kosten der subjektiven Wahrheit objektiv scheinen zu wollen.

Bertha Pappenheim.

Im Anschluß an diverse Verhandlungen der beiden Vereine, des Frankfurter *Israelitischen Hilfsvereins* und des *Jüdischen Zweigkomitees zur Bekämpfung des Mädchenhandels* in Hamburg, hatte ich mich erboten, eine Studienreise nach Galizien zu machen, um von bestimmten Gesichtspunkten aus über die Lage der jüdischen Bevölkerung dort mehr zu erfahren, als eine Beobachtung außer Landes es ermöglicht. Die genannten Vereine beauftragten Fräulein Dr. Sara Rabinowitsch und mich, diese Studienreise zu machen, und es erwächst uns beiden daraus die Pflicht, gesondert über die Eindrücke und Erfahrungen unserer Reise zu berichten, und diesen Bericht einem Kreise von Interessenten zu übergeben.

Um die äußere Reihenfolge der Reiseeindrücke festzuhalten, habe ich ein Tagebuch geführt, das mir ermöglicht, mir selbst jederzeit über Einzelheiten, die dem Gedächtnisse leicht entschwinden, wieder Rechenschaft zu geben. Das was ich heute zu bringen habe, ist aber weder ein chronologisches Aufzählen, noch ein geographisches Herzählen, vielmehr will ich mich bemühen, meine Eindrücke stofflich so zu gruppieren, daß sich die Reise und meine Absichten bei derselben als ein zusammenhängendes Ganzes darstellen.

Ich hoffe, daß das Niederschreiben mir selbst etwas Ruhe gebracht hat, und daß mir von der Erregung, die mich angesichts so vielen Elends, so vieler Verwahrlosung und Versumpfung oft heftig erfaßte, nur soviel Wärme übrig geblieben ist, um bei denen, die in geistigem Wohlstand und in angeborenen und anerzogenen Sittlichkeitsbegriffen leben, den Eifer zu notwendigen und, wie ich sicher glaube, aussichtsreichen Taten zu erwecken. Ich denke, daß ich meine Absicht, klar und übersichtlich zu bleiben, dann am sichersten erreiche, wenn ich meinen Stoff in der Weise gliedere, daß ich erst mitteile, was wir vorfanden und beobachteten und, daran anschließend, meine Vorschläge entwickle.

Vor allem muß ich mich aber dagegen verwahren, nach nur fünfwöchentlichem Aufenthalt in Galizien für eine Kennerin des Landes gelten zu wollen.

Meine österreichische Landsmannschaft, meine orthodox-jüdische Erziehung, und nicht zuletzt mein Beruf, der mich auf eine zehnjährige Tätigkeit in der Armenpflege blicken läßt, waren für mich selbst gewissermaßen die Entschuldigung, mich zu einer Reise, die, wie ich hoffe, nicht ohne praktische Ergebnisse bleiben wird, anzubieten.

Denn nicht alles, was dem Nichtösterreicher, und nicht orthodox erzogenen Juden in Galizien fremd oder befremdlich erscheint, kann einfach auf die Liste dessen gesetzt werden, was mit dem westeuropäischen Kulturhobel geglättet werden soll.

Man wird sich sehr davor hüten müssen, Dinge zu verlangen, die der Individualität des Landes, das in seiner Mischung von deutsch-österreichischen, polnischen und jüdischen Elementen einen sehr bestimmten Charakter hat, allzusehr widersprechen.

Neue Anforderungen können und sollen nur da gestellt werden, wo es sich um eine Verkümmerung oder Unkenntnis allgemeiner, für alle Völker gleich unerläßlicher Kulturfaktoren handelt.

Um nach jeder Richtung hin fein unterscheiden zu können, um Land und Leute gründlich kennen zu lernen, müßte man allerdings jahrelang dort gelebt haben. Dagegen ist aber zu erwägen, daß, wer jahrelang in einem Lande lebt, sich in die Sitten und Gebräuche eines Volkes einlebt, damit auch leicht die Fähigkeit unmittelbarer Beobachtung und Beurteilung verlieren kann, und was an Tiefe gewonnen wird, geht an Schärfe verloren.

Unserem besonderen Reisezweck gegenüber gibt es Dinge, die nur der Konstatierung und keiner besonderen subtilen Forschung bedürfen, Beobachtungen von Einzelheiten, die Schlüsse auf das Allgemeine rechtfertigen, ohne daß man deshalb »leichtfertig generalisiert«.

Wenn wir z.B. bei einem Wunderrabbi im Zimmer sitzen, – er bestreitet die Notwendigkeit von Knabenschulen – und während wir sprechen, fällt meiner Reisegefährtin von der Zimmerdecke herab ein schwerfälliges Ungeziefer in den Schoß, da brauche ich in dem Hause keinen Scheffel Salz zu essen, um mir über den Geist seiner Bewohner – Mann und Frau – ein annähernd richtiges Bild zu machen. Dasselbe gilt von den hervorstechendsten Eigentümlichkeiten des Landes und seiner jüdischen Bevölkerung, die wir nur eine relativ kurze Zeit beobachten konnten.

Ich darf hinzufügen, daß wir unsere Aufgabe ernst nahmen, daß wir eifrig beobachteten und unseren Zweck nicht aus den Augen ließen. Als Frauen war es uns nicht nur möglich, mit den intelligenten Kreisen zu verkehren, sondern wir suchten und fanden Gelegenheit, mit Männern und Frauen, Mädchen und Kindern des Volkes zu sprechen, und manches Wort, mancher Blick ließ uns in Verhältnisse und Zusammenhänge eindringen, die einem Manne unzugänglich und doch für das Verständnis der Zustände sehr wichtig sind.

Dennoch möchte ich für meinen Teil meinen Bericht weder als erschöpfend noch als wissenschaftliche Arbeit betrachtet sehen, da ich eine solche zu leisten nicht imstande bin.

Ich kann nur sagen, wie ich als Frau die Dinge gesehen habe, und kann aus meinen persönlichen Eindrücken nach meiner individuellen Auffassung Schlüsse ziehen und Vorschläge machen.

Was die äußeren Reiseumstände betrifft, die ja auch ein gewisses Interesse beanspruchen können, so muß ich sagen, daß sie eigentliche große Gefahren, wie von befreundeter Seite für uns befürchtet wurden, nicht boten.

Dennoch war die Reise tatsächlich mit Anstrengungen, Unbequemlichkeiten und hygienischen Unzuträglichkeiten aller Art verbunden.

Unter der Unsauberkeit mancher Hotels in den kleinen Orten hatten wir speziell weniger zu leiden, weil ich stets bestimmte Vorkehrungen zur Nachtruhe traf, und mit großer Energie immer wieder verlangte, was mir unerläßlich erschien. Männliche Reisende dürften nach dieser Richtung viel mehr zu leiden haben, da ihnen die Übung der Selbsthilfe fehlt. Selbstverständlich mußte ich mich doch in vieles Ungewohnte finden; so mußte ich lernen, meinen Konsum an Wasser sehr einzuschränken, und an Stelle eines Stubenmädchens (jüdische) Stubenknaben walten zu sehen!

Die Fahrten in den Lokalzügen schienen endlos, und wenn nicht bei Benützung der 3. Klasse auf manchen Strecken die Beobachtung der Mitreisenden die Zeit gekürzt hätte, wäre diese Bummelei mit Aufenthalten von 10 Minuten bis zu einer Stunde eine unleidliche Geduldprobe gewesen.

Die Wagenfahrten bei kaltem Wind und Regen sind nicht sehr behaglich, denn auch die guten Wagen und die guten Straßen sind nach mitteleuropäischen Begriffen schlecht. Aber manche Fahrt in der allverklärenden Maisonne war schön, wenn sie durch frischgrüne Buchen- und Birkenwälder, oder, wie einmal bei Mondschein, durch anmutiges Hügelland führte. Die kleinen Dörfer an den Reichsstraßen liegen in ziemlich großer Entfernung voneinander. Die ruthenischen[4] Kirchen von eigentümlicher Bauart, mit drei grauen Kuppeln gekrönt, sind fast die einzigen festgemauerten Baulichkeiten, die man sieht. Die Glocken, meist vier an der Zahl, hängen in einem niederen, überdachten Gerüst in der nächsten Nähe der Kirche und entbehren dadurch des weithintönenden Klanges. Die Wohnungen sind meist niedere Hütten mit Strohdächern, die tief über die kleinen Fenster und Türen herabhängen, und für die jedes Fläckerchen Feuer auf dem offenen Herde eine große Gefahr werden kann.

Überall Ziehbrunnen, aus denen nur langsam, bei Bränden sicher entsetzlich langsam, Wasser geholt werden kann, und deren Anlage in der Nähe von Abfuhrstellen aller Art das ständige Vorhandensein von Typhus im Lande ausreichend erklärt.

An den Fenstern der Bauernhäuser werden meist Blumen gehalten, aber ich erinnere mich nicht, an den Fenstern der Behausungen, die uns vom Kutscher als solche bezeichnet wurden, oder die wir aus irgend einer Veranlassung kennen lernten, Blumen gesehen zu haben.

Auch sonst scheint der Sinn fürs Schöne unter dem geistigen Drucke und der furchtbaren Not des täglichen Lebens bei den galizischen Juden ganz erstorben. Die Frauen und Mädchen putzen sich auffallend und geschmacklos, aber sie schmücken sich nicht. An die Wohnräume in ihrer hygienischen Unzulänglichkeit ästhetische Ansprüche stellen zu wollen, klänge wie Hohn. Auch die Synagogen sind jeden Schmuckes – auch des durch die Gesetzesauslegung erlaubten – bar. Hie und da ein schöner Messingleuchter, und in Brody ein wahrer Schatz herrlicher alter silberner Thorakronen, sprechen von vergangenen, besseren Zeiten.

Landschaftlich ist der größte Teil Galiziens, den wir auf unserer Reise zu Wagen oder per Bahn kennen lernten, ziemlich reizlos, flach und eintönig, und wir mußten uns oft damit trösten, daß es fruchtbare Felder und gute Weiden waren, die sich unseren etwas Abwechslung suchenden Augen darboten.

Die Anlagen der Städtchen und Dörfer haben wir sich fast gleichmäßig wiederholend vorgefunden. Ein großer, viereckiger Platz, von niederen Häusern umstanden, der Rynckplatz, auf dem der Markt abgehalten wird. Oft steht in der Mitte eine Propination, irgend ein öffentliches Gebäude, oder ein kleiner Komplex von Verkaufshütten.

Charakteristisch für die durchschnittlich analphabetische Bevölkerung ist, daß die Firmenschilder nicht nur in hebräischer und polnischer Sprache Namen und Handel oder Handwerk verkünden, sondern daß, wie in der Kinderfibel, ein Anschauungsbild gleichzeitig die Verständigung mit übernimmt. Einige dieser Bilder wiederholen sich ganz typisch. So die Schere und ein verschlungenes Ellenmaß für die Männerschneider, ein wie eine Käferlarve aussehendes, fest gewickeltes Kind auf den Schildern der Hebammen u. s. w.

Die Märkte bieten ein sehr bewegtes, buntes Bild. Die Bauern und Bäuerinnen in ihren grellfarbigen Röcken und Tüchern, die Juden in der bekannten Tracht schreien und gestikulieren heftig.

Meistens »handeln« sie, oft auch in nicht unanfechtbarer Weise, in sogenannten Luftgeschäften, Maklerei, Übertragung von Ansprüchen u.s.w. Wir sehen aber auch viele Juden schwere Arbeiten verrichten, als Lastträger oder Fuhrknechte, aber das nur stundenweise, gewissermaßen ruckweise. Eine gleichmäßige, systematische, körperliche Arbeit vermeiden sie, soweit ich es beobachten konnte; dagegen sind sie Meister im Darben. Die Umsätze und der Verdienst für die Juden sind sehr gering, die Preise der Lebensmittel sind verhältnismäßig sehr hoch.

Bemerkenswert ist, daß man unter der jüdischen Bevölkerung sehr wenig Krüppel sieht, wie man z. B. in Italien bei der gleichen Armut so vielen begegnet. Unter den Männern viele schöne Erscheinungen, wenn auch die Mehrzahl hohlwangig, blaß und schmächtig, von gedrückter und gebückter Haltung. Die Mädchen hübsch und frisch, die Frauen früh gealtert und welk, machen oft den Eindruck stumpfer Haustiere. Da die Orte, die wir besuchten, bis zu ¾ jüdischer Bevölkerung aufwiesen, so war ihr Charakter am Freitag Abend und Samstag ein von den anderen Tagen vollständig verschiedener. Keine noch so armselige Hütte, aus der nicht Freitag Abend eine Anzahl Lichtchen blinken, und durch die Straßen schreiten gravitätisch die Männer in der historischen polnischen Tracht, an der sie festhalten, trotzdem sie keine andere Bedeutung mehr hat, als das gelbe Abzeichen des Mittelalters und bei jeder Arbeit störend ist.

Es liegt etwas ungemein Poetisches, Stimmungsvolles in der Sabbatruhe, die sich mit dem aufdämmernden Abend über die jüdischen Häuser legt, – aber wenn das kritische Denken die Stimmung verscheucht hat, sagt man sich: die Sabbatfeier in dieser altehrwürdigen Form ist nur dort möglich, wo bei größter Dichte der jüdischen Bevölkerung der Kontakt mit der fortschreitenden Welt aufgehört hat, und der Fluch der Arbeitslosigkeit die Sabbatruhe so leicht macht. Oder sollte Ursache und Wirkung eine andere Reihenfolge haben, sollte nicht vielleicht die rücksichtslose Auffassung der Sabbatruhe den Fluch der Arbeitslosigkeit heraufbeschworen haben, weil sie den Kontakt mit der fortschreitenden Welt durchbricht?

Traurig ist der Einblick, den der Samstag-Nachmittag-»Korso« in das gegen einst sehr veränderte jüdische Familienleben bietet.

Scharen junger Mädchen ziehen, übertrieben modisch geputzt, mit Offizieren und Gymnasiasten kokettierend, durch die Hauptstraßen und die öffentlichen Gärten der Städtchen. Wenn man dann erfahren hat, daß ihr Wochenverdienst als Schneiderin, Fabrikarbeiterin, Federsortiererin u. s. w. zwischen 80 Kreuzer bis zwei Gulden schwankt, dann hat man allen Grund, ängstlich zu werden um die Zukunft des jüdischen Volkes!

Als eine Art von Reiseplan diente uns ein Verzeichnis von Städten und Dörfern, in denen sich eine Baron Hirsch-Schule befindet. Ein vom Wiener Kuratorium in liebenswürdigster Form ausgestelltes Empfehlungsschreiben an die Leiter der Schulen, und eine allgemein gehaltene Einführung seitens des Frankfurter *Israelitischen Hilfsvereins* bildeten unsere »Reisedokumente«.

Sehr erheiternd wirkte es einige Male, als der in dem Frankfurter Brief ausgesprochene Wunsch, die Überreicherin des Briefes in ihren Absichten zu fördern und zu unterstützen, so aufgefaßt wurde, als ob wir eine klingende Unterstützung erbitten wollten. Einer der verschiedenen Beweise, daß wir uns in einem Lande befanden, in dem rein ideale Bestrebungen kein allzu rasches Verständnis finden.

Auf unserer ganzen Fahrt gingen wir nach dem Prinzip vor, an jedem Ort zuerst die Baron Hirsch-Schule aufzusuchen, mit Ausnahme der beiden Städte Krakau und Lemberg, die solcher Einrichtungen pekuniär entraten können, die aber für unsere Studien doch sehr lehrreiche Anhaltspunkte boten.

Dem Prinzip, das sich auf der Reise als praktisch erwies, getreu, will ich auch in meinem Bericht die Baron Hirsch-Schulen zum Ausgangspunkt meiner Betrachtungen machen. Ich will es gerne von vornherein aussprechen, und es ist sicher nicht zuviel gesagt, wenn ich diese Schulen als Oasen in der Wüste bezeichne.

Es gibt 50 Stiftungsschulen mit einem Lehrerkollegium von 230 Personen. Daß alle diese Schulen nicht gleich gut, daß alle Lehrer und Leiter nicht gleich intelligent, tüchtig und leistungsfähig, alle Schulzimmer nicht gleich gut gelüftet, alle Fenster nicht gleich blank geputzt sind, ist selbstverständlich. Dennoch ist jede Schule ein zum Teil schwer eroberter Befestigungspunkt im Kampfe gegen alle jene Schäden, an denen die jüdischen Einwohner Galiziens wie an einer schweren, sich stetig forterbenden Krankheit leiden. Die Baron Hirsch-Schulen sind es, die, wo sie bestehen, langsam den Einfluß der Cheder für einzelne Gemeinden oder Familien wenigstens abschwächen, oder verdrängen. Was das bedeutet, vermag nur derjenige ganz zu würdigen, der solche Cheder in Betrieb gesehen hat. Die galizische Orthodoxie verlangt nämlich, daß Knaben vom 3. Lebensjahre an sich mit dem Studium der hebräischen Sprache, der Thora und des Talmuds beschäftigen. Jede andere Kenntnis ist verpönt, denn es heißt: »Was dem Menschen nötig und dienlich ist, findet er im Talmud, und was nicht im Talmud steht, braucht und soll man nicht wissen«.

Cheder sind Schulen, in denen in 2 bis 4 Abteilungen mit den Kindern ein furchtbarer, einseitig geistiger Drill vorgenommen wird.

Es gibt viele Cheder, in denen Knaben und Mädchen gemeinsam unterrichtet werden, aber die meisten dieser Schulen vereinen nur Knaben. Die Knaben müssen nach der Ansicht der Väter und Rabbiner, im Gegensatz zu den Mädchen, besonders vor dem Gifte profanen Wissens behütet werden.

In engen, nie gelüfteten Räumen, zusammengedrängt wie die Schafe in einem Pferch, sitzen, stehen oder kauern die Kinder, 60, 80, 100 an der Zahl, auf oder zwischen Tischen und Bänken. Ein Mann, der zu sonst nichts taugt, ist entweder als Unternehmer oder als Beamter der Gemeinde der Lehrer »Melamed«. Da er mit seinen Schülern bei einer Methode, nach der er mit jedem einzelnen Kinde besonders pauken oder »knellen« muß, unmöglich fertig werden kann, so hat er junge Unterlehrer »Belfer – Behelfer«, Bürschchen von 17 bis 19 Jahren, die mit ihm in der Anwendung des Stockes oder des Kantuk, einer Peitsche mit Lederriemen, wetteifern, unter deren Leitung aber Ungehörigkeiten, und, wo Mädchen im Cheder sind, auch grober Unfug zu den häufigsten Vorkommnissen gehören sollen.

Der erste Lehrstoff ist die kommentierte Bibel, die, ohne Striche, wahllos mit den Kindern »gelernt« wird. Ich selbst hörte, wie ein etwa 9jähriger Junge eine Stelle, die seinem Verständnis noch lange hätte ferngehalten werden sollen, mit größtem Eifer las und wieder und immer wieder in sein Jargon-Deutsch übersetzte. Ich erlaubte mir dem »Melamed« gegenüber eine Bemerkung, worauf er mich derb anschnauzte und fragte, ob er mir gar die Thora »modernisieren« solle!

Es ist selbstverständlich, daß dieses »Bibelstudium« auf die ohnedies frühreifen Kinder dieselbe Wirkung übt, wie es die berüchtigten Beichtfragen auf die katholische Jugend tun. Es ist mir auch von maßgebender pädagogischer Seite bestätigt worden, daß in den Chedern vielfach der Keim zu sittlicher Verwahrlosung und Verrohung gelegt wird, dort wo die Jugend heranwächst, nicht nur ohne Aufsicht und Erziehung, sondern wo sie unter schlechten Einflüssen die Zeit der ersten Bildsamkeit verbringt.

Was für Zustände in diesen Unterrichtshöhlen in hygienischer Beziehung herrschen, ist unbeschreiblich, und es kann hier nur die Gewöhnung an Schmutz in allen Aggregationszuständen eine gewisse Immunität gegen manche Erkrankungen bringen.

Die überwiegende Mehrzahl der Cheder-Jugend besteht in blassen, stumpf dasitzenden, mitleiderregenden Kindergestalten; doch manches Köpfchen taucht auf, das intelligent und lebhaft im Ausdruck, vielversprechend in keckem Übermut, von zäher Kraft scheint, und trotz des Cheders ein Mensch zu werden verspricht.

Den sich selbst so nennenden »intelligenten« Kreisen der Städte, Städtchen und Dörfer, den Ärzten, Advokaten, Gemeindevorständen und Kreisrabbinern sind diese Zustände bekannt. Ich habe aber nirgends gehört, daß sie ihre Intelligenz angestrengt hätten, um wenigstens räumlich und hygienisch die Cheder zu bessern, wenn sie es auch aus den verschiedensten Gründen nicht wagen wollen, sie geistig zu reformieren.

Und diesen Chedern gegenüber stehen die Schulen der Baron Hirsch-Stiftung, für deren Besuch die Eltern der Schulkinder früher regelmäßig, jetzt noch häufig mit dem Bann bedroht wurden, – aus Gründen, die den jüngsten Vorgängen in Trier ganz analog sind.

Die naheliegenden Fragen sind: Wie verhält sich die österreichische Regierung diesen Zuständen gegenüber? Gibt es in Österreich keine Schulbehörde, keinen Schulzwang? Die Antwort darauf ist, daß die Zustände der österreichischen Regierung bekannt sein können und wohl auch tatsächlich bekannt sind, daß es aber dem Geiste der österreichischen Regierung besser zusagt, Tausende von Analphabeten heranwachsen zu sehen, als ebensoviele latente Intelligenzen durch Schulbildung zum Denken zu bringen.

Der Schulzwang besteht theoretisch »auf dem Papier«, da aber die vorhandenen Volksschulen nicht ausreichen würden, auch die Kinder der jüdischen Staatsbürger aufzunehmen, so ist es finanziell ein großer Vorteil, das Bestreben der galizischen Dunkelmänner zur Verdummung des Volkes zu unterstützen, indem man es stillschweigend gut heißt.

Die Jahresberichte der Baron Hirsch-Stiftung erzählen von ihrem Kampf gegen die Jahrhunderte alten Vorurteile. An den meisten Orten sind aber heute die Stiftungsschulen Institutionen geworden, deren segensreiche Wirksamkeit auch innerhalb der orthodoxen Gemeinden anerkannt ist.

Daß die Baron Hirsch-Schulen an manchen Orten noch nicht ganz festen Fuß gefaßt haben, liegt sicher vielfach daran, daß manche Lehrer oder Leiter nicht immer und nicht überall in ihrem Privatleben, wie in ihren Privatäußerungen, vorsichtig und taktvoll genug sind, die religiösen Anschauungen der Majorität unter den Juden Galiziens zu schonen.

Geradezu Anstoß erregt es, daß es in den meisten der Baron Hirsch-Schulen dem Gutdünken der Eltern anheimgegeben ist, ob die Kinder während des hebräischen Unterrichtes den Kopf bedecken sollen oder nicht, während viele Lehrer es grundsätzlich unterlassen. Es wäre viel klüger, eine allgemeine Vorschrift zu geben, derzufolge die Knaben dem hebräischen Unterrichte mit bedecktem Haupte, dem Profanunterricht mit unbedecktem Haupte beiwohnen.

Auf Wunsch der Eltern sollte den Knaben auch gestattet sein, während des Profanunterrichtes eine Kopfbedeckung zu tragen.

Wer so modern denkt, daß er es überflüssig findet, daß die Knaben der altorientalischen Sitte folgend, beim Gebet oder beim Studium in der heiligen Sprache das Haupt bedecken, dem kann es auch gleichgiltig sein, wenn sie es tun. Und wenn durch das Befolgen einer überflüssigen oder gleichgiltigen, jedenfalls aber unschädlichen Volkssitte, die vielen eine religiöse Vorschrift erscheint, das Vertrauen für eine so wichtige Sache, wie die Schule gewonnen werden kann, so ist es unklug, der Orthodoxie diese und ähnliche Konzessionen nicht zu machen.

Ich setze als bekannt voraus, daß die Schulen der Baron Hirsch-Stiftung nur Knabenschulen sind.

Für die Mädchen, nach der landesüblichen Auffassung minderwertige Geschöpfe, die nur der Fortpflanzung dienen, bestehen keine religiösen Bedenken, die christlichen polnischen Schulen zu besuchen. Es gibt nur eine kleine Jubiläumsstiftung der Baronin Klara Hirsch aus deren Mitteln drei Haushaltungsschulen geführt werden, von denen ich zu sprechen habe, wenn ich über die Erziehung der Mädchen berichte.

Bei unsern Besuchen der Stiftungsschulen war es mir eine besondere Freude und ungemein lehrreich, mit den Inspektoren der Schulen, die in der Verwaltung das Bindeglied zwischen Schule und Kuratorium bilden, zu sprechen. Diese Herren sind die begeistertsten und zugleich verständnisvollsten Pioniere der Kulturarbeit in Galizien, und darum gibt es einen Punkt, der sie und auch die flüchtigen Besucher des Landes mit tiefem Bedauern erfüllen muß, das ist der Stillstand und Rückschritt, zu dem die Schulen verurteilt sind, weil die Geldmittel fehlen, sie aufrecht zu erhalten, oder gar auszubauen und zu vermehren.

Bis vor relativ kurzer Zeit ist die Wirksamkeit der Schulen für Galizien noch dadurch vertieft worden, daß die Knaben, nach Beendigung der Schule ein kleines Stipendium durch die *Jewish Colonisation Association (J.C.A.)* bekamen, das ermöglichte, sie in eine Handwerkslehre unterzubringen, bis sie selbständig erwerbsfähig waren.

Diese Stipendien werden seitens der *J.C.A.* nicht mehr geleistet, und die Absolventen der Baron Hirsch-Schulen werden, wie ein Schulleiter sich ausdrückte, »gebildete Gassenbuben«, für die es vielleicht noch besser gewesen wäre, wenn man sie beim Talmudstudium gelassen hätte, weil sie sich dann nicht müßig in den Straßen herumgetrieben hätten.

Von jüdischen Volksschulen (außer den Baron Hirsch-Schulen), in denen nicht nur hebräisch, sondern auch polnisch und deutsch gelehrt wird, kann ich nur aus der sonst im Lande längst vergessenen josephinischen Zeit die Perl-Schule in Tarnopol nennen, und die unter vorzüglicher Leitung stehende Gemeindeschule in Brody, die dafür zeugt, daß die Gemeinde bemüht ist, die alten guten Traditionen der früheren »Freistadt« aufrecht zu erhalten.

Auch Lemberg hat eine Gemeindeschule, die einen sehr guten Eindruck macht, wenn auch manche kleine Beobachtung darauf schließen läßt, daß das pädagogische Verständnis im allgemeinen noch der Entwicklung harrt.

Was Lemberg speziell betrifft, so hatte man mir in Wien gesagt, es sei eine Stadt, die nur »geographisch« in Galizien liege. Es wäre mir doppelt lieb, wenn ich dieser schmeichelhaft gemeinten Äußerung ganz beipflichten könnte, denn die Herren und Damen der maßgebenden jüdischen Kreise sind uns in einer Weise liebenswürdig entgegengekommen, daß ich gerne nur von dem sprechen würde, was wir an Einrichtungen fanden, die das Niveau der anderen Städte Galiziens überragen. Aber auch die freundlichste Aufnahme durfte uns nicht blind dafür machen, daß den Lemberger Anstalten, bei teilweise ausgesprochenem guten Willen, doch die Tradition und die Erfahrung mangelt, Zweck, Mittel und Personen in ein harmonisches Verhältnis zu bringen.

Für uns ungerufene Fremdlinge, Eindringliche, die noch nicht einmal etwas versprechen durften dafür, daß wir alles sehen und wissen wollten, für uns war die Bereitwilligkeit der meisten Lemberger Herren und Damen, von uns zu lernen, fast beschämend. Ich werde in meinem Bericht über den Kulturstand des Landes und seine einzelnen Faktoren jeweils wieder auf Lemberg zurückkommen, möchte aber die allgemeine Bemerkung nicht unterlassen, daß ich nach unserem zweiten Aufenthalt dort, auf der Rückreise, das lebhafte Gefühl hatte, nicht ganz vergeblich dort gewesen zu sein; man hat verstanden, was uns zu unserer Reise bewogen hat, man hat sich für Anregung jeder Art sehr empfänglich gezeigt und sich bereit erklärt, mitzuarbeiten, wenn von außen Anstoß und vielleicht auch Mittel gebracht würden. Ich glaube, wir dürfen das in gewissem Sinne als einen idealen Erfolg bezeichnen, für den die realen Formen hoffentlich nicht ausbleiben werden.

Wenn man hört, daß die Baron Hirsch-Schulen nur für Knaben eingerichtet sind, weil es den jüdischen Mädchen, sowohl aus innern wie aus äußern Gründen, unbenommen ist, die öffentlichen Landesschulen zu besuchen, so könnte das leicht zu der irrigen Annahme führen, als geschehe im Lande irgend etwas Namhaftes für die Erziehung der Mädchen.

Vor allem muß man bedenken, daß Erziehung und einige elementare Kenntnisse grundverschiedene Dinge sind. Abgesehen davon, daß die christlichen Lehrerinnen, denen die jüdischen Mädchen durch ihre mangelhafte Sprache ohnedies viele Mühe machen, sich selbst bei gutem Willen nicht mit den einzelnen Kindern eingehend beschäftigen können, würde ihnen auch über den Rahmen der Schule hinaus der Einfluß fehlen. Eine Erziehung im weiteren Sinne ist von der Schule überhaupt nicht zu erwarten.

In einer Familie, in der Vater, Mutter und Söhne Analphabeten sind, ist eine Tochter, die vier Volksschulklassen »geendet« hat, wie der übliche Ausdruck lautet, ein »sehr gebildetes Fräulein«, und so gefährlich unerzogen und ungebildet sie ist, so gibt es für sie keine Instanz, bei der sie sich energischen Rat und Verwarnung holen könnte. Mir sind überhaupt nur sechs Stellen bekannt geworden, an denen man sich von jüdischer Seite mit Mädchen-Erziehung beschäftigt, die drei Waisenhäuser in Krakau, Lemberg und Brody, und die drei Haushaltungsschulen in Tarnow, Stanislau und Kolomea.

Die ersten nehmen nur je 20 Mädchen auf, die letzteren je 15 also ungefähr 100 bis 120 Kinder aus einer Bevölkerung von 810 000 Menschen, die durchschnittlich alle noch recht erziehungsbedürftig sind.

Was nun die Anstalten selbst betrifft, so ist ihren Verwaltungen eines gemeinsam: alle klagen darüber, daß sie kein Geld haben, und alle Mängel, die nicht zu übersehen sind, sollen dem Fehlen der Mittel zugeschrieben werden. Das ist natürlich nicht richtig. Es gibt Aufgaben in der Erziehung, deren Lösung nur auf einem bestimmten, langsam erworbenen Kulturniveau der Erzieher und Anstaltsleiter angestrebt werden kann. In Krakau sowohl wie in Lemberg fehlt der Leitung das Verständnis dafür, daß eine Anstalt ihre Schuldigkeit nicht getan hat, wenn sie die Mädchen bis zum 15. Jahre behütet, ernährt und kleidet und sie dann unselbständiger, als es Familienkinder sind (Anstaltserziehung macht unselbständig) ins Leben, und schlecht vorbereitet, in den Broterwerb schickt.

In der Krakauer Anstalt, die ihre Zöglinge in beängstigender Orthodoxie aufwachsen läßt, ist sogar trotz des guten Willens zweier Vorstandsdamen selbst die Aufgabe des »behütet, ernährt und gekleidet« nur sehr ungenügend erfüllt. Unser Besuch in der Anstalt war vorher gemeldet. Die rosa Schleifen im Haar der Zöglinge konnten mich über mangelnde Zimmer- und Wascheinrichtung nicht trösten und noch weniger darüber, daß ich mit eigenen Augen die Kinder sich aussichtslos auf der Straße herumtreiben sah.

Lemberg dagegen besitzt in einem Waisenpalast eine Einrichtung, wie sie leider in großen Städten sehr oft gefunden wird, wo Menschen das Bedürfnis und die Mittel haben, sich ein Monument zu setzen, und falsche Freunde ihnen nicht abraten, sich in mangelnder Kenntnis der realen Verhältnisse an einer großen Idee zu versündigen.

Zu der fehlenden Selbständigkeit, zu der ungenügenden häuslichen wie beruflichen Ausbildung der Mädchen tritt in Lemberg noch die Verwöhnung durch den äußeren Rahmen des Hauses, um zugegebenermaßen den erziehlichen Erfolg der Anstalt recht herunterzudrücken. Auch werden die Mädchen zwischen 15 bis 16 Jahren entlassen. Eine Bestimmung, die geeignet ist, alles zu vernichten, was in der Erziehung eines Kindes bis dahin erreicht wurde, eine Bestimmung, die man in Krakau und Lemberg nicht gutheißen kann, weil sie, wie man mir dort zur Erklärung sagte, in den meisten Waisenhäusern und Erziehungsanstalten besteht.

Der Vorstand des Brodyer Waisenhauses erkennt und bedauert die Mängel seiner Anstalt – das ist schon sehr viel – und darum ist auch die Klage wegen ungenügender Mittel berechtigt. Auch hier wie in Krakau ein Analphabet als »Erzieher« der Knaben, und eine Köchin oder Haushälterin als einzige »pädagogische Kraft« der Mädchenabteilung.

Außer den genannten Anstalten gibt es noch in der Nähe von Krakau ein christliches Waisenhaus, in dem ständig 40-60 jüdische Kinder zwischen christlichen Kindern erzogen werden, obwohl man sie, bevor sie das gesetzliche Alter der Selbstbestimmung haben, nicht der Taufe zuführt.

Es ist dies eine von der Fürstin Osolinska erhaltene Anstalt, in der diese Dame aus Patriotismus alle polnischen Kinder, die im Wiener Findelhaus geboren werden, aufnimmt. Zu meinem Bedauern habe ich die Anstalt nicht gesehen, weiß also nicht, von welchen Geiste sie durchdrungen ist.

Wenn die Kinder dort so erzogen und gehalten werden, wie die Zöglinge eines Hauses in der Nähe von Dukla, das dem heiligen Michael geweiht ist und von einem katholischen Pfarrer ganz selbstherrlich geleitet wird, dann wäre es in erster Linie aus menschlichen Gründen wünschenswert, Mittel und Wege zu finden, die Kinder besser zu erziehen. Seitens der Fürstin Osolinska sollen keinerlei Schwierigkeiten gemacht werden, die Kinder eventuell der Krakauer Gemeinde auszuliefern.

Aber in Krakau sowohl wie im ganzen Lande fand ich die anderswo längst überwundene Anschauung der Minderwertigkeit unehelicher Kinder noch sehr stark ausgeprägt.

Daß uneheliche Kinder schutzbedürftiger sind als eheliche, in der Familie lebende, wurde mir nur ungern zugegeben, und daß die Verbrecherstatistik beweist, daß die Vernachlässigung der Unehelichen sich schwer an der Gesellschaft rächt, schien unbekannt.

Unter unehelichen Kindern sind aber jene Kinder nicht zu verstehen, die einer nach jüdischem Gesetz geschlossenen staatlich nicht anerkannten Ehe entstammen. Diese Kinder stehen unter den Schutze ihrer Eltern und sind auch in dem weiteren Kreise ihrer Familie voll anerkannt.

Es gibt aber auch eine verhältnismäßig große Anzahl von jüdischen Mädchen geborener Kinder, die meistens bei Bäuerinnen zum Engelmachen untergebracht werden. Die am Leben bleiben, sind heimatlos, rechtlos, verachtet, werden herumgestoßen und mißhandelt, sodaß es vollständig begreiflich ist, wenn sie sich nur unter vorherrschender Entwicklung der eigensüchtigen Triebe in ihrer Existenz behaupten können. Da diese bedauernswerten Geschöpfe gewissermaßen vogelfrei sind, wäre ihre Erziehung leichter zu leiten, als die der ehelichen Kinder, bei denen man sehr oft mit einem unvernünftigen Familienanhang zu kämpfen hat. Nach dieser Richtung weiß die Leitung der Haushaltungsschulen der Baron Hirsch-Stiftung von mancher Schwierigkeit zu berichten. Dennoch geben diese Anstalten ein sehr erfreuliches Bild zivilisatorischer Tätigkeit. In den Anstaltsräumen herrscht die größte Sauberkeit, die Mädchen sehen gut gepflegt aus und werden stramm zur Hausarbeit angehalten. Freilich weiß ich auch, daß man bei einer Anstalt, die äußerlich einen guten Eindruck macht, sein Urteil über dieselbe noch nicht abschließen darf.

Ich habe die Mädchen nicht arbeiten und nicht essen sehen, nicht im Verkehr miteinander und mit Fremden beobachtet, ich weiß nicht, ob die Anstaltsleitung nicht manches als Luxus bezeichnen würde, was ich als notwendiges Requisit der Reinlichkeit bezeichne. Um das und noch vieles andere wissen zu können, hätte ich ein paar Tage mit den Mädchen leben müssen. Aber jedenfalls ist auch hier viel guter Wille, und es ist auch gelungen, mit relativ geringen Mitteln viel Förderndes zu leisten.

In Tarnow und in Kolomea lernten wir zwei Damen der Lokalkomitees kennen, die für ihre Aufgabe den Haushaltungsschulen gegenüber großes Verständnis zeigten. Besonders in Tarnow hatten wir das Glück, durch das ungewöhnlich liebenswürdige und sehr dankenswerte Entgegenkommen eines ortsansässigen Ehepaares viel Wissenswertes zu erfahren.

Im Anschluß an die Haushaltungsschulen habe ich zu berichten, daß ich in Krakau eine gleichfalls von Frauen sehr gut geleitete Volksküche oder Suppenanstalt fand.

Zum Glück für ihre Besucher muß man dort aus finanziellen Gründen an dem einzig richtigen Prinzip, kleine Preise für die einzelnen Portionen zu nehmen, festhalten. Dadurch sind Mißbräuche ausgeschlossen, wie sie in Anstalten zu treffen sind, die die Mizwoh[5] als Himmelsschlüssel über die Vernunft stellen.

Auch in Zloczow besteht unter Leitung einer Dame eine Volksküche unter denselben Bedingungen.

Sonst erfuhren wir noch von Schulkinder-Speisungen durch die Baron Hirsch-Stiftung und in Lemberg durch die Gemeinde. Die Ordnung und Stille, mit der dort an 600 Kinder die klassenweise in geordnetem Zuge aufmarschiert kommen, unter Aufsicht von Lehrerinnen, resp. Lehrern ihr Mittagessen einnehmen, ist geradezu musterhaft.

Eine eigentümliche Art von Naturalgabe an ein Hospital fanden wir in Tarnow in dem sogenannten Jausenvereine. Dort besteht ein Frauenverein, dessen Mitglieder, im Turnus, nachmittags mit ihrer Privatköchin in der Spitalküche erscheinen, um dort den mitgebrachten Kaffee zu kochen, und, mit Zutaten, an die Kranken zu verteilen. Es wird seitens der Spitalverwaltung auf diese Gabe sehr gerechnet. Sie wird aber den Damen, so klein sie ist – ich vermute der Form wegen – oft sehr lästig.

Wie man sieht, sind es nur sehr wenige stabile Einrichtungen, über die ich zu berichten habe. Es werden an anderen Orten noch andere sein, die nicht zu meiner Kenntnis kommen konnten, aber vermutlich stehen sie auf demselben Niveau wie diejenigen, die wir sahen.

Für Galizien könnten diese Institutionen sicher zu Ansätzen einer künftigen, entwicklungsfähigen, sozialen Hilfstätigkeit werden. Heute sind sie dem Geiste nach noch Wohltätigkeitsanstalten im traditionellen Sinne, denn soziales Denken, soziales Gewissen sind in den Kreisen der jüdischen Intelligenz Galiziens noch sehr wenig geweckt.

Maßgebend hierfür scheint mir die absolut passive Stellung, die die bürgerliche Klasse dem ausgedehnten Haus- und Straßenbettel gegenüber einnimmt. Außer den Neumondtagen, den Tagen vor hohen Festtagen, sind vielfach noch Montag und Donnerstag feste Betteltage, an denen oft nur in halben Kreuzern eine Art von Steuer eingefordert wird. Wenige der gebenden Männer und Frauen erkennen darin das Symptom einer Krankheit im Volke, die aus dem Zusammenwirken verschiedener Ursachen entstanden ist, und die mit ebenso vielen Gegenmitteln bekämpft werden muß. Gedankenlos und gewohnheitsgemäß wird das Almosen gegeben und genommen. Denn da nach der Auffassung der Orthodoxie der Arme dem Gebenden als Medium dient, ein gottgefälliges Werk zu tun, so ist der Gebende dem Armen Dank schuldig, nicht umgekehrt, und die Idee, daß diese Art des »Wohltuns« das Proletariat demoralisiert, findet keinen Eingang. Auch die religiöse Vorschrift, derzufolge ein Almosen dem Armen direkt gegeben werden muß, um für den Geber wirksam zu sein, ist ein Hindernis dafür, das schädliche Almosengeben in nützliche Fürsorge zu verwandeln. Dieselben halben Kreuzer, die man an der Türe verteilt, in Zentralstellen eingesammelt, könnten wirksam helfen, wenn sie sachgemäß praktisch verwendet würden. Aber dafür fehlt in Galizien noch das Verständnis, und darum der Wille.

Besonders den Frauen ist meines Erachtens der Vorwurf nicht zu ersparen, daß sie sich einschlägigen Erwägungen gegenüber noch sehr indolent verhalten.

So fortgeschritten modern sie in der Kleidermode sind, so unentwickelt altmodisch im Denken, so rückständig erscheinen sie noch in der Auffassung allgemeiner Pflichten.

Als Gradmesser für diesen bedauerlichen Kulturtiefstand dient die Unwichtigkeit, die man der Kinderpflege beimißt, und die Stellung der Frauen zur Dienstbotenfrage.

Es ist mir aufgefallen, daß in den Straßen und öffentlichen Anlagen und Gärten die meisten der reichgekleideten Kinder der Aufsicht von ganz ungebildeten Personen anvertraut sind. Ammen oder gewesene Ammen, Bäuerinnen, die sich nur sonntags die Gêne auferlegen, ihre Röhrenstiefel zu tragen. Weiter ist das Fehlen von Kinderwagen bezeichnend. Die gewickelten Kinder werden mitsamt ihrer Wärterin in eine Paradedecke eingehüllt und, wenn die Würmchen in diesem Dunstkreis wimmern, jederzeit und jedenorts gestillt und mit energischer Schüttelbewegung zum Schlafen gebracht.

Diese Beobachtungen von der Straße lassen ganz direkt auf die Kinderzimmer schließen.

Einige Damen klagten allerdings darüber, daß in Galizien keine besseren Kinderpflegerinnen und überhaupt nur sehr schlechtes Dienstpersonal zu bekommen sei. Aber ich meine, wenn sie wirklich so ganz von der Wichtigkeit der Qualifikation dieser Hausgenossinnen überzeugt wären, müßte man nach den wahren Ursachen der Minderwertigkeit des vorhandenen Materials forschen und ihnen abzuhelfen suchen.

Wie die Menschen es meist gerne tun, suchen auch die galizischen Hausfrauen die Ursache der Übelstände, die sie stören, nur in den andern und nicht auch in sich selbst.

Ich habe in allen Städten und Dörfern danach gefragt, warum die Mädchen eine solche Scheu davor haben, häusliche Stellungen anzunehmen, und überall wurde mir gesagt:

1. daß die Frauen ihre Mädchen schlecht behandelten und schlecht bezahlten und
2. daß die Dienstmädchen seitens der jüdischen Hausherren und Haussöhne sehr häufig der Verführung ausgesetzt wären.

Daraus ergibt sich eine große Verachtung des ganzen dienenden Standes, das ist derjenigen Individuen, die sich solcher Behandlung aussetzen, oder sie sich gefallen lassen.

Ich selbst konnte ja nur beobachten, daß die Frauen in das Wort »Dienstbot« einen Ton der Verachtung legten, der wirklich empörend war.

Außerdem sind die Lebensgewohnheiten und Reinlichkeitsbegriffe des Landes geeignet, die Hausarbeit wirklich zu widerlicher Herkulesarbeit zu machen, sodaß die Abneigung der Mädchen gegen häusliche Stellungen eine gewisse Berechtigung hat.

Dieses mangelhafte Verständnis für Kinderpflege und die Vernachlässigung des eigenen Haushalts, für die bürgerlichen Kreise schon recht bedauerlich, sind für die große Masse der in größter Armut lebenden jüdischen Bevölkerung als die Wurzel vielen Unglücks, von Krankheit, Verwahrlosung und Verkommenheit anzusehen.

Seitens der Intelligenz hat aber dieses mangelhafte Verständnis auch noch die Folge, daß man wenig Eifer zeigt, Einrichtungen zu schaffen, die geeignet sind, in der Richtung der Kinderpflege und Volkshygiene belehrend und aufklärend zu wirken.

Es ist bezeichnend, daß die Begriffe: Krippe, Kindergarten, Kinderhorte u.s.w. in ihrer spezifischen Bedeutung kaum bekannt sind.

Nur Lemberg besitzt drei Volkskindergärten, die, wenn auch nicht ganz auf der Höhe moderner Anforderungen stehend, doch recht gut geleitet sind. In Krakau spricht man von der Errichtung irgend einer Volkspflegeanstalt, doch scheint man selbst noch nicht zu wissen, welcher Art sie sein soll.

Sonst begegnete mir auf meiner ganzen Reise keine Einrichtung, die den in ihrer Not und Armut schlaff und gleichgültig gewordenen Müttern durch die praktische Vorführung zeigt, wie ein Kind behandelt werden müsse, damit es durch Reinlichkeit und gute Gewöhnung ein gesunder und dadurch tüchtiger Mensch werde.

Auch nach dieser Richtung hat man mir immer wieder den Mangel an Mitteln als Grund der fehlenden Einrichtungen angegeben, doch auch hier kann ich die tatsächliche Armut der Gemeinden nicht als alleinige Ursache gelten lassen.

Die gut gekleideten Frauen könnten gerade an kleinen Orten auch ohne spezielle Einrichtungen belehrend auf die durch die Armut indolent gewordenen Familien einwirken, wenn sie selbst es technisch verständen, und wenn das soziale Gewissen nicht schliefe.

Mir persönlich hat man immer zu verstehen gegeben, ich sei so anspruchsvoll, weil ich aus dem Gan Eden, dem Paradiese Frankfurt nach dem Gehinnom, der Hölle Galizien gekommen sei.

Daß Frankfurt, häufig an Wohltätigkeits-Indigestionen leidend, für mich nicht immer maßgebend ist, war etwas, was ich den Herren und Damen kaum klar machen konnte, die noch glauben, man könne für Geld alles haben, auch das, was nicht mit Geld zu bezahlen ist: Verständnis für die Bedürfnisse des Volkes, persönliche Hingebung und Opferwilligkeit für eine Idee, Gewissenhaftigkeit und Treue in der Ausübung übernommener Pflichten, mit einem Worte: Menschen. Nächst den Schulen und anderen Erziehungsstellen sind die Spitäler, Siechen- und Altersversorgungshäuser die maßgebendsten Faktoren zur Beurteilung des Kulturzustandes eines Landes. Was wir in Galizien nach dieser Richtung zu sehen bekamen, ist unbeschreiblich traurig.

Ich hoffe, daß, wenn die Vertreter der Gemeinden auch nur eine Ahnung davon hätten, wie menschenunwürdig und dem heutigen Stande der Wissenschaft hohnsprechend es ist, was sie unter ihrer Verwaltung dulden, sie alles aufbieten würden, gewisse Veränderungen einzuführen. Aber ich fürchte, sie ahnen es nicht. Und die Ärzte? Sollen sie alle müde und schlaff geworden sein in einem erfolglosen Kampf gegen die Verwaltung?

Zustände, wie das Siechenhaus in Tarnopol sie aufweist, sind derart, daß sie unter Juden, denen die Pflege der Kranken und Alten als eine erste religiöse Pflicht gelten soll, unbegreiflich sind.

Achtundzwanzig Betten von Greisen und unheilbaren Kranken belegt, unter der Aufsicht und Pflege eines einzigen Mannes, der aussieht, wie etwas, das ich sonst in Galizien kaum gesehen habe, wie ein Straßenkehrer.

Die Kost zum Leben zu wenig, zum Sterben zu viel, weshalb »erlaubt« ist, daß etwaige Angehörige täglich Eßwaren bringen!

Man hatte uns gesagt, der Kreisphysikus hätte vor kurzem Kontrolle gehalten, und deshalb sei erst alles gelüftet und geputzt worden. Ich kann nicht erzählen, was ich alles sah, und was ich nicht sah, aber ich werde den Jammer dieser Krankenzimmer und Aufenthaltsräume im ganzen Leben nicht vergessen.

Wir besuchten auch Krankenhäuser und Siechenhäuser, die weniger schlecht waren, aber gut ist keines, da in allen das ungebildete Pflegepersonal eine sachgemäße Führung ausschließt.

Daß sich die chassidischen Männer von keiner Frau berühren lassen, weil es ihr »religiöses Gefühl verletzt«, ist kein Grund dafür, daß sich die Ärzte mit diesem Bedienungspersonal, diesem Schmutz und dieser Verwaltung zufrieden geben.

Was speziell das Kapitel der Spitalverwaltung, und im Zusammenhang damit der Verwaltung von Verlassenschaftsgeldern betrifft, so sind mir darüber so märchenhafte Dinge berichtet worden, daß ich mich wohl hüten muß, sie zu wiederholen.

Wenn aber die Gerüchte den Tatsachen entsprechen, ist dann in den betreffenden Gemeinden nicht ein Mann von tadelloser Rechtschaffenheit, der den Mut hat, den ersten Stein aufzuheben?

So wie die Spitäler sind die Ambulanzen auch keine Stationen, in denen dem Volk eine Aufklärung zu Teil würde über das, was in gesundheitlicher Hinsicht für das Wohl und Wehe von Familien entscheidend werden kann. Daraus wird denn auch erklärlich, daß im ganzen Lande in hygienischer Beziehung die krasseste Unwissenheit herrschen muß. Es kommen Fälle von Typhus, sehr oft ist es der Hungertyphus, einfach nicht zur Anzeige und werden gar nicht, oder mit Hausmitteln behandelt. Desinfektion und Trennung der Kranken und gesunden Familienmitglieder gibt es nicht, da eben Arzt und Pflegerin fehlen, die anordnen und überwachen, resp. ausführen was nötig ist und was gleichzeitig dem Volke als Lehre und Beispiel dienen könnte.

Lemberg besitzt ein von einem privaten Wohltäter mit großem Kostenaufwand erbautes, modern eingerichtetes Spital, in dem auch eine Ambulanz vorgesehen ist. Ob aber die Gemeinde so viel Verständnis für ihre sozialen Aufgaben und für ihre exponierte Stellung als reichste Gemeinde Galiziens hat und dasselbe darin zum Ausdruck bringt, wenigstens eine gebildete Frau, eine geschulte Kraft in diesem Hause einzustellen, – das ist noch sehr fraglich.

In kleineren Orten ist für die Krankenpflege gar nicht gesorgt. Die christlichen Spitäler nehmen zwar überall Kranke auf, aber wegen der fehlenden rituellen Verköstigung wird von diesem Rechte der jüdischen Gemeinden nirgends Gebrauch gemacht.

Für die dringendsten Fälle schwerer Erkrankungen gibt es an manchen Orten Gegenseitigkeitsvereine. Bei einer wöchentlichen Einzahlung von 1 bis 2 Kreuzern verpflichten sich die Mitglieder des Vereins, bei vorkommenden schweren Krankheitsfällen abwechselnd Nachtwachen zu leisten. Man kann sich denken, wie es um einen solchen Kranken bestellt ist, bei dem je

eine Nacht ein Schuhmacher oder Fuhrmann, Schlächter oder Viehhändler u. s. w. die Nacht-
pflege besorgt.

Es ist ja rührend, wie solche Männer, die sich tagsüber im Broterwerb schwer gemüht haben,
sich jederzeit bereit finden, im Rahmen ihres Verständnisses Krankendienste zu tun. In der
Praxis wird aber mehr einer religiösen Vorschrift genügt, als eine Hilfeleistung geboten, die
dem Kranken, oft auch nur noch dem Sterbenden, eine Erleichterung bringt.

Ohne Zweifel läge es den Spitälern, ihren Vorstehern, Ärzten und Pflegerinnen ob, im Volke
unermüdlich aufklärerisch zu wirken, aber von der Seite dieser Verwaltungen geschieht in dieser
Richtung nichts.

Wenn man so in der Mangelhaftigkeit dieser wichtigen Einrichtungen auch nur flüchtig Einblick genommen hat, dann muß man es nur zu begreiflich finden, daß viele Kranke, dem Triebe
der Selbsterhaltung folgend, ihre Heimat verlassen, um außerhalb derselben Pflege und Heilung
zu suchen. Sie wissen, daß sie nirgends elender zu Grunde gehen müssen als zu Hause.

Und wieder frage ich nach den Frauen in den Gemeinden, und wieder höre ich und sehe ich,
daß sie abseits stehen, blind für ihre Pflichten, ihre Rechte nicht erkennend, schweigend nach
der Vorschrift eines alten Kirchenvaters.

Kaum daß sie, mit wenigen Ausnahmen, wissen, daß es »draußen« eine Bewegung gibt, die,
indem sie die einzelne Frau befreit, der Allgemeinheit die größten Dienste leistet.

Mit dem Kapitel der Krankenpflege verlasse ich das Gebiet jener stabilen Institutionen, die
zum Zwecke des Unterrichtes und der traditionellen Wohltätigkeit in Galizien geschaffen wurden.

Um das Bild des Landes zu vervollständigen, habe ich noch über Faktoren Rechenschaft
zu geben, die, in allgemeinen Verhältnissen wurzelnd, die Physiognomie des Landes prägen.
Hierher gehören vor allem Mitteilungen über die Wohnungsverhältnisse in Galizien. Ich kann
dieselben abkürzen, indem ich sage, daß alles, was über sittliche und hygienische Mißstände
des Wohnungselendes je beobachtet, gesagt und geschrieben wurde, vollinhaltlich auf die galizischen Zustände angewendet werden muß. Die mangelnde Kanalisation, die Abwesenheit von
Klosetteinrichtungen und Wasser, der Mangel an Betten und Möbeln gibt aber den Wohnhöh-
len in der Anlage, sowie in der Überfüllung einen noch viel grauenvolleren Charakter.

Die Wohnungen, die zu ebener Erde gelegen sind, das Dach konnte ich meist leicht mit der
Hand berühren, sind die verhältnismäßig gesünderen, weil durch alle Fugen und Ritzen die
Luft und auch die Sonne eindringen kann, aber die Kellerwohnungen, an deren Öffnung die
Menschen wie Insekten an dunklen Fluglöchern aus- und einschlüpfen, sind unbeschreiblich.
Und da haben wir alles im Mai, der besten Jahreszeit gesehen. Wie oft, wenn wir einen Raum
betraten, bei dem man am Eingang zurückprallen zu müssen glaubte, dachte ich: wie muß es
hier im Winter sein, wo man die Fenster verklebt und die schlecht schließenden Türen nach
Möglichkeit geschlossen hält, weil neben all den hungrigen Mäulern der Familie auch noch der
Ofen gespeist werden muß!

Ich glaube, daß für das subjektive Gefühl der galizischen Bevölkerung der Segen der Gewohnheit den Unsegen der Abstumpfung weitaus überragt.

Für jeden durch die Kultur verfeinerten Menschen wäre ein Aufenthalt unter den dort landläufigen Bedingungen gleich dem in einer Folterkammer, die zur Verletzung aller unserer Sinne
und Empfindungen eingerichtet ist.

Ferner als eminent wichtig für die Beurteilung des Landes sind die Erwerbs- und Arbeitsverhältnisse Galiziens zu betrachten. Sich über diese umfassend und sachgemäß zu orientieren,
bedürfte es kaufmännischer Vorkenntnisse und eingehender Enqueten.

Uns bestätigte schon die laienhafte Beobachtung und Umfrage, oft auch eine unaufgefordert
erfolgte Mitteilung die bekannte Tatsache, daß es für die Masse der Bevölkerung in Galizien
zu wenig Arbeit und Verdienst gibt, hauptsächlich aber, daß die Leistungsfähigkeit der Juden
zu ihrem eigenen unermeßlichen Nachteil und Schaden eine einseitig ausgebildete ist. Einen
großen Irrtum, mit dem in der Beurteilung der Landesverhältnisse in Galizien oft gerechnet
wird, bin ich heute in der Lage, richtig zu stellen: es gibt kein Handwerk und keinen Erwerb,

den die Juden in Galizien nicht treiben dürfen. Ebenso können sie, wie mir von maßgebender Seite versichert wurde, Grund und Boden auch in kleinen Parzellen durch Kauf erwerben oder pachten.

In der Regel sind sie nach dieser Richtung auch in der Praxis keiner anderen Handhabung und Auslegung der Gesetze unterworfen wie die christliche Bevölkerung. Freilich sind die Verhältnisse in Bezug auf Bodenbesitz im ganzen Lande sehr bedauerliche, da der Großgrundbesitz die bäuerliche Bevölkerung in ihren vitalsten Interessen schädigt.

Nur die Schankgerechtigkeit und die Mautpacht sind diejenigen Erwerbszweige, die den Juden seitens der Regierung vollständig abgenommen und in christliche Hände übergeführt worden sind. Auch damit erzähle ich nichts Neues, wenn ich berichte, daß der Kleinhandel in den Händen der Juden liegt, und ich würde nur Bekanntes wiederholen, wollte ich auf die historische Begründung dieser sich in allen Ländern gleichbleibenden Erscheinung näher eingehen.

Es wird aber so oft von judenfeindlicher Seite auf die Tatsache »der Usurpierung des Handels durch die Juden« in einer Weise hingewiesen, daß Außenstehende leicht zu der falschen Vorstellung gelangen, als könnte ein großer Teil der jüdischen Bevölkerung dadurch große Reichtümer erwerben und im Wohlstand leben.

Abgesehen von einer relativ sehr kleinen Anzahl wohlhabender Kaufleute, gehören die handeltreibenden Juden Galiziens zu dem ärmsten Proletariat, das die Welt aufweist.

Mir ist wiederholt versichert worden, daß der Verdienst manchen Familienvaters wöchentlich eben hinreiche, das Sabbatbrot und die Sabbatkerzen zu kaufen. Die ganze Lebenshaltung jener Juden, im Jargon der Antisemiten »Vampyre, die die christliche Bevölkerung aussaugen«, ist eine solche, daß kein christlicher Bauer oder Handwerker im Hinblick auf dieselbe eine Regung des Neides zu empfinden braucht. Hungerkünstler sind es, deren Bedürfnislosigkeit die einfachsten Existenzbedingungen so sehr herabgedrückt hat, daß bei den meisten ein Zustand dauernder Unterernährung herrscht. »Der Magen hat kein Fenster« sagen sie, und wo noch nicht alle Energie erloschen ist, da werden Erinnerungen an vergangene gute Tage, an gute Herkunft (Jichus) mit der Hoffnung auf kommende bessere Zeiten, wie zwei Fäden, an denen das Leben hängt, fest verknüpft, und das kostbare Zwischenglied, um das man sie schlingt, sind die Kinder.

Wenn diese armen Menschen nur verstünden, diesen ihren einzigen Reichtum für die Familie und den Staat wertvoll zu gestalten.

Der Hang nach Luxus unter den Mädchen ist, wenn man die Armseligkeit der allgemeinen Lebenshaltung ganzer Familien in Erwägung zieht, vielleicht als eine Art mißleiteten Regenerationstriebes zu betrachten, den in gute Bahnen zu lenken erziehlich auszunützen und umzugestalten mit zu den vornehmsten Aufgaben der künftigen Volkserzieher im Lande gehören wird.

Der Begriff dessen, was man Bedürfnis, was Luxus nennt, schwankt nach den gegebenen Verhältnissen.

Ich wollte, die galizische Bevölkerung hätte bald das unabweisliche Bedürfnis nach dem heute noch als Luxus aufgefaßten Besitz von einigen Hemden und anderen Wäsche- und Kleidungsstücken. Welchen Aufschwung von Industrie und Handel würde das bedeuten, welche andere gleichfalls unabweisliche Bedürfnisse würde das zum Segen des Landes und zur Hebung des Kulturniveaus herbeiführen. Die Phantasie kommt förmlich in rasenden Galopp bei der einfachen Vorstellung des »Luxus« von zwei ganzen, sauberen Hemden auf den Kopf der Bevölkerung.

Sehr bedauerlich im Handelsverkehr ist für das Land die bewußte Einführung von »Schundwaren für Galizien«. Ihre Einführung bedeutet, außer der ökonomischen, auch noch eine besondere Schädigung des Käufers, indem sie die Gewohnheit schleuderischen Einkaufs, Verkaufs und Gebrauchs hervorbringen und durch raschen Wechsel wieder eine Verführung zum Luxus im verderblichen Sinne bringen.

Das gilt selbstredend am meisten von Schnitt- und Modewaren.

Über den Verdienst der Aufkäufer, Zwischenhändler und Vermittler dürfte es wohl schwer sein, bestimmte Daten zu ermitteln, da die Leute nur ungern Auskunft geben, wohl auch selbst nichts Genaues wissen.

Handelsartikel sind hier meist die Produkte der bäuerlichen Landwirtschaft: Eier, Geflügel, Milch und Butter. In diesem Verkehr zeigt sich recht auffallend eine ausgesprochene Animosität zwischen der christlichen und der jüdischen Bevölkerung, die je kleiner die Geschäfte und die Preisdifferenzen sind, sich desto leichter zu großer Feindseligkeit ausgestalten. Unter Verhältnissen, in denen 10 Gulden ein Betriebskapital, und der Gewinn von 50 Kreuzern ein Geschäft ist, dem man Stunden widmen muß, kann sich nur schwer Weite und Größe des Blickes und der Gesinnung entwickeln. Es muß somit der Typus des Handelsjuden entstehen, der um halbe Kreuzer feilscht, wenn er einen Hering, einen Krautapfel, ein paar Zwiebeln oder eine saure Gurke zum Mittagessen genießen will.

Bei unseren Wagenfahrten sind uns unzählige flache Leiterwagen ohne jedes Schutzdach begegnet, auf denen Händler und Aufkäufer eng aneinander gerückt saßen, oft im Stroh hockend, oft an lebendes Kleinvieh herangedrängt.

Sorgenvollen Blickes stieren sie vor sich hin, oder sie sprechen eifrig; aber gleichgiltig sind sie für die sie umgebende Natur, gleichgiltig, ob die Sonne sie bescheint oder der Regen sie durchnäßt.

Wenn Menschen so leben, schlechter als das Vieh, an dessen Befinden und Gedeihen der Eigentümer ein Interesse hat, das für den galizischen Juden niemand empfindet, ist es da zu verwundern, wenn der Wunsch, Geld zu verdienen, jede andere Erwägung in den Hintergrund drängt, bis er so mächtig ist, daß er in den sträflichen Mißbrauch des Wuchers ausartet?!

Und hier tritt nun an manchen Orten die *J.C.A.* mit ihren Leihkassen ein und bringt praktischen und moralischen Segen ins Land. Der günstige Einfluß dieser Leihkassen kann gar nicht hoch genug veranschlagt werden. Sie steuern dem Wucher und helfen den kleinen Gewerbetreibenden, indem sie zu niedrigstem Zinsfuße kleine Geldsummen ausleihen, die in so minimalen Raten zurückbezahlt werden können, daß die Schuldner diese Abzahlung nicht mehr als Druck oder Last empfinden.

Die Jahresberichte der Leihkassen sind von den verschiedensten Gesichtspunkten aus betrachtet sehr interessant. Für die Beurteilung der ganzen Bevölkerung ist es von höchster Wichtigkeit, zu erfahren, daß diese Gewerbetreibenden kleinster Kategorie – Männer und Frauen – in der Rückzahlung ihrer Schuld von größter Pünktlichkeit und Gewissenhaftigkeit sind, so daß es sich kaum ereignet, daß ein »Mitglied« der Kasse gegenüber seiner Verpflichtung nicht nachkäme.

Die Verwaltung der Leihkassen geschieht meistens ehrenamtlich, aber nicht an allen Orten ausschließlich ehrenamtlich, und da ich hier doch nun einmal das Kapitel der Beamten streife, darf ich eine Bemerkung nicht unterlassen. Wie ich schon einmal sagte, ist es bei keiner größeren Körperschaft zu erreichen, daß alle Mitglieder derselben allen an sie zu stellenden Anforderungen gleichwertig genügen. »Es kann überall etwas vorkommen«, heißt es, wenn man gewissen Gerüchten mit bestimmten Fragen nahe kommt. Und da ist nur eins zu sagen: jede Hilfstätigkeit in Galizien hat nicht nur in ihrer Spezialität im Lande zu wirken, d.h. die Schulen sind nicht nur Lehranstalten, die Leihkassen nicht nur Darlehensvermittlung, Versuche zur Einführung von Industrien nicht nur Arbeitsvermittlungen u.s.w.

Infolge der ganz besonderen Eigentümlichkeiten des Landes, seiner dekadenten moralischen Struktur, haben alle Institutionen gemeinsam die große Aufgabe in Haltung und Verwaltung für das ganze Land vorbildlich zu sein.

Wenn »etwas vorkommt«, dann muß mit unnachsichtlicher Strenge vorgegangen werden, damit die Bevölkerung keinen Augenblick darüber im Zweifel bleiben kann, was erlaubt und was unerlaubt ist.

Bei der exponierten Stellung dieser Verwaltungen muß jede Nachsicht und Milde, die vielleicht persönlich angebracht sein kann, zu einer Verwirrung der allgemeinen Ehr- und Rechtsbegriffe führen, auf deren Stärkung im Volke es vor allem ankommt.

Bezüglich des Handwerks habe ich zu berichten, daß ich keine besondere Abneigung gegen dasselbe bemerkt habe, und daß die gangbarsten Handwerke (Schneider, Schuster, Tischler, Spengler, Anstreicher und Maurer) unter den Juden vielfach vertreten sind. Es würden sich

Schüler an den obersten Klassen der Baron Hirsch-Schulen gerne einem Handwerk widmen, wenn die 50 bis 80 Gulden Lehrgeld aufzubringen wären.

Es ist notwendig, daß die Lehrlinge bei guten christlichen Meistern in größeren Städten in die Lehre kommen, um sie wirklich konkurrenz- und erwerbsfähig zu machen.

Das, was an den kleinen Orten Galiziens selbst von einem Handwerker gefordert wird, darf nicht als Maßstab der Ausbildung gelten.

Daß manche Handwerkerschulen der *J.C.A* an Verwaltungssünden zu Grunde gegangen sind, ist sehr zu bedauern, aber doch auch wieder gut zu machen. Ich meine, bei gutem Willen müßte sich ein Modus finden lassen, in dem die Lokalkomitees und die Vereinsdezernenten sich zu harmonischer Zusammenarbeit bereit finden. Zwei Klagen sind nach dieser Richtung typisch: die Lokalkomitees finden die wenig konziliante, diktatorische Art der *J.C.A.* unangemessen. Seitens der *J.C.A.* dagegen wird die Lokalexekution als vielfach verständnislos, mangelhaft, oft auch geradezu als korrupt bezeichnet.

Bei der Wichtigkeit der Aufgabe wäre es wohl der Mühe wert Schwierigkeiten, die nur persönlicher, und nicht sachlicher Natur sind, zu überwinden.

Bezüglich der Lehrlinge sind die *J.C.A.*-Vertreter zu der Ansicht geneigt, sie hätten nicht die Pflicht, der Baron Hirsch-Schulen die Absolventen behufs Weiterbildung abzunehmen, sondern sich vor allem mit Kolonisation zu beschäftigen. Es handelt sich aber gar nicht darum den Baron Hirsch-Schulen einen Gefallen zu tun oder nicht, sondern darum, daß diese Schulen die Ziele der *J.C.A.* in hervorragendem Maße fördern, indem sie die Knaben mit Elementarkenntnissen ausstatten, und darum, daß die Schulleitung die Vermittlung zum Handwerk übernehmen will, – ohne welches eine Kolonisation einfach unmöglich ist.

Es gibt eben in den Aufgaben der Volkserziehung keine ganz scharf abgegrenzten Ressorts, und es wäre im Interesse des Ganzen sehr wünschenswert, wenn seitens der verschiedenen Kuratorien die Gemeinsamkeit des letzten Zieles – Kulturfortschritte im Lande anzubahnen nicht außer acht gelassen würde. Die große Sehnsucht der Wohlwollenden im Lande ist die Einführung von Industrieen. Das bildet selbstredend eine große Schwierigkeit, da die Frage der Rentabilität eines Unternehmens dabei das Maßgebende ist.

Ein Unternehmer, der nicht einen großen Vorteil oder eine Garantieleistung findet, hat keinen Grund, sich unter schwierigen Verhältnissen mit ungelernten Arbeitern zu quälen, es sei denn, er habe zugleich ein sozial-moralisches Interesse daran, Arbeitgeber zu sein, – den Arbeitern zuliebe. Diese Voraussetzung wird bei Geschäftsleuten selten zutreffen. Erfuhren wir doch sogar von landesansässigen, jüdischen Fabrikanten, die »prinzipiell« keine jüdischen Arbeiter beschäftigen: Arbeitgeber, die von außen veranlaßt werden, in Galizien arbeiten zu lassen, gehen auf alle dahin zielenden Vorschläge nur des eigenen Interesses, der landesüblichen Hungerlöhne wegen ein, – selbst dann, wenn sie sich als »kleiner Baron Hirsch« aufspielen.

Wie die Verhältnisse nun einmal liegen, sind sogar die Ausbeuter willkommen! Die einzige Arbeitgeberin, die ständig Arbeit hat und die auch mit den Eigentümlichkeiten des arbeitswilligen Teiles der Bevölkerung immer Geduld haben muß, ist die Baron Hirsch-Stiftung, die aber ihren großen Bedarf an Stoffen und Kleidern importiert! (Die Stiefel, die zur Verteilung kommen, werden im Lande gearbeitet.)

Selbst auf die Gefahr hin »große Schererei« zu haben, und einige Jahre teuer zu arbeiten, müßte man Werkstätten und Nähstuben anlegen, um auf dem natürlichen Wege, auf Grund eines vorhandenen Bedarfs, das zu erreichen, was nach den Erfahrungen der *J.C.A.* und des Galizischen Hilfsvereins auf künstlichem Wege so schlecht gelingt, nämlich einige Stellen dauernder Arbeitsgelegenheit zu schaffen. Die Puppenfabrik der *J.C.A.* in Tarnow macht auf den flüchtigen Besucher, besonders durch die Sauberkeit der Arbeitsräume, im Gegensatz zu den Lokalen, in denen z.B. die Federnsortiererinnen arbeiten, einen sehr guten Eindruck. Aber auch hier gilt, was ich von den Erziehungsanstalten gesagt habe wer nicht mit den Mädchen gelebt hat, wer nicht das Vertrauen der Arbeiterinnen hat, um eventuelle Klagen zu hören, darf über einen Betrieb nicht das letzte Wort sprechen wollen. Ich sah auch noch andere Fabrikbetriebe, in denen scheinbar alles gut war und hörte später von geradezu erschreckendem Lohndruck und Ausbeutung der Arbeitskräfte.

Die Mädchen in der Puppenfabrik sind, trotzdem sie wöchentlich durchschnittlich nur zwei Gulden verdienen – Anfängerinnen bekommen nur 80 Kreuzer – leider zufrieden. Der ganze Betrieb scheint bei der Bevölkerung recht beliebt, was daraus hervorgeht, daß wir an verschiedenen Orten gebeten wurden, die Einrichtung von weiteren Puppenfabriken zu befürworten.

Daß eine Fabrik eine industrielle Notwendigkeit, d.i. im geschäftlichen Sinne rentabel sein muß, und kein Wohltätigkeitsinstitut, daß der Arbeitslohn kein Almosen mit Hindernissen sein darf, wird im Lande nur schwer begriffen.

Weniger gut als mit der Puppenfabrik geht es scheinbar mit der Strumpfstrickerei, was aber nur an der Organisation und der Geschäftsgebarung zu liegen scheint, da im Lande ein ständiger Bedarf an Strumpfwaren vorhanden ist.

Statt daß die galizischen Händler und Kaufleute ihre Ware in kleinen einheimischen Betrieben decken könnten, müssen sie außerhalb einkaufen, und die *J.C.A.* gab sich ihrerseits die größte Mühe, außerhalb Galiziens eine Firma zu finden, mit der sie einen Vertrag abschließen konnte, der seitens der Firma nicht immer eingehalten wurde. Das führte zu Störungen und Mißständen aller Art.

Auch über die Behandlung der Arbeiterinnen, und deren obligatorische Krankenversicherung sind uns aus den Kreisen der Arbeiterinnen lebhafte Klagen zu Ohren gekommen.

Da aber, was immer von einem Institut von der Tendenz der *J.C.A.* ausgeht, gewissermaßen unter der Flagge der *J.C.A.* im Lande segelt, vorbildlich korrekt und vertrauenswürdig sein muß, so hat die *J.C.A.* auch dafür zu sorgen, daß die Rechte der Arbeiterinnen unter allen Umständen gewahrt bleiben.

Das geschähe am besten, wenn man die Mädchen über die Vorteile der Organisation, d.h. der Selbstvertretung und Selbsthilfe aufklärte. Da das aber voraussichtlich als ein Eingriff in politisches Gebiet aufgefaßt und zurückgewiesen würde, so bleibt nur die schärfste Kontrolle, sowie eine minutiöse Wahrnehmung der Rechte der Arbeiterinnen übrig, die eine ausbeuterische Übervorteilung nach irgend einer Seite ausschließt.

Auch der galizische Hilfsverein in Wien pflegt die Idee, Arbeitsgelegenheit ins Land zu bringen und scheut die Kosten nicht, einige Experimente zu machen. Seine Hauptleistung war die Einführung der Haarnetzindustrie. Über dieselbe ist zu berichten, daß sich fast überall eine große Enttäuschung eingestellt hat. Wie wir erfuhren, hat man anfangs zu große Versprechungen gemacht, die Mädchen erwarteten von einer Art leichter Spielerei goldene Berge. Heute hat sich herausgestellt, daß die Arbeit eine recht mühsame ist und große Akkuratesse und Geduld erfordert, während der Verdienst ein sehr geringer ist.

Da von dem galizischen Hilfsverein gar keine Vorkehrungen getroffen sind, Lohndruck, willkürliche Lohnabzüge und Verzögerung der Lohnauszahlung hintanzuhalten, so ist die Haarnetzerei nach kurzem Aufschwunge wieder stark im Rückgange begriffen.

Auch der Umstand, daß die Fertigkeit des Netzes nirgends anders zu verwerten ist, als da, wo bestimmte Firmen als Ausbeuter auftreten und daß die Übung des Netzens keine andere Arbeit neben sich duldet, macht die galizischen Mädchen abgeneigt, etwas zu lernen, was sie bei schlechter Bezahlung auch noch äußerlich an gewisse Firmen bindet. In christlichen Industrieorten wird die Haarnetzerei vielfach als Nebenverdienst in den Familien betrieben, unter jüdischen Mädchen in Galizien wurde sie oft von solchen erfaßt, die sich schämten, öffentlich als Arbeiterinnen zu gelten. Man arbeitet die Netze bei geschlossenen Fenstern und Türen, da, wenn unversehens jemand kommt, diese Arbeit leicht zu verstecken ist!!! Weitere Experimente des galizischen Hilfsvereins waren die Knopfnäherei und Krawattenfabrikation. Weshalb die Knopfnäherei nicht eingeschlagen hat, konnte ich nicht erfahren.

Die Krawattenfabrikation scheiterte an der unglücklichen Art ihrer Einführung. Anstatt eine gute, geübte Krawattenarbeiterin als Lehrerin und Betriebsleiterin so einzustellen, daß sie unter Kontrolle, in irgend einer Weise an Erfolg interessiert gewesen wäre, ließ man eine Schullehrerin in der Arbeit ausbilden. Nach vier Wochen schon sollte die Dame das eben Gelernte weiter lehren und den Betrieb leiten.

Unter diesen Umständen konnte die Arbeit nur schlecht und für den Verkauf unbrauchbar sein. Dieser Mißerfolg ist aber nicht maßgebend, denn es ist nicht ausgeschlossen, daß bei richtiger Handhabung die Krawattenfabrikation dennoch eine Zukunft hat.

Der galizische Hilfsverein steht nämlich erstaunlicherweise auf dem Standpunkt, nur Industriezwecke zu verfolgen, und zwar in dem Sinne, eine Anregung zu bringen, eventuell einige Lehrkräfte zu bezahlen, und die Entwicklung der Dinge dann sich selbst zu überlassen. Als Maßstab und Vergleich werden dann Industriezentren anderer österreichischer Kronländer herangezogen.

Wenn aber nicht in Galizien alle Verhältnisse anders lägen, als in anderen Ländern, wenn die jüdische Bevölkerung in Galizien die Kraft systematischer, konsequenter Arbeit schon kennte, – wozu brauchte man dann einen galizischen Hilfsverein? Dort genügt es heute noch nicht, eine Idee zu bringen, Handfertigkeit und Handgriffe zu lehren. Der Anfang ist dort noch schwerer als an anderen Orten, und der erziehliche Einfluß, den die Arbeit ausübt, kann sich nicht so rasch fühlbar machen, daß man die jungen, kaum gewonnenen Arbeitsrekruten nicht noch gewissermaßen beobachten und schützen müßte bis zu der Zeit, wo sie, durch Arbeit erstarkt, imstande sind, sich dem großen Heere anzuschließen, ohne gleich als Marodeure oder Deserteure wieder abzufallen.

Ganz getrennt von den genannten, künstlichen Versuchen, Arbeitsgelegenheit ins Land zu bringen, bestehen in Galizien einige nationale Industriezweige, die, da sie einem Bedürfnis der Bevölkerung entsprungen sind, auch eine ganz andere Entwicklung nehmen konnten.

Es sind dies u. a. die Tallis-(Gebetmäntel)Webereien und die durch Heimarbeit hergestellten Aturos, das sind die silbernen Zierborten, die an einer Seite der Gebetmäntel angebracht sind.

Die Tallisweber sind organisierte Arbeiter, die dem österreichischen Weberverband mit seinem Bureau in Wien angehören.

Wir haben unter ihnen sehr intelligente Männer getroffen, die, obwohl Analphabeten, doch politisch reif und durchgebildet sind. Die Lage dieser Arbeiter ist eine sehr schlechte. Die Handwebestühle sind sehr primitiver Konstruktion, und ihr Betrieb verzehrt unverhältnismäßig viel Kraft; sie stehen in Räumen, die nach jeder Richtung unzulänglich sind, und der Verdienst – ein Stücklohn, an dem sich die Unternehmer bereichern – ist sehr gering. Eine kleine Lohnerhöhung trat vor einiger Zeit ein, da nach einem mühsam durchfochtenen Streik das Richten der Stühle, eine sehr zeitraubende Vorbereitung zur eigentlichen Arbeit, jetzt eine besondere Entlohnung findet.

Da diese Tallisweber aber arbeiten können, konsequent und regelmäßig, da sie sozialpolitisch denken, so bin ich der sicheren Überzeugung, daß die Weberei in Galizien ein entwicklungsfähiges Gewerbe ist. So gut diese Tallisweber »Tüchel« weben, könnten sie auf modern konstruierten Webestühlen auch andere Stoffe weben, oder weben lernen, und die ganze Herstellung könnte sich wenigstens teilweise nach einer Richtung ausdehnen, die, profanen Zwecken dienend, einem wachsenden Konsum im Lande entspräche.

Die Aturos werden, wie man uns sagte, nur an einem einzigen Orte in Galizien, in Sassow, hergestellt.

Diese Borten sind eine Art Posamentierarbeit, auf Klöppelkissen mit Silberfäden über Baumwolleinlagen geknüpft. Es arbeiten innerhalb der Organisation ungefähr 20 Leute, die kürzlich beschlossen, zum Schutze der Zunft keine Lehrlinge, besonders keine Lehrmädchen aufzunehmen.

Wir sahen eine große Anzahl von ornamentalen Mustern (Variationen einiger immer wiederkehrender Formen), die den Eindruck schöner, schwerer Silberstickerei machten.

Auch dieser Industriezweig könnte, wenn moderner Geist sich sowohl der technischen, wie der geschäftlichen Seite belebend annähme, zu ganz bedeutender Entwicklung gebracht werden. Heute wird fast noch auf derselben Basis gearbeitet, wie vor hundert Jahren.

Ich bin natürlich nicht in der Lage, einen ausführlichen Bericht über alle Arbeitsgelegenheiten der Juden in Galizien zu geben. Die beiden angeführten Industriezweige haben uns als jüdische besonders interessiert. Einen dritten, der auch dem Ritual dient, eine Tefillenfabrik (Gebetriemen und Gebetkapseln) haben wir nicht gesehen. Doch arbeiten Juden auch noch in vielen anderen Betrieben: in Druckereien, Porzellanmalereien, Kerzenfabriken u.s.w. Aber gleichviel, wohin unsere Blicke und Beobachtungen sich richteten, überall fanden wir unter den Juden einen eigentümlichen Zug von Gedrücktheit, Gleichgültigkeit, oft von Stumpfheit, vereint mit Intelligenz, die sich von der der bäuerlichen Bevölkerung sichtlich unterscheidet.

Und wie bei den Schulen taucht mir auch hier immer wieder die Frage auf, warum begnügt sich die Regierung mit Bevölkerungselementen, die national-ökonomisch betrachtet, so wenig wertvoll sind? Wäre es denn nicht, sowohl im Hinblick auf das allgemeine Staatseinkommen, als auf die Ausübung der Wehrpflicht vorteilhafter, einer Provinz, in der Handel und Industrie, also Volkswohlstand und, damit im Zusammenhange, Volksgesundheit und Volksmoral in einem Zustande der Dekadenz befinden, frische Kräfte zuzuführen, damit sie aufblühe?

Die Staatsanimosität gegen die Juden führt zu einer sehr deutlichen Art von Selbstbestrafung am Staatskörper. Die Individuen, die seit Generationen unter fortgesetztem Drucke leben, sind schwach und indolent geworden. Mit dem vielfach fehlenden Bewußtsein ihres Zustandes fehlt auch der Anstoß, ihn zu verändern, fehlt der Willensakt, ihre Lage zu verbessern.

Der Wunsch, die galizischen Juden als Staatselemente leistungsfähiger und damit wertvoller zu machen, könnte auch von der Regierung unterstützt werden, wenn sie ganz ohne »Sentimentalität und Humanitätsdusel«, ohne »Bevorzugung einer Rasse« nur ihren einfachen Vorteil erkennen wollte.

Ich halte es für sehr bezeichnend für den Zustand dumpfen Dahinlebens der großen jüdischen Volksmasse in Galizien, daß Ideen zur Förderung innerhalb derselben von außen gebracht werden müssen.

Vorschläge zur Besserung der Verhältnisse aus eigener Kraft sind mir nicht bekannt geworden, weder im Lande selbst, noch bei den Galizianern, die außer Landes leben.

Auch die Idee des Auswanderns ist in vielen Fällen nicht als ein Aufschwung zu betrachten, sie entstammt oft einer gewohnheitsmäßigen Denkweise und ist auch ein Versuch, sich treiben zu lassen, um vielleicht in einem anderen Fahrwasser »glücklich« zu werden.

Die Hauptidee, deren Ausführung dem leidenden Volk Hilfe bringen soll, und die auch von Freunden desselben reflektierend hineingetragen wird, ist, das jüdische Volk wenigstens teilweise wieder zu einem ackerbautreibenden umzugestalten.

Es ist keine Frage, daß die »Rückkehr zum Ackerbau«, wie das Schlagwort für die einschlägigen Bemühungen heißt, ein Eingehen auf Lebensbedingungen wäre, die nach jeder Richtung hin als gesund und darum als erstrebenswert zu bezeichnen sind. Aber diese Rückkehr kann nicht so einfach geschehen, selbst wenn der Einzelne das Verständnis und den Willen dazu besäße. Der Landbewohner sowie der Stadtbewohner hat ererbte und erworbene Eigenschaften und Eigentümlichkeiten, die ihn charakterisieren, und die nicht als ein gegebenes Zeichen abgelegt und angenommen werden können.

Auch die Wechselwirkung zwischen Wollen und Können wird von Seiten derer, die Projekte machen, häufig nicht genügend beachtet. Es ist sicher, daß man lieber etwas tun will, was man kann, als etwas, was große Schwierigkeiten bereitet; ebenso werden wir leichter das können, was wir wollen, – aber die Energie des Willens reicht doch nicht in allen Fällen aus, das Können zu erreichen.

So hören wir heute sehr oft, die Juden *wollten* keine landwirtschaftlichen oder ähnliche Arbeiten verrichten. Ich glaube, daß sie in vielen Fällen noch *nicht wollen können*.

Ein großer Teil der erziehlichen Aufgabe in Galizien wird darin bestehen, dem Wollen der Menschenkraft eine Richtung zu geben, die dem Einzelnen und damit der Gesamtheit förderlich ist.

Die Theoretiker für Galizien werden oft ungerecht, indem sie außer acht lassen, daß das Volk, für das sie mit viel gutem Willen und Begeisterung am grünen Tisch arbeiten, keine gleichförmige Masse, sondern ein Konglomerat von Individuen ist, die bewußt oder unbewußt den Beglückungstheorien fremd bleiben, darum nicht wie gehorsame Kinder sofort auf dieselben eingehen.

Die ersten schlechten Erfahrungen, die die *J.C.A.* mit ihren Versuchen landwirtschaftlicher Kolonisation in Argentinien machte, sind sehr lehrreich. Heute hat man zwei wertvolle Erfahrungen aus jener Versuchsperiode zu verzeichnen: 1. man lasse nicht wahllos jedermann und jede Familie zur Neukolonisation eines Landes zu, und 2. man bereite die Emigranten für die Kolonisation vor.

Die Auswahl, sowie die Vorbereitung bedingen das Ausscheiden der Alten, Kranken und Schwachen, eine scheinbare Härte, ebenso wie sie die zielbewußte Vorbildung der Jugend – das Wollen lernen – zum unerläßlichen Grundsatz machen.

Der Aufgabe, die männliche Jugend für den Ackerbau vorzubereiten, suchte die *J.C.A.* durch die Gründung der landwirtschaftlichen Schule in Slobotka Iesnia gerecht zu werden.

Die Gerüchte, die über den Ankauf des Gutes, seinen Preis, seinen Wert, seine Bodenbeschaffenheit und andere nicht gleichgiltige Umstände in Umlauf sind, bin ich nicht imstande, authentisch richtig zu stellen. Keinesfalls ist alles, was eine wohlmeinende Auslegung zuläßt, auch schlankweg gut zu heißen. Aber auch ein zu teuer gekauftes Gut mit teilweise minderwertigem Boden könnte mit der Zeit das Experiment der *J.C.A.* als solches rechtfertigen.

Da aber zur Zeit die ersten Zöglinge der Anstalt noch nicht fertig ausgebildet sind, da man heute noch nicht weiß, ob die jungen Leute wirklich bei der Landwirtschaft bleiben wollen und können, so ist das Experiment der *J.C.A.* vor der Hand noch nicht als gelungen zu bezeichnen.

Slobotka lesnia ist ein teures Experiment. Warum verteuert man es durch Schul- und Luxusbauten, die wertlos werden, wenn sich binnen weniger Jahre herausstellt, daß der Versuch mißlungen ist, d.h. daß die Zöglinge sich nach zurückgelegter Lehrzeit anderen Berufen widmen, als dem Ackerbau und verwandten? Denn nur um kräftige, gesunde Jungen zu erziehen, bedürfte es solchen Kostenaufwandes nicht. Es müßte aufs gewissenhafteste erwogen werden, ob das aufgewendete Kapital sich auf dem beschrittenen Wege in den Menschen verzinst, und ob nicht die selben erziehlichen Erfolge, die das Experiment Slobotka lesnia bietet, auf andere Weise, mit kleineren Kosten erreicht werden könnten. Darüber kann man aber erst zu einem abschließenden Urteil gelangen, wenn man auf die Erfahrungen vieler Jahre und mehrerer Generationen von Absolventen der Anstalt zurückblicken kann, und deshalb war das Investieren von Neubauten auf dem Gutskomplex jedenfalls verfrüht. Die ökonomische Seite der Frage darf durch alle Teile des Verwaltungskörpers nur von dem Standpunkt aus betrachtet werden, daß Stiftungsgelder Mündelgelder sind. Je reicher eine Stiftung, desto größer und vielgestaltiger ihre Aufgabe, desto größer die Verantwortlichkeit.

Die Schule hat vor allen Dingen die Aufgabe, die jungen Leute für das Landleben unter den einfachsten Verhältnissen vorzubereiten. Die Knaben sollen Freude an körperlicher Arbeit bekommen, sie sollen den Boden liebgewinnen, dem sie die Früchte abringen, das bäuerliche Leben in seiner gesunden, primitiven Urwüchsigkeit soll ihnen vertraut und teuer werden. (Einige Bemerkungen, die nicht ganz in den Rahmen dieses passen, sind direkt an die zuständigen Stellen vermittelt worden. B.P.)

Als Beweis dafür, daß die Juden nicht, wie meist behauptet wird, durchgehends für das ländliche Leben untauglich und unfähig sind kann außer den zerstreut lebenden bäuerlichen Familien, die jüdische Bauernkolonie in Czerniejow dienen. Dort sind »zehn Minjonim«, also 100 männliche Bewohner über 13 Jahre, die von Ackerbau und Viehzucht leben, wie die christlichen Bauern auch. Sie verheiraten sich nur mit Mädchen und Frauen, die zu ihrer bäuerlichen Lebensweise und ihrem Erwerb passen und sind städtischer Art fremd.

Ich kann nicht sagen, daß ich diese »jüdischen Arelim« froher, zufriedener, weniger gedrückt gefunden hätte, als die städtischen Juden; dazu sind sie zu arm, geistig zu unfrei, aber sie sind körperlich viel kräftiger als die städtische Bevölkerung, und die Landarbeit, sowie die Abkehr von unsauberen städtischen Berührungspunkten hat ihnen ihre Sittlichkeit erhalten. – Außer den erwähnten gibt es noch zwei mächtige, rein geistige Potenzen, die, wenn man für Galizien und in dem Lande wirken will, jederzeit beachtet und bedacht werden müssen: der Chassidismus und der Zionismus.

Der Chassidismus ist als Sekte, als eine Abzweigung innerhalb des orthodoxen Judentums anzusehen. Es gehört ihm ein so großer Teil der galizischen Bevölkerung an, daß er sehr bestimmend auf dieselbe eingewirkt hat. Historisch stellte er einst eine mystisch fromme, antitalmudische Richtung dar. Heute ist es der Chassidismus, der den Geist einer reinen Gottes- und Sittenlehre so fest in Formen und Formeln gebannt hält, daß seine Anhänger vielfach durch den Wust des Nebensächlichen den Kern der Lehre nicht mehr zu erkennen vermögen. Das geistlose Festhalten am Ritual und, damit im Zusammenhange, die Gesetzesdeutelei sind es, die oft die haarscharfe Linie zwischen Recht und Unrecht zu verwischen drohen, und die für das Volk, das in dem furchtbaren Ringen um seine Existenz vielfach unsicher geworden ist, eine große moralische Gefahr bergen.

Das Ritual, von dem es einst hieß, es sei der Zaun, der einen herrlichen Garten einschließt, es ist Selbstzweck geworden, es ist für den größten Teil der galizischen Juden die harte Schale einer tauben Nuß.

Von morgens bis abends, von Beginn des keimenden Lebens bis zum erlischenden Atemzuge ist das menschliche Leben von Vorschriften begleitet. Was einst deren Zweck war, in allen Lebensäußerungen Gott zu suchen und zu finden, der Seele Aufschwung zu geben vom Alltäglichen ins Unendliche, – das hängt heute wie ein Bleigewicht an dem Alltäglichen und verflacht und versumpft und erdrückt die Menschen. Nur daraus ist es erklärlich, daß in und neben dieser orthodoxen Lebensweise Zustände tiefster sittlicher Verkommenheit unter den galizischen Juden herrschen können. Sie leben meist nur im Banne des Rituals, das man aus Aberglauben und aus Furcht vor der Nachrede des Nachbars nicht abzustreifen wagt, aber sie sind nicht fromm.

Eine Art fatalistischen Gottvertrauens, das die Hände in den Schoß legen läßt und schlaff und indolent macht, ist keine Frömmigkeit in dem Sinne der Erhebung, der Befreiung und der Auslösung von Kraft, das Sittliche und Gute zu wollen.

Trotzdem die jüdische Religion kein Dogma und keinen Priester als Vermittler zwischen Gott und dem Menschen kennt, hat sich im galizischen Volke eben aus der Wichtigkeit der Gesetzesdeutung, die ein Talmud unkundiger Laie nicht vornehmen kann, in den sogenannten Wunderrabbis eine Art Priesterkaste gebildet, die von ihrem Einfluß auf das Volk den ausgiebigsten, und unheilvollsten Gebrauch macht. Ihr Einfluß ist furchtbar, denn er lähmt nicht nur jede Regung fortschrittlichen Gedeihens, sondern er tötet auch den Geist der jüdischen Lehre. Es gibt in Galizien Dynastien von Wunderrabbis, bei denen sich die »Erleuchtung«, der Einfluß und das Geschäft von Vater auf Sohn und, wenn nötig, auch auf den Schwiegersohn vererbt. Es wäre wahrscheinlich ein Unrecht gegen einige Männer, wollte man sie alle als Betrüger hinstellen, wurden wir (als Frauen!) doch bei dem einen und anderen in »Audienz« empfangen, der keinen ganz unsympathischen Eindruck machte.

Die Rabbinersfrauen, »Rebbezen«, fanden wir alle intelligenter als die Männer in ihrer talmudischen Weisheit. Der Verkehr mit dem Publikum im Vorzimmer der Rabbiner scheint sie klüger und weltgewandter zu machen; das äußerte sich sichtlich in dem Verständnis für das, was unsere Mission für Land und Leute bedeuten sollte. Einige der Frauen machen, mit dem eigentümlichen Kopfputz, der die Haare bedeckt und die Stirne mit einem Perlendiadem krönt, einen sehr vornehmen Eindruck.

Die Wunder, die die Rabbis tun, bestehen meistens in Ratschlägen geschäftlicher, medizinischer oder juristischer Art, die, wenn sie sich als wirksam erweisen, aus einer gewissen Routine im Übersehen der Verhältnisse, oder psychologischen und suggestiven Einflüssen hervorgehen. Daß manche Wunderrabbis Agenten haben, die in der Eisenbahn, in Wirtschaften und auf Märkten von ihren Wundern erzählen, ist ein Geschäftstrick, der aus der Konkurrenz entspringt und mit der modernen Reklame in Zusammenhang zu bringen ist.

Aber nicht allen gelingt es, durch den Aberglauben und die Beschränktheit ihrer Anhänger Reichtümer zu sammeln, wie die Herren von Chortkow, Sadagora und Belschitz u.s.w., die ihren Einfluß auch auf das politische Gebiet spielen lassen, indem sie die Wahlen beeinflussen. Viele Wunderrabbis sind arm und bleiben arm und müssen für ein mageres Suppenhuhn schon ihre Weisheit zu Markte tragen.

Wenn man die furchtbare Öde in Betracht zieht, in der das galizische Volk dahinlebt, darbend an Geist und Körper, Gott, Vaterland, Wissenschaft, Kunst, Wohlstand, alles, was den Menschen hoffen, streben und genießen macht, vergällt oder verschlossen, – und man bedenkt, daß diesem darbenden Volke eine Idee gebracht wird, die ihm Befreiung verheißt, mehr als Befreiung, Freiheit! Freiheit in einem eigenen Lande zu wohnen, und als Bürger nicht mehr getreten und geschmäht zu werden, Freiheit zu leben, zu denken, zu genießen wie andere Menschen – kann es da Wunder nehmen, wenn das Volk diesen Gedanken gierig aufnimmt und ihm zujubelt?

Ein solcher Gedanke ist der Zionismus. In seinen befreienden und belebenden Elementen liegt die Größe und die Kraft des Gedankens, und wenn die Zionisten hielten, was der Zionismus verspricht, wäre er ein Segen für das jüdische Volk.

Es liegt aber in den gegebenen Verhältnissen, daß die Propaganda für den Zionismus zum größten Teile in den Händen ungebildeter, und was noch ärger ist, halb gebildeter Personen liegt, Menschen, deren Existenz an so losen Fäden hängt, daß sie nichts zu verlieren haben, Menschen ohne soziale Tradition, die, weil sie auf keine Entwicklung zurückblicken, auch keine Entwicklung vorhersehen.

Es gibt in Galizien unzählige zionistische Vereine, in deren Versammlungen von den Rednern bekannte Schlagworte wild hinausgeschrieen und von den Mitgliedern staunend und kritiklos aufgenommen werden. Kritiklosigkeit und Selbstverherrlichung sind zwei schwer zu überwindende Eigenschaften derer, die den Heilsgedanken des Zionismus predigen.

Wohl wäre es schön, dem jüdischen Volke ein Land zu geben. Aber so wie das Volk heute beschaffen ist, kann es noch nicht als Nation leben, es kann nicht arbeiten, und es ist noch nicht einmal reif genug, einzusehen, was es lernen muß. Der einzelne muß nicht nur lernen physische Arbeit zu leisten, er muß sie auch achten lernen; er muß lernen, sich einem Werdenden anzupassen, sich einem Ganzen unterzuordnen. Nur durch solche Bei- und Unterordnung, durch Selbstzucht in jedem Sinne können die Juden nach und nach die Eignung erwerben, nicht für immer ein Volk zwischen den Völkern bleiben zu müssen, sondern eine Nation neben den Nationen zu werden.

Die Zionisten sind schlechte Bauleute. Ihre Luftschlösser sind Hochbauten ohne Tiefbau. Jeder von ihnen hält sich als Theoretiker auf irgend einem geistigen Gebiete für so bedeutend und wertvoll, daß er sich für zu gut hält, eine physische Arbeitsleistung von sich zu fordern. Und so sind die heutigen Zionistenführer alle Minister ohne Portefeuille im Zukunftsstaate der Juden!

Wie fasziniert starren sie auf das Ziel: »ein eigenes Land« und vergessen darüber den Weg: »Erziehung des Volkes«. Der Weg führt über Kleinarbeit, und Kleinarbeit wird von den Zionisten verachtet. – Sie verstehen sie nicht, weder technisch, noch ihrem Werte nach. – Sie versprechen dem jüdischen Volke, es werde unter Dattelpalmen wandeln, aber sie scheinen die alte Fabel vom Knaben und der Dattelpalme nicht zu kennen.

Was die Zionisten zu ihrem großen Vorteil von den Sozialisten gelernt haben, ist, daß sie sich für ihre Zwecke an die Mitarbeiterschaft der Frau wenden. Aber wie fassen die zionistischen Frauen in Galizien ihre Aufgabe auf, die sich absolut mit der sozialen Aufgabe deckt, die alle Frauen in Galizien und alle Frauen in der ganzen Welt zu erfüllen haben?

Klären sie die Frauen und Mädchen etwa darüber auf, was jenseits ihrer Geistesschranken schon nicht mehr eine Frauen *frage* sondern Frauen *bewegung* ist? Belehren sie die Jugend des Volkes über den Wert und den Segen der Arbeit? Zeigen sie ihnen praktisch, oder lehren sie sie theoretisch die Wichtigkeit der Kinder- und Krankenpflege? Klären sie sie auf über den Zusammenhang von sittlichem Leben und Gesundheit? Schildern sie ihnen die Gefahren der

Tuberkulose und deren Bekämpfung? Haben die zionistischen Frauen den Mut, die Sittlichkeitsfrage als wichtigsten Programmpunkt ihrer Bewegung auszustellen?

Nein! All das wird von den zionistischen Frauen in Galizien nicht verstanden, nicht beachtet, oder gar verachtet. Vorträge, Versammlungen und, wie bei den Männern, Propaganda des Wortes ohne Propaganda der Tat. Und dennoch haben die Zionisten recht: an die Frauen muß man sich wenden zum Heile eines Volkes. Die Stellung der Frau in einem Volke kann die Stellung des Volkes unter den Völkern erklären, und ich glaube, daß es in diesem Zusammenhange kein Zufall ist, daß in dem Lande vorgeschrittener Frauenfreiheit, in Amerika, die jüdischen Männer den Mut fanden, für ihre russischen Glaubensgenossen einzutreten.

Die zionistischen Frauen dürften sich nicht damit begnügen, den Geist althistorischer, jüdischer Frauen zu beschwören, und wieder beleben zu wollen. Die moderne Zeit verlangt moderne Frauen mit Eigenschaften und Kräften, die, dem Stadium der heutigen sozialen Entwicklung sich anpassend, dem vorwärts drängenden Strome zu folgen vermögen.

Das Ideal einer solchen modernen Frau den Töchtern des Landes zu zeigen, statt ihnen zu schmeicheln und sie über wichtige Tatsachen hinwegzutäuschen, – das wäre eine dankenswerte Aufgabe für Frauenvereine in Galizien. Es gibt auch einige zionistische Vereine, wie z. B. die »Rachela« in Stanislau, die sich mit einer kleinen Anzahl von Kindern beschäftigen, aber nur zum Zwecke und im Sinne der zionistischen Tendenz. Außerdem gibt es Reformcheder oder hebräische Schulen, von Zionisten unterhalten, die im Verhältnis zu den anderen Chedern sehr Gutes leisten und als Schulen Förderung und Unterstützung verdienen.

Nicht zu übergehen ist auch die Tatsache, daß die Zionisten im Rahmen ihrer kleinen Mittel Lesevereine und Bibliotheken gründen. Nur ist zu bedauern, daß der Lesestoff, den sie bieten, ein einseitig zionistischer ist, was die Kritiklosigkeit der Mitglieder befestigt. Aber immerhin sind diese Einrichtungen entwicklungsfähig und für das Land von weittragender Bedeutung.

Auch für die Pflege der Geselligkeit sind die zionistischen Vereine in Galizien wertvoll. Sie geben Gelegenheit zu heiterem, anregenden Beisammensein, zur Förderung gesellschaftlichen Anstandes, zum Schliff der Manieren. Allerdings wäre es sehr wünschenswert, daß immer taktvolle und reife Elemente in diesen Vereinigungen tonangebend wären, damit was edle Geselligkeit für die Jugend beider Geschlechter bewirken kann, nicht durch Übertreibungen ins Gegenteil ausarte.

Aus all diesen Einzelheiten wird begreiflich, daß der Zionismus geeignet ist, die Jugend zu gewinnen und Macht über die Geister zu erwerben.

Vielleicht wird die Geschichte seine Mission einmal darin erkennen, daß er die Fanfare war, die schlafenden Geister zu wecken, damit die Juden sich wieder aufraffen, mit anderen Völkern gleichen Schritt zu halten in Ausübung ihrer Pflichten und in der Inanspruchnahme ihrer Rechte. Dann hätte der Zionismus eine große Aufgabe erfüllt, auch wenn die Gründung eines jüdischen Staates Utopie bleibt.

Ich hoffe, daß das jüdische *Zweigkomitee zur Bekämpfung des Mädchenhandels* es begreift, warum ich in meinem Berichte erst so spät auf eine Materie zu sprechen komme, die ich als Delegierte dieser Vereinigung vielleicht an erster Stelle zu besprechen gehabt hätte.

Da es aber nicht möglich ist, die Sittlichkeitsfrage eines Landes gerecht zu beurteilen, wenn man dessen allgemeine Lage und Verhältnisse nicht kennt, so war es notwendig, erst den Boden zu schildern, auf dem die in Bezug auf Sittlichkeit so traurigen Zustände sich entwickeln konnten.

Unbildung, Erwerbslosigkeit, Armut, erschreckende Wohnverhältnisse, Haltlosigkeit oder Lüge in religiösen Dingen, nachdem ich versucht habe, alle diese Momente darzustellen, kann der logische Schluß vom Standpunkt der Sittlichkeitsfrage aus nur ein solcher sein, wie er sich mit den tatsächlichen Verhältnissen deckt.

Zwar, wer erwartet, daß ich meinen Bericht über diese wichtigste Seite meiner Beobachtungen mit pikanten Details würzen kann, wird enttäuscht sein.

Nicht einmal mein kurzer Besuch einiger öffentlicher Häuser in Krakau brachte etwas, was in dieser Richtung sensationell zu nennen wäre. Aber gerade die Selbstverständlichkeit, mit der in allen Schichten der Bevölkerung von dem Vorhandensein und der »notwendigen« Ausdehnung eines unsittlichen Gewerbes gesprochen wird, in der gedankenlosen und kritiklosen Beurteilung desselben liegt die furchtbare Gefahr für die Gesellschaft.

Ich hatte Gelegenheit, in Krakau mit einigen Damen zu sprechen, die bemüht sind, in national-polnischen Kreisen der hygienischen Auffassung der Sittlichkeitsfrage Boden zu bereiten.

Auch sie bestätigten für die Offiziers- und Studentenkreise eine rapide Zunahme beängstigender Symptome. Die Zahl der öffentlichen Häuser ist sehr groß, und daß Inhaber und Inwohner meist Juden resp. Jüdinnen sind, ist bekannt. Es gehört natürlich nicht in den Rahmen meines Berichtes, über den Einfluß der Bordelle und das System der Reglementierung zu sprechen; doch war es mir interessant, konstatieren zu können, daß die Föderationsidee anfängt, auch in Galizien Anhänger zu gewinnen. Man mag persönlich zu derselben stehen wie man will, jede Kampfesweise ist zu begrüßen, die es sich zur Aufgabe stellt, von irgend einem Punkte aus die Volkskrankheit in Ursache und Wirkung anzugreifen und dadurch beginnt, die Volkskraft vor Verfall zu bewahren.

Für Galizien ist aber eines klar: weder die Bordelle noch der Mädchenhandel werden imstande sein, einen so korrumpierenden Einfluß auf die Bevölkerung auszuüben, wie die durch das ganze Land verbreitete und das Land verseuchende geheime Prostitution. Für die Beurteilung der Sachlage ist von größter Wichtigkeit, daß es nicht nur Not und Verführung sind, die die Mädchen zum Verkauf ihres Körpers drängen. Es ist mir wiederholt, und besonders von medizinischer Seite gesagt worden, daß eine erschreckend große Anzahl Mädchen und Frauen »besserer« Familien, solche, bei denen von Erwerb oder Nebenverdienst ganz abgesehen werden kann, einem geheimen und außerehelichen Geschlechtsverkehr zugänglich ist. Und zwar sind dies nicht etwa Frauen und Mädchen, die auf irgend eine Art von modernen oder emanzipierten Ideen »infiziert« worden sind. Es sind Frauen und Mädchen, die ultra orthodox leben, den Sabbat halten, die Speisegesetze und alle anderen rituellen Vorschriften mit der größten Ängstlichkeit befolgen und dennoch in sittlicher Beziehung absolut haltlos sind.

Dieser Widerspruch ist nur dadurch zu erklären, daß die Formen wertlos werden, sobald ihr geistiger Inhalt verloren gegangen ist, daß das Festhalten an leeren Formen direkt zur Lüge und Heuchelei führt. Bedauerlicherweise hat dieser Widerspruch häufig die Annahme gebracht, daß es in der jüdischen Gesetzesauslegung Stellen gäbe, die zu einer leichtfertigen Auffassung des Geschlechtsverkehrs verleiten können. Demgegenüber ist nur energisch zu betonen, daß die jüdische Gesetzgebung in der Halacha sowohl wie in der Kabala jeden Geschlechtsverkehr, der nicht der Fortpflanzung dient, aufs strengste verdammt. Da seit Jahrtausenden unter den Juden die Frau nur als Geschlechtswesen bewertet, auf gegenseitige Zuneigung aber und geistige Anteilnahme am Leben des Mannes kein Gewicht gelegt worden ist, so war für die Hingabe der Frau weder ein ehrlich sinnlicher noch ein feingeistiger Reiz vorhanden. Eine gewisse Abstumpfung der jüdischen Frauen in geschlechtlichen Dingen hat infolgedessen Platz gegriffen.

Hierzu tritt, daß durch die Unbildung der Frauen ihrem Geiste und ihren oft lebhaften Empfindungen jede gesunde Nahrung abgeschnitten ist, so daß diesen außerhalb des körperlichen Ich kein Spielraum gegeben wird. So sieht man die Phantasie förmlich in Bahnen gezwungen, die auf verderblichen Boden führen.

Als letzten, aber sicher allerwichtigsten Faktor zur Erklärung der aus religiösen, sowie sozialen Gründen nicht ausreichend begründeten Erscheinungen ist meines Erachtens die Langeweile anzuführen.

Das Leben der Frauen und Mädchen in Galizien, die nicht aufs Verdienen in den drückendsten und beschämendsten Formen angewiesen sind, ist öde und entbehrt jeglicher Anregung, jeden Interesses. Das Aufgehen in großen und kleinen häuslichen Angelegenheiten, wie dies bei vielen deutschen Hausfrauen einst allgemein war und heute noch vielfach ist, fällt für einen polnischen Haushalt, christlich und jüdisch, weg; aber es treten auch keine anderen geschäftlichen, philantropischen, wissenschaftlichen oder gar politischen Interessen an deren Stelle. Dieser Menge fauler und denkfauler Frauen, Haustiere im niedrigsten Sinne, diesen müßiggehenden Mädchen, die nur darauf warten, durch eine möglichst »gute Partie« ihrem Schicksal, der geschlechtlichen Verwertung, zu verfallen, steht in den Garnisonen, in der Beamtenschaft der kleinen Städte und in der talmudbeflissenen Jugend ebenfalls eine Menge von Müßiggängern gegenüber. Beiderseits braucht und sucht man Unterhaltung und Abwechslung und findet sie zum eigenen Schaden, sowie dem der Gesamtheit. Welchen Einfluß Schule und Arbeit im Gegensatz zu Unbildung und Müßiggang auf einen ganzen Ort ausüben kann, davon ist Borislaw ein auffallendes Beispiel. Trotzdem es durch die lehmige Beschaffenheit seines Bodens, durch die Erdarbeit und die für die Röhrenleitungen des Naphtha beständig nötigen Ausgrabungen das schmutzigste Dorf war, das wir – freilich nach einem furchtbaren Platzregen – sahen, macht es doch in seiner allgemeinen, regen Geschäftigkeit einen sehr erfreulichen Eindruck.

Da stehen nicht Gruppen schwätzender Weiber beisammen, da schlendern nicht Männer ziellos umher! Alles arbeitet: Christen und Juden, Männer und Frauen, unter der Erde und auf der Erde.

Die Baron Hirsch-Schule, das Verbot der Kinderarbeit, Arbeit für alle Arbeitswilligen, und an Stelle eines Regiments Soldaten einige tausend organisierter, sozialpolitisch geschulter Arbeiter sind ebensoviele Gründe, daß das Niveau der Sittlichkeit gegen frühere Zeiten und gegen andere Orte gehobener erscheint.

Es gibt Dinge, für die es dem einzelnen gegenüber theoretisch keine Entschuldigung gibt, sobald sich aber die Erscheinung wiederholt und häuft, so daß sie für einen größeren Kreis symptomatisch wird, kann die Erklärung der Erscheinung von einem gewissen Gesichtspunkte aus als Entschuldigung dienen.

Außer der Langeweile ist die absolute Unkenntnis der hygienischen Nachteile als Folge sittlicher Vergehen eine solche Erklärung, die für die Menge moralisch ungeleiteter Menschen zur Entschuldigung wird. Wir suchten auf unserer Reise sehr oft zu erfahren, wie weit in manchen Kreisen blindes Nichtwissen vorliege, das für manche Handlungen die Verantwortlichkeit vermindere, und wir fanden vielfach absolute Unwissenheit.

Sehr lehrreich nach dieser Richtung war eine Szene in einem weltabgeschiedenen Dorfe, wo Mädchen und Frauen unter dem Eindrucke dessen, was wir ihnen in sittlich-hygienischer Beziehung sagten, förmlich in Aufregung gerieten. Damit will ich nicht sagen, daß die gewerbsmäßigen Kuppler, Gelegenheitsmacher, Händler und Bordellbesitzer nicht wüßten, daß sie ihre Opfer auch körperlich zu Grunde richten, indem sie sich ihrer zur Ausbeutung bemächtigen. Aber die meisten Mädchen wissen nicht, was ihnen bevorsteht, und auch die Eltern, die es »nur« mit der Moral nicht genau zu nehmen glauben, haben keine Ahnung von der Tragweite gesundheitlicher Schädigung »bis ins dritte und vierte Geschlecht«, wenn sie erlauben, oder veranlassen, daß ihre Töchter geputzt »auf die Straße« gehen. Deshalb bin ich der festen Überzeugung, daß die Kenntnis der Krankheiten als Folge geschlechtlicher Ausschreitung manches Mädchen davon abhalten würde, sich im geheimen der Prostitution zu ergeben. Wie weit der Weg von einem amüsanten Verhältnisse, dessen Reiz sehr bald nicht mehr entbehrt werden kann, zu einem zweiten und zu allen folgenden Vergehungen ist, hängt oftmals nur von äußeren Umständen ab.

Einmal ist es die Angst vor den Eltern oder den Dienstgebern, ein andermal die Erwartung eines unehelichen Kindes, Verlassensein oder gekränktes Ehrgefühl, und in vielen Fällen die Unmöglichkeit, allein Mittel und Kraft zu finden, die beschrittene Bahn wieder zu verlassen, die von der geheimen zur öffentlichen Prostitution – dann an einem andern Ort, möglichst fern der Heimat – führt.

Und diese Mädchen sind es auch, deren sich hauptsächlich der Mädchenhandel in seinen verschiedenen Formen am leichtesten bemächtigen kann.

Daß der Mädchenhandel ein im Volksbewußtsein gutgeheißener Vorgang ist, ist nicht wahr, wenn auch Fälle vorkommen können, in denen Eltern mit Kupplern im Einverständnis sind. Es wirken eben in dem unglücklichen Lande viele Ursachen zusammen, die zu Korruptionserscheinungen aller Art führen müssen.

Im »Antichambre« der Wunderrabbis, unter dem Torbogen, bei der Brothöckerin, und an anderen Stellen, die die Klatschbasen versammeln, werden Mädchenhandelgeschichten voll Schaudern erzählt. Allerdings erfolgt das Gruseln meist zu spät, und es fehlt den Leuten die Übersicht, aus solchen Geschichten das Allgemeine zu abstrahieren, und für den eigenen Gebrauch eine Nutzanwendung zu ziehen. Das Vorkommen des Mädchenhandels steht in direktem Zusammenhange mit der Auswanderung, die in Galizien unmöglich verhindert werden kann. Aus einem Lande, das seine Bewohner nicht ernährt, muß eine starke Emigration stattfinden, und die »jüdische Intelligenz«, die sich der steten Bevölkerungszunahme und dem wachsenden Elende gegenüber nicht zu helfen weiß, unterstützt die »Evakuierung« des Landes.

Es ist mit Sicherheit vorauszusehen, daß, trotz erschwerender Maßregeln und Gesetze seitens der durch Immigration bedrohten Länder, der Strom nach dem Westen immer größer werden muß.

Unterstützt wird die Bereitwilligkeit in der Bevölkerung, auszuwandern, durch eine unerhörte Leichtgläubigkeit, die den gewissenlosen Agenten ihr Werben ermöglicht, und durch die absolute Unwissenheit des Volkes. So fehlen den Leuten alle geographischen Begriffe. Da sie nicht wissen, ob nicht Amerika eine Stadt in der Nähe von London ist, da sie nicht wissen, in welcher Zeit irgend ein Ort erreicht werden kann, da sie weder schreiben noch lesen können, also Briefe und direkte Nachrichten gar nicht erwarten und bezüglich ihrer Echtheit kontrollieren können, so ist jedes Mädchen, das auswandert, d.h. das seinen Heimatsort verläßt, auch noch innerhalb des Landes allen Zufällen und Böswilligkeiten preisgegeben.

Ihre Unlust und Unfähigkeit gleichmäßig zu arbeiten, die Unkenntnis irgend einer Sprache außer Jargon und schlechtem Polnisch, hindert die Mädchen direkt, in eine gute Arbeitsstelle einzutreten. Das Hausier- und Kellnerinnengewerbe und geringe Verkäuferinnenstellen, die zulassen, gewisse ungeregelte Lebensgewohnheiten beizubehalten, locken sie am meisten, und damit sind sie jeder Aufsicht und jedem anständigen Familienanschluß entzogen.

Der Auswanderung die größte Aufmerksamkeit zuzuwenden, dürfte der Kardinalpunkt einer jeden Bekämpfung des Mädchenhandels sein.

In dieser Beziehung ist es sehr wichtig, daß die »freundschaftliche Warnung« mit Adressen von Auskunftsstellen für allein reisende Mädchen, die wir an manchen Orten vorzeigten, überall wo wir sie zur Kenntnis brachten, von größter Wirkung war.

Leider reichte unser Vorrat nicht, so viel davon zur Verteilung zu bringen, wie man von uns erbat. Wir konnten aber überall beobachten, welchen tiefen Eindruck die wenigen warnenden und aufklärenden Worte, die das Blatt enthält, auf die Kreise machte, für die sie berechnet sind.

Über einen sehr wichtigen Punkt in der Sittlichkeitsfrage, den Alkoholmißbrauch, bin ich zu meinem Bedauern gar nicht in der Lage, aus eigener Beobachtung etwas mitteilen zu können, da wir, um Schänken und Wirtshäuser zu besuchen, einer besonderen Führung bedurft hätten, über die wir auf dieser Reise nicht verfügten. Auf der Straße habe ich nie betrunkene Juden gesehen mit Ausnahme eines Bettlers in Dukla, der mir aber hauptsächlich dadurch auffiel, daß sein aus Fetzen und Lumpen in allen Farben bestehender Kaftan einen Grundstoff nicht mehr erkennen ließ. Der Mann, wie er über die Straße schwankte, war eine der Erscheinungen, bei denen ich bedauerte, weder Stift noch Kodak in meinem Dienst zu haben.

Bezüglich des Trinkens erfuhr ich nur, daß manche jungen Leute monatelang eine Mischung von Schnaps und Schnupftabak zu sich nehmen, um sich militäruntauglich zu machen, – was ihnen auch bei dauernder Schädigung ihrer Gesundheit gelingt.

Trotzdem der Mädchenhandel und die Sittlichkeitsfragen Ausgang und Ziel unserer Beobachtungen auf der Reise bildeten, kann ich doch darüber im Verhältnis zu der Wichtigkeit der Materie vielleicht am wenigsten Tatsächliches berichten.

Wie in dem Nervenzentrum eines Organismus sammeln sich die wichtigsten Interessenfragen eines Volkes zu Sittlichkeitsbegriffen und strahlen auch wieder aus diesen in Lebensäußerungen zurück.

Die Aufnahme von Eindrücken, der Umsatz und die Abgabe in Form von mehr oder weniger sittlichen Handlungen geschieht auf so unendlich fein verästelten Wegen, daß wir sie da, wo es sich nicht um grob Sinnfälliges handelt, gar nicht immer verfolgen können.

Je schwerer es aber ist, in Sittlichkeitsfragen gerecht zu sein, je schwerer die Verantwortlichkeit, um so größer, schwieriger und notwendiger ist die Aufgabe, alles heranzuziehen, was zur Beleuchtung und Beurteilung des Materials, das zu unserer Erkenntnis gelangt, dient.

Auf unserer Reise hat mich das Gefühl einer großen Verantwortlichkeit nie verlassen, und nun, da ich am Ende desjenigen Teiles meiner Mitteilungen bin, die meine Erfahrungen wiedergeben, fühle ich das Unzureichende derselben.

Ich muß es sagen: ich habe unendlich mehr gesehen, als ich erzählen kann, unendlich mehr empfunden, als ich ausdrücken darf, um so objektiv zu bleiben, wie es mir möglich ist.

Nun ich den Bericht verlasse, um zu sachlichen Vorschlägen überzugehen, geschieht dies um so zaghafter, als ich mir wohl bewußt bin, daß meine Vorschläge keine erschütternden, die Lage der Dinge plötzlich verändernden sein werden: nicht Revolution, sondern Evolution braucht das Land.

Aber das Land ist nicht schwach, es ist nur geschwächt, es kann sich nicht selbst aufhelfen. Die Hilfe muß von außen kommen, und der erste Schritt ist dazu geschehen; man fängt an in größeren Kreisen Interesse für Galizien zu bekommen.

Ob dieses Interesse ein egoistisches oder altruistisches ist, ist objektiv gleichgiltig, ist schon deshalb gleichgiltig, weil die Anschauungsweise eine mit der Zeit verschiebbare ist. Wer sich heute aus dem egoistischen Grunde für Galizien interessiert, weil die Angst besteht, die gefürchteten Polacken könnten in immer größerer Zahl ihr Land verlassen und sich unangenehm in einem geliebten, sauberen Erdenwinkel oder Stadtteil niederlassen, kann zur Abwehr dieser Kalamität dasselbe tun, wie ein anderer, der aus altruistischen Gründen einem Haufen leidender, sinkender, intelligenter Menschen Hilfe bringen will. Und dabei ist es noch nicht ausgeschlossen, daß die Arbeit selbst den Egoisten zum Altruisten umwandelt.

Ich glaube, daß der Auftrag für Fräulein Doktor Rabinowitsch und mich, die Studienreise zu machen, aus einer solchen Kombination von Anschauungen und Gefühlen entstanden ist.

Vorschläge

Ich hoffe, daß es mir gelungen ist, durch meinen Bericht über die Zustände in Galizien die Notwendigkeit klarzulegen, daß in erster Linie Kultur, d.h. Erziehung und hygienische Begriffe ins Land zu tragen sind, und daß man sich als Pflanzstätten derselben der Kinder und der heranwachsenden Jugend zu sichern haben wird, und zwar schon der Kinder im zartesten Alter.

Also erstens Krippen und Kindergärten! Aus Gründen, deren Darlegung mich zu weit führen würde, halte ich Stanislau, Tarnow und Brody für geeignete Orte, mit solchen Einrichtungen anregungsweise zu beginnen in der festen Überzeugung, daß sie rasch Nachahmung finden werden.

Jede derartige Anstalt muß nicht nur dazu dienen, eine relativ kleine Anzahl von Kindern aufzunehmen, sondern es ist ebenso wichtig, sie zu einem Lehrmittel für die ganze Stadt auszugestalten. Soweit ich die Verhältnisse und das Verständnis für solche Dinge seitens der galizischen Bevölkerung beurteilen zu können glaube, wird man Krippe und Kindergarten nicht trennen dürfen, so wie man auch sonst derartige Einrichtungen den speziellen Landesbedürfnissen anpassend, nicht einfach die Statuten deutscher Anstalten bindend nach Galizien übertragen darf.[6]

Was die Gründung und finanzielle Weiterführung dieser unentbehrlichen Volkspflegeanstalten betrifft, so ist mir in Brody und in Stanislau versichert worden, daß, auf eine Anregung und Mithilfe von außen, ein Teil der nötigen Mittel auch innerhalb der Gemeinde aufgebracht werden könnte.

Daraus würde sich für die Verwaltung schon die für alle derartigen Unternehmungen wünschenswerte Gestaltung ergeben, daß sie zum Teil aus einheimischen, zum Teil aus nicht ansässigen, unparteiischen Mitgliedern zu bestehen hätte.

Was die innere technische Leitung solcher Anstalten betrifft, so muß sie außer einer berufsmäßigen Leiterin einem Lokalkomitee übertragen werden, das die Kontrolle der einzelnen Ressorts zu übernehmen bereit ist.

Die beamtete Leiterin muß natürlich eine gründliche Vorbildung besitzen. Zu ihrer Unterstützung soll man eine Anzahl schulentlassener Mädchen einstellen, die gegen einen Wochenlohn, der etwas höher zu bemessen ist, als der ortsübliche Lohn für Fabrik- und Schneiderarbeit, durch Unterweisung und Mitarbeit in die Kinderpflege eingeführt werden. An den freien Abenden wären diese jungen Mädchen noch in den nötigsten Lehrfächern und in der deutschen und polnischen Sprache weiter zu bringen und in praktischer Näharbeit zu unterweisen. Nach 1 bis 2 Jahren können sie mit einem Zeugnis versehen als (Vorschlag 2) »ausgebildete Kinderpflegerinnen« in häusliche Stellungen eintreten, eine Kategorie von Hausbeamtinnen, für die in Galizien mit der Zeit eine immer größere Nachfrage herrschen wird.

3. Für das Waisenhaus in Brody schlage ich die Anstellung resp. Entsendung einer tüchtigen, gebildeten Frau (oder Fräulein) als Leiterin vor. Dagegen hätte sich das Waisenhaus zu verpflichten, seine weiblichen Zöglinge nicht vor dem 16. bis 17. Jahre zu entlassen und, wenn in Brody eine Anstalt für Volkskinderpflege gegründet wird, die jeweiligen ältesten Zöglinge zur Ausbildung dahin zu schicken.

Damit will ich nicht sagen, daß ich den Beruf der Kindergärtnerin oder Kinderpflegerin für Mädchen als den einzig wünschenswerten ansehe. Aber alle Mädchen sollen die Kinderpflege verstehen, damit sie im Falle ihrer Verheiratung, nach der in landesüblicher Art sehr energisch getrachtet wird, für ihren Beruf als Mütter besser vorbereitet sind, als die heutige Generation der Mütter in Galizien es ist.

Für Krakau wäre die Einrichtung einer Haushaltungsschule sehr zu wünschen, sie könnte, wenn das Waisenhaus regeneriert würde, sehr vorteilhaft mit diesem verbunden werden.

4. Sehr energisch zu befürworten ist ferner die Gründung von kleinen Erziehungsheimen, in die aber nicht mehr als 15 bis 20 Kinder verschiedenen Alters (vom 1. Jahre an, diese als unentbehrliches Lehrmittel) Aufnahme fänden. Ein solches Heim sollte alle Fehler der traditionellen Anstaltserziehung zu vermeiden suchen und, durch die Nachbildung einer großen Familie, (auch Knaben bis zum 14. Jahre wären aufzunehmen) besonders auf die Charakterbildung der Kinder einzuwirken suchen.[7]

Um alle Ziele einer solchen Erziehung, die zu entwickeln mich hier zu weit führen würden, im Auge zu behalten, vermeide man Neubauten und anspruchsvolle Anstaltsgebäude. Man begnüge sich mit einem auf dem Lande, oder in sehr ländlicher Umgebung gelegenen Hause, um den einfachen Betrieb aufzunehmen. Die ältesten Zöglinge, Mädchen zwischen den 14. bis 16. Jahre, sollen gegen einen kleinen Monatslohn für die laufende Hausarbeit im Hause bleiben können, denn in Galizien ist es tatsächlich notwendig, und oft den Eltern gegenüber Pflicht, daß die Kinder schon frühzeitig etwas verdienen.

Auch an dem Erträgnis einer Geflügelzucht und des Gartenbaues, die im Erziehungsheim betrieben werden sollen, kann man die ältesten Zöglinge teilnehmen lassen, teils, um in den Mädchen Lust und Interesse für derartige Arbeiten zu erwecken, teils, damit man ihnen bei ihrem Austritt aus dem Heim eine kleine selbstverdiente Summe mitgeben kann. Der Ort, an dem ein solches Erziehungsheim gegründet werden könnte, scheint mir, bei allerdings nur oberflächlicher Beurteilung, Zloczow zu sein, wo, wie ich glaube, leicht ein Damenkomitee zu bilden ist, das nach der unter Vorschlag 1 angegebenen Art, mit einem westeuropäischen Verein gemeinsam das Unternehmen zu leiten hätte.

Ein zweites derartiges Heim wäre vielleicht in der Nähe von Krakau zu errichten, damit den Findelkindern der Osolinkaschen Anstalt die Möglichkeit einer guten jüdischen Erziehung gegeben werde. Die Krakauer Gemeinde hätte dann die Pflicht, die Gründung finanziell zu unterstützen.

Meinen, allerdings noch ungenügenden Informationen nach wären die Kosten für solche Institutionen in Galizien bedeutend geringer anzuschlagen als in Deutschland, besonders, wenn man das Prinzip sachgemäßer Einfachheit durchgehend zur Geltung kommen läßt.

Aus der Absicht, wichtige, für das ganze Land vorbildlich wirkende Kulturstätten zu gründen, ergibt sich die Notwendigkeit, über eine Anzahl tüchtiger Leiterinnen verfügen zu können.

An der Qualität der Beamten zu sparen, wäre natürlich sehr wenig sachgemäß. Das beste Menschenmaterial muß herangezogen werden, damit die ersten, vorgeschobenen Posten im Kampf gegen Unwissenheit und Unkultur ihrer Aufgabe gewachsen sind. Um das zu ermöglichen, müssen die westeuropäischen jüdischen Gemeinden etwas aus ihrer vornehmen Exklusivität heraustreten und dem Gedanken Raum geben, daß es auch ihre Pflicht ist, an der Kulturarbeit für Galizien in ihrer Weise teilzunehmen.

Man weiß in Galizien noch kaum was dazu gehört, eine Anstalt richtig zu führen, und es gibt auch keine Stipendien, um Studien in dem angeregten Sinne zu ermöglichen.

5. Darum sollten alle gut geleiteten jüdischen Anstalten es sich zur Pflicht machen, für einige Zeit unentgeltlich je eine galizische Hospitantin zur Ausbildung aufzunehmen. Die Kosten für die betreffende Anstalt wären gering, der Wert der Ausbildung für Galizien enorm.

Natürlich dürfte nicht jede Bewerberin angenommen werden: es könnte Sache der B.B. Logen sein, für wirklich empfehlenswerte und empfohlene galizische Frauen und Mädchen Vermittlungen und Vereinbarungen zur Ausbildung von Krippenschwestern, Kindergartenleiterinnen, Haushaltungslehrerinnen und Volkserzieherinnen aller Art zu übernehmen. (Über das Kapitel der Krankenpflegerinnen werde ich an anderer Stelle zu sprechen haben.) Wenn in Galizien etwa ein Jahrzehnt solche Anstalten bestanden haben werden, wird auch im Lande selbst eine Bildungsgelegenheit vorbereitet sein. Vorerst aber müssen die Lehrkräfte noch von auswärts bezogen, oder außer Landes erzogen werden. Ich glaube sogar, daß letzteres das häufigere sein wird, denn deutsche Frauen und Mädchen werden sich nur schwer in der nötigen Anzahl für Galizien finden lassen, besonders da die Kenntnis der polnischen Sprache eine unerläßliche Bedingung für jede Arbeit dort ist, die nicht das Mißfallen und Mißtrauen der politischen Behörden erwecken will.

Die Erwerbs- und Berufsfrage ist die der Erziehungsfrage zunächststehende. Es bedarf nicht erst der Betonung, daß die Vorschläge, die ich ausspreche, noch sehr genau erwogen sein wollen, aber sie sind dennoch nicht rein meiner Phantasie entsprungen, sondern sie gründen sich auf Mitteilungen und Beobachtungen im Lande.

Wie ich schon an anderer Stelle berichtete, glaubt man gut organisierten kleinen Maschinenstrickereibetrieben einen guten Erfolg vorhersagen zu können, ebenso einem gut geführten Betrieb für Krawattenfabrikation. Ferner sagte man mir, daß eine Nudelfabrik ein aussichtsreiches Unternehmen wäre, ebenso fehlt es an manchen Orten an Glanzwäschereien. Auf die Möglichkeit, Posamentierarbeit einzuführen, habe ich gelegentlich der Sassower Aturosfabrikation schon hingewiesen, und ich wiederhole, daß sie sicher sehr entwicklungsfähig ist.

Den Versuch, eine Federnschmückerei einzurichten, möchte ich anregen, weil solche Betriebe viele Mädchen beschäftigen können, und die Arbeit wenig Körperkraft erfordert. Vielleicht ließe sich dieser Versuch mit der Anfertigung von Kunstblumen, von Paris aus, einführen.

Besonders vielversprechend, und auch von allgemeinen Gesichtspunkten aus wichtig scheint es mir, daß die Anregung zu einer rationellen Geflügelzucht ins Land gebracht werde.

Galizien hat heute schon einen ziemlich großen Export von Eiern und Geflügel. Die Juden sind die Aufkäufer und Händler, dafür sowohl, wie für Federn. Es wird nicht schwer sein, die Händler davon zu überzeugen, daß es für sie vorteilhafter wäre, selbst Züchter zu werden. Die Geflügelzucht ist zudem ein Erwerb, an dem sich die Frauen und Kinder mit Leichtigkeit beteiligen können. Ich denke, daß man eine rationelle Geflügelzucht mit Mästerei einrichten sollte, ein Unternehmen, das jüdische Arbeiter und Arbeiterinnen beschäftigen, und sich bei guter fachmännischer Leitung nicht nur selbst erhalten, sondern auch rentabel gestalten kann. Für sehr vorteilhaft hielte ich es, wenn an diesem, sowie an allen anderen Unternehmungen die Arbeiter durch Gewinnbeteiligung interessiert würden. Das würde sie an die Arbeit, sowie an den speziellen Betrieb fesseln.

Diese erste Geflügelzuchtanstalt sollte zugleich eine Schule sein, um die ländliche jüdische Bevölkerung nach und nach in solche bäuerlichen Erwerbszweige einzuführen. Durch mündliche Erklärung sowohl, wie durch eine eigene für den Zweck im Jargon abzufassende Belehrung kann man sich bemühen, besonders die Frauen auf die Vorteile einer kleinen Geflügelzucht im Hause aufmerksam zu machen, für die die Aufstellung von Brutmaschinen mit der Zeit in Aussicht gestellt werden kann. Auf meine Erkundigung erfuhr ich, daß die zur ersten Aufzucht nötigen Tiere, zwei Hennen und ein Hahn, ungefähr 6 bis 8 Gulden kosten.

In Sassow haben sich infolge Rundfrage 12 Frauen bereit erklärt, einen Versuch mit der Geflügelzucht zu machen. Ebenso würden die Bewohner des sehr armen Jaryczow und noch vieler anderer Ortschaften glücklich sein, wenn man ihnen die Aussicht auf einen kleinen Verdienst brächte.

Von sehr vertrauenswürdiger und unterrichteter Seite ist mir gesagt worden, daß es in Österreich einen Geflügelzuchtverein gibt, der gegen einen ganz kleinen Mitgliedsbeitrag jedem Mitgliede ein Zuchtpaar Tiere guter Rasse überläßt und Anleitung zur Behandlung gibt, unter der einzigen Bedingung, daß im nächsten Jahre ein junges Paar der Nachkommen wieder an den Verein abgeliefert werde.

Wenn nun die *J.C.A.* oder sonst ein Verein, oder Privatpersonen die Vermittlung zwischen dem Geflügelzuchtverein und einer Anzahl jüdischer Dorfbewohner übernehmen wollten, dann stünde dem wichtigen Versuche, einen unter Umständen sehr einträglichen Erwerb ins Land zu bringen, nichts im Wege.

Ferner erfuhren wir, daß der Boden Ostgaliziens für den Obstbau sehr günstig wäre. Trotzdem alljährlich ausländische Käufer kommen (meist aus England), die die Ernte auf den Bäumen aufkaufen, werde wenig rationeller Obstbau betrieben. Im Zusammenhange mit der Landwirtschaftsschule von Slobotka lesnia ließe sich möglicherweise der Obst- und Gartenbau fördern, und die Verwertung zu Backobst und Konserven u.s.w. könnte in Betrieben erfolgen, in denen, wenigstens in den Sommermonaten, viele Mädchen und Frauen Arbeit fänden.

Ich glaube, daß durch ein fortgesetztes Vertiefen in die Landesverhältnisse noch manche Arbeits- und Erwerbsmöglichkeit für die jüdische Bevölkerung geschaffen werden könnte.

Ein hervorragend wichtiger Beruf für Frauen und Mädchen, der ihnen in der ganzen Welt bereitwilligst eingeräumt wird, ist der Beruf der Krankenpflegerin. Für diesen fanden wir in Galizien, und das ist bezeichnend für den Tiefstand der Kultur, in allen Schichten der Bevölkerung das allergeringste Verständnis. Hier glaube ich, daß die B. B. Logen rasch und energisch eintreten müssen, um einerseits in Deutschland und England die Bereitwilligkeit der Krankenpflegerinnen-Vereine zur Ausbildung von Pflegerinnen für und aus Galizien zu erwirken, und andererseits Reise- und Studienstipendien für diesen Zweck zu bewilligen. Wenn man in Galizien erst im Hospital, in der Armenpflege und in der Privatpflege erfahren hat, was eine geschulte, gebildete Pflegerin bedeutet, dann werden sich auch nach und nach immer mehr intelligente Elemente für diesen vornehmsten aller Berufe finden. Mein nächster Vorschlag, der dahin geht, die Armenkrankenpflege etwas menschenwürdiger zu gestalten, wird auch notwendig Einfluß darauf haben, zu zeigen, daß eine gute Krankenpflegerin zu den wichtigsten und wertvollsten Beamten der Gemeinde gehören kann.

Da zu einer umfassenden Umgestaltung der Spitäler und Siechenhäuser in Galizien so viel Mittel und Verständnis gehören würden, wie sie das Land in der nächsten Zeit nicht aufzubringen imstande ist, schlage ich vor, an Stelle dieser viel zu teueren Spitalpflege eine ausgedehnte ambulatorische Behandlung in Verbindung mit armenärztlicher und häuslicher Pflege treten zu lassen.

Ich nehme z.B. an, irgendeine Gemeinde kann aus Friedhofsgeldern, Fleischsteuern, den Einnahmen des Bades u.s.w. etwa 6000 Gulden für Spitalzwecke ausgeben. Dafür ist alles schlecht und ungenügend, und nur wenige Kranke werden die Wohltat dieser ungenügenden Pflege genießen, denn an dem Löffel der Administration, an dem Haus, dem Inventar, den Hilfsbeamten u.s.w. wird das meiste Geld hängen bleiben. Vorteilhafter wäre es, möglichst in der Nähe des Gemeindebades (um die Benutzung dieser Einrichtung leicht anordnen zu können) eine den modernen Ansprüchen an Vollständigkeit und Reinlichkeit genügende Ambulanz einzurichten. In derselben amtiert in den Vormittagsstunden ein von der Gemeinde gut bezahlter Arzt mit einer von der Gemeinde gut bezahlten Pflegerin. Beide haben in den Nachmittagsstunden Armenpraxis, resp. Armenpflege zu besorgen, für welche ihnen gleichfalls auf Gemeindekosten ein Depot an Wäsche, Bettwäsche, Bettzeug, Verbandsutensilien, Medikamenten und Anweisungen auf Nahrungsmittel zur Verfügung stehen. Abzüglich der Gehälter und der Miete kann sicher 1/4 bis 1/3 des verfügbaren Geldes für derartige Ausgaben verwendet werden.

Bei besonders schweren oder operativen Fällen und bei ansteckenden Krankheiten (Blattern und Typhus), die nicht in häuslicher Pflege bleiben dürfen, haben Armenarzt und Armenpflegerin die Pflicht, die Übertragung des Kranken in das nächste christliche Hospital zu veranlassen und für rituelle Verköstigung zu sorgen. Auf diese Weise kämen die Geldmittel der Gemeinde mit sehr geringen Verwaltungskosten wieder der Gemeinde zu Gute, und die Ambulanz wäre eine Station, von der aus Anleitung, Aufklärung und Hilfe in jeder Form direkt in die Bevölkerung getragen würde.

Wenn zwei nicht große Gemeinden, die auch nicht weit von einander gelegen sind, sich mit je drei Pflegetagen der Woche begnügen wollen, können sie auch Arzt und Pflegerin gemeinsam anstellen und sie werden ihren Gemeindemitgliedern immer noch eine reinlichere und bessere Pflege und kräftigere Beihilfe in Krankheitsfällen zuteil werden lassen, als die wenigen Fälle gefürchteter Spitalpflege für die Gemeinde bisher bedeuten.

Durch den leichten Verkehr mit dem Arzt und die Bereitwilligkeit der Pflegerin wird manches Übel erkannt werden und zur Behandlung kommen, das sonst vielleicht erst zur Kenntnis des Arztes käme, wenn es zu spät ist. Besonders in der Kinderpflege könnte prophylaktisch viel geschehen. Eine derartige Krankenpflege wäre auch schon für solche Gemeinden erreichbar, die nicht daran denken könnten, ein Spital zu erbauen und zu erhalten. Abgesehen von dem praktischen Werte, den Ersparnissen und verminderten Verwaltungskosten – und Verwaltungssünden bei einer solchen Einrichtung, ist der moralische Einfluß, der von einem solchen Armenarzte und einer solchen Armenpflegerin, die das Vertrauen des Volkes genießen, in die Familien getragen werden kann, ein unschätzbarer.

Von den sittigenden und erziehlichen Einflüssen solcher Kulturbeamten, Volkspfleger im umfassendsten Sinne, steht das Höchste zu erwarten.

Was immer man für die Verbesserung der Lage der jüdischen Bevölkerung in Galizien vorschlagen und beginnen möge, es bedarf zu dem Gelingen des Planes eines vorbereitenden Verständnisses im Volke selbst. Dieses ist nur auf dem Wege der Aufklärung und allgemeinen Bildung zu erreichen, durch die Verbreitung von gesundem, kräftigem, freiem, nicht tendenziösem Lese- und Lehrstoff, an dem es fast vollständig mangelt.

Ich schlage darum vor, eine Zentralstelle für Volksbibliotheken und Volksbelehrung einzurichten.

Ein besonderer Beamter, Volksbibliothekar, von Hilfsarbeitern unterstützt, hätte von dieser Zentralstelle aus Bücher, Zeitschriften und Zeitungen nach den kleinen und kleinsten Orten Galiziens zu versenden, wo sie leihweise ausgegeben würden. Die ersten dieser Leihstellen werden voraussichtlich die Baron Hirsch-Schulen sein. Ich bezweifle nicht, daß die Lehrer mit Freude die Mühe des Ausgebens und der Rücknahme übernehmen werden. Hat doch jeder einzelne Schulleiter mir gesagt, daß ungeachtet einer daraus ihnen erwachsenden Mühewaltung Leiter und Lehrer gerne alles unterstützen würden, was dem Volke an Bildungsmitteln und Erwerbsgelegenheiten geboten würde. An Orten, wo keine Schulen sind, und das sind vielleicht die wichtigsten, wird man andere Personen – Männer oder Frauen – suchen müssen und finden können, die das Amt eines »Subbibliothekars« gerne übernehmen.

In den Baron Hirsch-Schulen könnte auch am Samstag und Sonntag ein Raum als Lesezimmer angewiesen werden. Bei dem ausgesprochenen Bildungsbedürfnis der jüdischen Jugend können diese kleinen Anfänge von Volksbibliotheken das beste Gegengewicht gegen den Straßen-»Korso« am Samstagnachmittag werden.

Eine bedeutendere Ersparnis, vielleicht sogar die Möglichkeit einer baldigen Gründung dieser Zentralstelle für Volksbibliotheken kann dadurch erreicht werden, daß Interessenten für dieselben durch Sammelstellen in Deutschland Zeitschriften und Bücher an eine Zentralstelle in Galizien schicken, von wo aus die Organisierung der Versendung nach den verschiedenen Orten in nicht zu ferner Zeit beginnen könnte.

Selbstverständlich müssen es gute Bücher, vollständige Jahrgänge von Zeitschriften und regelmäßige Zeitungssendungen und spezielle Abonnements sein. Redaktionen werden sich auf Ersuchen gerne bereit finden, Gratisexemplare zu liefern. Aber die Idee, auf gute Manier seine Makulatur abzustoßen, muß von vornherein ausgeschlossen bleiben.

Der Beamte der Zentralstelle muß ein mit großer Vorsicht gewählter, taktvoller, gebildeter Mann sein; er hat eine sehr verantwortungsvolle Stelle, da er kontrolliert und bestimmt, welche geistige Nahrung dem Volke zugeführt wird. Er muß Kataloge anlegen, registrieren, was die Nebenstellen bekommen und verlangen, und stets darauf bedacht sein, im Wechsel und Austausch Anregung und Interesse in die Bücherverleihungen zu bringen.

Von der Zentralstelle sollen auch Wanderredner ausgesucht werden, damit durch Vorträge populärwissenschaftlichen Inhalts geistiges Leben nach den kleinen Ortschaften gebracht werde.

Unterstützt und lokal ausgebaut kann das Unternehmen auch durch die zionistischen Vereine werden, da ja an vielen Orten schon Sammelpunkte der strebsameren Elemente sich gebildet haben.

Auch diesen Gedanken kann ich hier nur in Form einer Anregung bringen, deren Ausbau und Details sehr sorgfältig erwogen und ausgearbeitet werden müßte. Die galizische Jugend, die intelligent und bildungsfähig ist, wird sie mit Begeisterung aufnehmen, und ihren westeuropäischen Freunden empfehle ich sie als einen Weg, auf dem mit der Zeit außerordentlich viel Gutes vorbereitet und erreicht werden kann.

Ein weiterer Vorschlag, dessen Ausführung zu dem gehört, was ich für Galizien empfehlen möchte, ist die Abfassung und Verbreitung eines Flugblattes, das Aufklärung über die hygienische Seite der Sittlichkeitsfrage bis tief in die entlegensten Dörfer trägt.

Der Text muß klar und eindringlich sprechen, muß die Folgen unsittlichen Lebenswandels, wie er sich für die Gesundheit des Einzelnen, sowie in seinem Einfluß auf die Familien ergibt, auseinandersetzen, kurz, es muß all das Elend geschildert werden, dessen Verschweigen und Verheimlichen so viel Unheil bringt. Dabei ist es nötig, daß das Flugblatt sich gleicherweise an die männliche wie an die weibliche Jugend wende, damit die Auffassung der einseitigen Moral, der einseitigen Verantwortlichkeit und der einseitigen Schädigung, unter der die Gesellschaft heute noch leidet, nicht befestigt, sondern berichtigt werde. Der Text muß mindestens zugleich in Jargon, deutsch, polnisch und russisch, vielleicht auch holländisch und englisch erscheinen. Als Stellen, ihn zur Verbreitung gelangen zu lassen, empfehle ich vorerst die Zahlstellen der *J.C.A.*-Leihkassen, Volksküchen, wo solche bestehen, und die Vereine. Besonders wertvoll wäre es aber, wenn man die Erlaubnis erwirken könnte, das Flugblatt unter den Zwischendeckpassagieren der großen Dampfer und der Auswanderer-Schiffe zu verteilen – ohne Unterschied der Konfession der Reisenden.

Ich bin auch sonst noch in der Lage, Adressen von Männern und Frauen in Galizien anzugeben, die sich für die größtmöglichste Verbreitung eines Flugblattes bemühen würden.

Auch die freundschaftliche Warnung verlangt, wie das Flugblatt, eine mehrsprachige Auslage, da man eine viel größere Sammlung von Adressenangaben, in und außerhalb Galiziens, beifügen muß, und sie kann und soll gerade so zur Verteilung kommen, wie es für das Flugblatt wünschenswert ist.

Im Anschluß an die »Warnung« muß ich hier an die Einführung der Bahnhofsmission erinnern, die von katholischen wie protestantischen Frauenvereinen mit gutem Erfolg geübt wird. Sie kann jüdischen Vereinen nur sehr empfohlen werden.

Und damit komme ich nun zu meinem letzten und, wie ich glaube, dem wichtigsten meiner Vorschläge, der sich auf den eigentlichen Mädchenhandel bezieht, indem er sich mit der Auswanderung beschäftigt.

Ich weiß, daß es Personen und Vereine gibt, die den Standpunkt vertreten, daß zur Unterstützung der Auswanderung nichts geschehen dürfe. Diese Ansicht wird wohl aus gewissen Gründen zu erklären sein, und wenn damit die Einwanderung in andere Länder einfach unterbliebe, – denn die Furcht vor der Auswanderung in Galizien ist immer die Furcht vor der Einwanderung in ein bestimmtes Kulturland, – so hätte ein systematisches Nichtbeachten und Unterdrücken der vorhandenen Auswandererlust eine einseitige Berechtigung. Aber die Auswanderung kann nach Lage der Dinge nicht zurückgehalten werden. Sie wird auch tatsächlich nicht zurückgehalten, und deshalb ist es unrichtig, diesen sehr wichtigen Faktor von Amts wegen und von Vereins wegen zu ignorieren, sich nicht mit ihm zu beschäftigen. Nur weil man sich um die Auswanderung nicht bekümmern will, konnte sie die Basis werden, aus der der Mädchenhandel sich so unheilvoll entwickeln konnte.

Nur wer weiß, unter welch unsinnigen Vorbedingungen und Wegen, mit welch ungeeigneten Mitteln, mit welch phantastischen Plänen und unsicheren Aussichten die Mädchen aus einem galizischen Dorfe die Reise nach Amerika unternehmen, kann die Gefahr begreifen, in die sie sich begeben, sobald der begreifliche Wunsch erwacht ist, ihre Lage zu verbessern.

Um alle diese abenteuerlichen Kombinationen mit ihren Gefahren auszuscheiden, schlage ich vor, versuchsweise erst an einem Orte das einzurichten, was ich Auswandererschulen oder Auswandererbureaux nennen möchte.

An einem nicht zu kleinen Orte, in einem bescheidenen Hause sammle man eine Anzahl von Mädchen, die die Absicht haben, auszuwandern. Ihr Aufenthalt dort, der nach einer ungefähren Schätzung auf 4 bis 6 Monate anberaumt sein muß, muß ganz systematisch der Vorbereitung für die Reise und den neuen Verhältnissen, denen die Mädchen entgegengehen, gewidmet sein. Die Mädchen müssen in erster Linie schreiben und lesen lernen.

Sie müssen auf ihren Gesundheitszustand beobachtet und in den ersten Begriffen der Reinlichkeit und der eigenen Körperpflege unterwiesen werden; sie müssen etwas Haus- und Näharbeit lernen, und während der zweiten Hälfte ihres Aufenthaltes in dem Internat wird die Erlernung der englischen und der deutschen Sprache das wichtigste Lehrfach bilden. Dies zeichnet in den gröbsten Umrissen die Aufgabe einer beamteten Leiterin und Lehrerin in der Anstalt, die leicht Zeit und Gelegenheit finden wird, mit ihren Pflegebefohlenen über die allgemeinen Seiten, die Interessen und Gefahren der Auswanderung zu sprechen, und sie liebevoll zu beraten.

Aber damit ist die Tätigkeit der Institution, wie sie mir vorschwebt, noch lange nicht erschöpft.

Gerade so wichtig, wie die erzieherische Vorbereitung der Mädchen, wird die Pflicht der Anstalt sein, alle Familienverhältnisse der Auswanderin in Galizien sowohl, wie deren etwaigen Angehörigen in anderen Ländern oder Erdteilen festzustellen.

Da es sehr oft vorkommt, daß Mädchen blindlings Anverwandte im Auslande aufsuchen wollen, die verzogen, verstorben, verschollen oder verdorben sind, so ist es sehr nötig, in der Auswandererschule eine Geschäftsstelle zu gewinnen, die, bevor ein Mädchen in die weite Welt läuft, auf Korrespondenzwegen alles in Erfahrung bringt, was für die Reisende zu wissen nötig ist.

Auch als Auskunftsstelle für jede Anfrage, die schriftlich oder mündlich an das Bureau gelangt, soll die Station dem Volke dienen. Um all dem genügen zu können, wird man Beziehungen zu ausländischen und überseeischen Gemeinden, Behörden und Privatpersonen anknüpfen, Verbindungen mit den verschiedensten Arbeitsvermittlungsstellen eingehen müssen, wodurch man mit der Zeit einen günstigen Einfluß auf die Berufswahl der Mädchen gewinnen wird. Und wenn während des Aufenthalts von 4 bis 6 Monaten für jeden Fall individuell alles vorsichtig eingeleitet und vorbereitet ist, die Mittel zur Reise nachgewiesen sind (um den Bettel zu verhüten), dann soll die Leitung der Auswandererstation in ihre letzte Funktion eintreten, indem sie kleine Gruppen von Mädchen bildet, die sie unter sicherem Geleit (mit weiblichen Vertrauenspersonen von Ort zu Ort) bis an ihr Reiseziel führen läßt.

Die Aufnahme in die Auswandererschule soll, wenn äußerst tunlich, nicht ganz unentgeltlich sein; vielleicht ließe es sich ermöglichen, eine Art Ratenzahlung einzuführen, die einer Familie die Auswanderung einer Tochter, oder einem alleinstehenden Mädchen die Reise in eine neue fremde Welt unter gesicherten Bedingungen in Aussicht stellte.

Aber all das fällt in das Gebiet der Ausführung des Planes, die nur nach sorgfältigster Prüfung und Erwägung aller Details in Angriff genommen werden kann.

Während meine erstangeführten Vorschläge solche sind, die auf allgemeinen Kulturwegen die Lage der galizischen Bevölkerung indirekt zu beeinflussen geeignet sind, werden sich diese Auswandererschulen (vielleicht vier für das Land, in Verbindung und unter gemeinsamer Leitung stehend) zu einer direkten, sehr wirksamen Einrichtung zur Bekämpfung des Mädchenhandels entwickeln. Darum bitte ich, das Studium dieser Idee, die noch nirgends ausgeführt ist, in erster Reihe in Angriff zu nehmen.

Mit diesem Vorschlage muß ich meinen Bericht schließen.

Zwei Dinge hoffe ich durch denselben zum Ausdruck gebracht zu haben: erstens, daß es notwendig ist, eine Hilfsaktion für Galizien einzuleiten, und zweitens, daß, wenn eine Hilfsaktion, mit Umsicht und Verständnis geleitet, ins Leben tritt, sie nach jeder Richtung den größten Erfolg verspricht.

Daß wir selbst die Früchte der Arbeit, deren Notwendigkeit wir erkennen, nicht in ihrer Reife sehen werden, enthebt uns nicht der sozialen Pflicht, sie zu beginnen.

In der festen Überzeugung, daß aus dem Lande Galizien, speziell aus seiner jüdischen Bevölkerung Schätze kostbaren Menschentums herauszuarbeiten sind, sage ich wie Bürgers sterbender Winzer zu seinen Söhnen: »Grabt nur!«

Um die Verhältnisse kennenzulernen, denen die galizischen Jüdinnen durch Auswanderung zu entkommen suchen, um dann im Westen zumeist polizeilich registrierte Prostituierte bzw. Insassin von Bordellen zu werden, reist Bertha Pappenheim gemeinsam mit der Volkswirtin Dr. Sara Rabinowitsch vom 28. April bis 3. Juni 1903 im Auftrag des Frankfurter *Israelitischen Hilfsvereins* und des Hamburger *Jüdischen Zweigkomitees zur Bekämpfung des Mädchenhandels* nach Galizien. Ihr Auftrag ist es, die Ursachen des Mädchenhandels zu erforschen und Vorschläge zur Verbesserung der Verhältnisse vorzulegen.

Die Orte, die Bertha Pappenheim mit Dr. Sara Rabinowitsch aufsucht, sind vom Wiener Kuratorium der Baron Hirsch-Schulen zusammengestellt worden. Das Konzept dieser Schulen hatte Bertha Pappenheim in ihrer Schrift *Zur Judenfrage in Galizien* von *P. Berthold* (=Bertha Pappenheim), Frankfurt am Main 1900, grundsätzlich kritisiert, weil junge Mädchen und Frauen aus dem Erziehungs- und Bildungsprogramm ausgeschlossen sind.

Ihr Bericht ist die erste Darstellung des jüdischen Mädchenhandels in Galizien sowie seiner Ursachen aus der Sicht einer Jüdin, die die Rechtsverkürzungen, Menschenrechtsverletzungen, die in wirtschaftlicher, politischer, sozialer und religiöser Form an galizischen Jüdinnen begangen werden, benennt. Der Naturalismus ihrer Darstellung, die schonungslose Offenlegung der Mißstände, ohne Rücksicht gegenüber Geldgebern, Organisationen, Meinungsträgern, Arbeitgebern, religiösen Richtungen, politischen Interessengruppen u.ä. ist dem Engagement und den Studien von Karl Emil Franzos ebenbürtig, mit denen er im Jahre 1878 die Aufmerksamkeit der westlich assimilierten Juden auf das soziale und politische Elend der orthodoxen Juden »Halb-Asiens« lenkte, jedoch sie ergänzend, aus der Sicht der Frau und Jüdin.

Mit dieser Studie profiliert sich Bertha Pappenheim in der damaligen jüdischen Welt weit über den lokalen Rahmen Frankfurts hinaus als Kennerin der Lage der galizischen Jüdinnen.

Zur Sittlichkeitsfrage

Fast könnte es überflüssig erscheinen, in einer Versammlung wie der heutigen noch im allgemeinen zur Sittlichkeitsfrage sprechen zu wollen. Man könnte darauf hinweisen, daß die Arbeit nach dieser Richtung schon eine so differenzierte geworden ist, daß es sich nur um eine Wiederholung längst bekannten Stoffes handeln kann.

Für unsere Versammlung und die Zwecke unserer Tagung möchte ich das nun nicht gelten lassen. Wir haben heute die Aufgabe nicht nur für diejenigen zu sprechen, die durch irgend welche günstigen Umstände innerer und äußerer Art den Vorzug der Übung eines sozial-politischen Denkens erworben haben. Trotzdem ich glaube, daß auch solche Frauen unter uns nicht ganz leer ausgehen werden, wenn sie ihr Ohr gewissen Nuancen nicht verschließen werden. Die erste Aufgabe unserer heutigen Besprechung über die Sittlichkeitsfrage ist doch die, daß wir uns nochmals über das ganze Gebiet als solches klar werden, daß wir uns über unseren speziellen Standpunkt zu demselben verständigen, und daß wir gewissermaßen die Arbeit ausgeben und verteilen. Künftigen Tagungen wird es dann vorbehalten sein, in Berichten und im Austausch von theoretischen Studien und praktischen Erfahrungen den Beweis zu erbringen, daß wir auch unseren Anteil an dieser Menschheitsfrage erfaßt haben. Ein allgemeiner Umriß des Gebietes scheint mir aber heute schon deshalb sehr nötig, weil es ein großer Fehler wäre, wenn wir nur im entferntesten den Gedanken aufkommen ließen, als gäbe es eine »jüdische Sittlichkeitsfrage« oder als sei die Auffassung dessen, was sittlich ist, vom Standpunkt der jüdischen Religion eine andere, als sie es bei den Bekennern anderer Konfessionen ist.

Eine Welt von Weh ist schon oft über uns Juden gebracht worden, dadurch, daß man derartige Behauptungen nicht energisch genug zurückgewiesen hat.

Wahrheit und Recht bilden das Rückgrat jeder Einzelperson sowie jeder Gemeinschaft und die Grundpfeiler der Sittlichkeit. Jede Verletzung der einen bedeutet eine Schädigung der anderen. In dem wechselseitigen Verhalten zwischen Individuum und Gesellschaft lassen sich Nutzen und Schaden nachweisen, wie sie gesetzmäßig durch das Hochhalten von Wahrheit und Recht die Sittlichkeit fördern, oder wie sie durch die Verletzung von Recht und Wahrheit die Sittlichkeit verderben.

In der Gesetzmäßigkeit dieser Wechselwirkung liegt ein erschütternd Großes, das unerschütterlich Göttliche, das in den verschiedenen Religionen nur in verschiedener Fassung zum Ausdruck ringt.

Jede Religionsgemeinschaft hat die Pflicht, Moral und Sittlichkeit innerhalb ihres Kreises zu pflegen, die in der Gemeinde Geborenen zur Sittlichkeit zu erziehen, und die Würde des Einzelnen und das Ansehen der Gemeinde hängt davon ab, welche Schätzung man den höchsten ethischen Werten entgegenbringt. In dieser Erkenntnis liegt die Widerstandsfähigkeit des auserwählten Volkes. Der Austritt aus der jüdischen Gemeinschaft, die nach dieser Richtung ihre Schuldigkeit tut und dem Individuum seine persönliche Freiheit gewährt, mit anderen Worten, die Taufe aus Opportunitätsgründen ist eine Schmach für den Deserteur.

Der Sprachgebrauch der jüngsten Jahre hat aber den Begriff Sittlichkeit in dem Schlagwort der Sittlichkeitsfrage insofern verändert, als es für den täglichen Gebrauch nicht mehr die weitumfassende Bedeutung hat, die ihm eigentlich zukommt.

In der gegenwärtig gebräuchlichen Anwendung des Wortes Sittlichkeitsfrage bedeutet es vorwiegend die Zusammenhänge sexueller Beziehungen unter dem Gesichtswinkel sozialer Entwicklung. Mit anderen Worten, die Frage heißt: wie verhält sich der urmächtige, unauslöschliche Trieb der Fortpflanzung der Art zur wünschenswerten Entwicklung der Gesellschaft; oder was erweist sich bezüglich des Geschlechtslebens als gut und gesund, was als verderblich und ungesund in Rücksicht auf die kommenden Generationen? Diese Generationen, die sowohl als einzelne Individuen, wie als Elemente des Staates zu betrachten sind. Das logische Rückwärts- und Vorwärtsgehen in diesen Gedankenreihen bringt uns ohne alle Sprünge in die Gebiete der Sozialpolitik und der Sozialhygiene, die den praktischen Teil der Sittlichkeitsfrage bilden, mit der auch wir uns heute zu befassen haben. Und hier sehen wir drei große Stränge von Interessenkomplexen sich voneinander absondern. Ich sage absichtlich absondern und nicht trennen, denn die Stränge, die, wenn sie auch nicht immer ganz parallel laufen, sind doch untereinander durch unzählige sich treffende und verbindende und stärkende Fäden verbunden, so daß sie, von einer gewissen Höhe betrachtet, ein Netz darstellen, etwa wie wir uns ein Eisenbahnnetz vergegenwärtigen. Haupt- und Nebenlinien, größere und kleinere Haltepunkte, alle wichtig und notwendig im Sinne des Weltverkehrs und seiner Kulturbedeutung. Ich nenne als die bekannten Hauptstränge die Wohnfrage, die Lohn- und Arbeitsfrage und die Gesamtheit der Erziehungsfragen, in welche die wichtigsten Kapitel allgemeiner Bildung, Beruf, Religion, Alkohol etc. etc. gehören.

Für heute ist es ausgeschlossen, diese Interessenstränge auf ihrer ganzen Bahn zu verfolgen. Wichtig ist nur, ihren Verlauf anzudeuten und die Punkte zu suchen, wo die jüdische Besonderheit innerhalb der jüdisch-sozialen Betätigung eine spezielle Bearbeitung erfordert...

Es wäre ungemein verlockend, die Fäden der Anregung der fortschrittlichen Frauen fortzuspinnen. Aber ich darf es nicht, – meine Aufgabe ist nun, nachzuweisen, wie es innerhalb der jüdischen Gemeinschaften mit den Anforderungen der sexuellen Sittlichkeit steht. Es war einmal – da konnte man sagen, daß das jüdische Sittlichkeitsgesetz im jüdischen Volks- und Familienleben, den eisernen Bestand bildete. Diesem weltbekannten Schatze verdanken wir das, was wir an spärlicher Anerkennung unter den Völkern genießen und was gemeinsam mit der Enthaltsamkeit vom Alkoholgenuß uns jene zähe Widerstandskraft gewährte, die trotz Inquisition, Verfolgungen, Knechtungen und Pogromen die Existenz unseres Volkes wie ein Wunder erscheinen läßt.

Statistisch findet diese Sittlichkeit unseres Volkes ihren Ausdruck in den winzigen Bruchteilen, mit denen die Juden an den Erscheinungen beteiligt sind, die gegen die Sittlichkeit zeugen.

Die Zahl der unehelichen Geburten, der Kontrolldirnen, der Sittlichkeits- und Roheits-Verbrechen blieben relativ immer weit hinter denen der anderen Konfessionen zurück, ebenso ist die Kindersterblichkeit bei den Juden immer eine geringere gegen die der anderen Konfessionen und die jüdische Bevölkerungszahl behält überall ihre natürliche Zunahme. Ich bin nun leider nicht in der Lage, Ihnen zuverlässiges statistisches Material zu geben, aber wer nicht blind und taub sein will, der kann hören und sehen, wie an dem Horizont unseres Volkslebens die wachsende Unsittlichkeit als eine Wolke aufsteigt, die mehr Verderben bringen kann, als der Haß der Völker rings um uns her. Wir erkennen nämlich an der stetig wachsenden Anzahl von unehelichen Kindern, die die jüdische Armenpflege beschäftigen, daß die jüdischen Mädchen dem außerehelichen Geschlechtsverkehr immer zugänglicher werden. Wir wissen, daß eine große Anzahl jüdischer Mädchen das Gewerbe der freien Prostitution betreibt; – wir wissen, daß in allen Bordellen der Welt Jüdinnen zu finden sind, und wissen, daß im Mädchenhandel – Händler und Ware – größtenteils jüdisch sind – und wir wissen, daß auch das Familienleben heute nicht mehr das ist, was es einst war, da die Männer – Väter und Söhne – sich selbst und ihr Haus nicht mehr freihalten, von dem Schmutz, den die Tränen der betrogenen und verdorbenen Frauen, nicht wegwaschen können.

Es ist furchtbar hart, was ich eben aussprechen mußte, – aber besser, wir gestehen uns die Gefahr und reichen uns die Hände im Bunde, sie zu bekämpfen, als wir stecken den Kopf in den Sand und zehren von einem alten Kredit bis zur Bankrotterklärung.

Wo sind nun die Ursachen zu suchen, für die Gefahr sittlichen Verfalls, der unserem Volk zu drohen scheint?

Wir haben ja eingangs schon die sozialen Ursachen aufgezählt, die entsittlichend in einem Volke wirken. Für uns trat zu einer bestimmten Zeit noch ein spezielles Moment hinzu. Durch das Aufhören der Ghetti haben die Juden eine erschütternde Krisis durchzumachen gehabt, und es gibt noch Viele, die die frische Luft nicht ertragen.

Aber die Anpassungsfähigkeit des jüdischen Volkes ist groß, und daß es dem Alkoholgenuß nicht ergeben ist, da es klug und behende im Ergreifen und Ausnützen von Existenzmöglichkeiten, so hätten die Wohn-, Lohn- und Arbeitskalamitäten allein es nicht vermocht, unsere Sittlichkeit anzufressen. Wir müssen darum auch hier nach den Rechtsbeugungen und Rechtskürzungen fragen, die den Rückgang der Sittlichkeit unseres Volkes bedingt.

Gigantisch vergröbert und vergrößert sehen wir sie gegenwärtig in Rußland wirken. Die Zustände, die z.Zt. unter dem aufgewühlten Volk der russischen Juden herrschen, bedürfen gar keiner näheren Beleuchtung. In einem Lande und zu einer Zeit, in der das Menschenleben nichts gilt, verliert sich auch das Maß dafür, was das Leben des Menschen wertvoll macht.

Aber auch da, wo von außen den Juden eine relativ ruhige Entwicklung gegönnt ist, finde ich in dem inneren Leben des jüdischen Volkes die Rechtskürzung, die seiner sittlichen Standhaftigkeit schadet. Ich sehe in der Stellung der Frau, die sie im jüdischen Gemeinleben einnimmt, diese Rechtskürzung, deren Wirkung heute noch in allen Verhältnissen zu verspüren ist.

Wir Frauen aller Kulturländer, wir wehren uns heute dagegen, vor dem Gesetz mit Idioten und Kindern gleichgestellt zu werden, weil wir die Wirkung dieser Zurücksetzung als Hemmschuh unserer Entwicklung erkennen gelernt haben.

Und die jüdische Frau? – Seit Jahrhunderten genoß sie innerhalb des jüdischen Gemeinlebens, seiner Kultur und Kultuswelt, die für die Juden lange Zeit fast identisch war, noch nicht einmal die Rechte eines dreizehnjährigen Knaben. Der dreizehnjährige Knabe, ein Kind, empfängt die Weihe der Selbstverantwortung; er wird in die Gemeinde aufgenommen, bei Gebetversammlungen zählt er mit, an Ritualgebräuchen nimmt er teil, er hat Anspruch und Anteil an der Tora, er kann die reine Lehre aufnehmen, sich in ihr stärken und begeistern, sein sittliches Empfinden verfeinern! – Und die Frau in der jüdischen Gemeinde? Sie zählt nicht mit, sie gilt nichts, sie lernt nichts, ihr Geist braucht keine Kraft und Anmut, sie darf noch nicht einmal schön bleiben, selbst wenn ihr die Natur Schönheit als Geschenk in die Wiege gelegt – sie muß sich verstümmeln oder doch entstellen, – vor dem jüdischen Gesetz ist die Frau kein Individuum, keine Persönlichkeit, nur als Gattin und Mutter wird sie gewertet und beurteilt.[8]

Die poetische Verherrlichung der jüdischen Frau steht in keinem Verhältnisse zu den geringen Rechten, die ihr im bürgerlichen Leben zuerkannt sind. Die Gesetzgebung kennt überhaupt nur die verheiratete Frau, die, wenn ihre Ehe kinderlos bleibt, schon sehr in der Achtung sinkt. Das Mädchen, das aus inneren und äußeren Gründen trotz aller Bemühungen keinen Mann gefunden hat, ist nach altjüdischen Begriffen der Gegenstand verächtlichen Mitleids.

Solange das Dasein der Juden sich nur innerhalb der Gemeinden, wie auf kleinen Inseln entwickelte, merkte man von den Nachteilen dieser und anderer Ungerechtigkeiten wenig. Auch lagerte ein Hauch von Poesie über dem Ghettoleben, der Manches wie in einem weichen Schleier hüllte. Erst, nachdem der Strom der sozialen Revolutionen die kleine Eilande zum Teil zerstörte, zum Teil mit dem Bodenbesitz der anderen Volksgenossen verbunden hat, zeigen sich die furchtbarsten Folgen der Unterdrückung der jüdischen Frau im jüdischen Volksleben. – Hinter ihrem Gitter ist sie schwach geblieben, unfähig irgend einer Selbstbestimmung, kraftlos und zu eingeschüchtert sich zu verteidigen, in der unwidersprochenen Überzeugung lebend, daß sie nur auf dem Umwege ihrer sexuellen Verwertung eine Art von Ansehen erreichen könne.

Und eben die Nachwirkung dieser Unterdrückung einer geistigen Eigenart der Frau in der jüdischen Gemeinde können wir noch heute beobachten, wenn sie sich auch unter dem befreienden Einflüsse der westlichen Kulturstaaten glücklich veränderten. Doch auch in solchen Kreisen, die sich schon längst erhaben fühlen über das »Jüdische«, das nicht als salonfähig gilt, bemerken wir, vor allem in der Erziehung der Töchter, einen Ghettonachhall. Diejenigen Eltern, die ihre Töchter heute noch fürsorglich und geputzt hinter ein Gitter setzen, das sie fern hält von den Erkenntnissen, die stärkend und befreiend auf ihren Geist wirken können, die es nicht gestatten, daß Mädchen das wirkliche Leben sehen und sich in einem Gefühl von Mitverantwortung als Kettenglied eines Ganzen betrachten lernen – die ihre Töchter nur zur Heirat erziehen, aber nicht zur Ehe und Mutterschaft im heiligsten Sinne, – die sind, ohne daß sie es zugeben wollen, vielmehr traditionell »jüdisch«, als wenn sie das Schreckliche gestatten würden, daß sich die Mädchen in jüdischer Vereinsarbeit betätigen, d. h. sich frei und offen zur Gemeinschaft unseres Volkes bekennen. Noch schlimmer aber finden wir die Nachwirkungen dieser geistigen Unterdrückung in den breiten Kreisen der jüdischen Bevölkerung, wo die Frauen und Mädchen durch den Umschwung aller Erwerbs- und Existenz-Bedingungen vor die Notwendigkeit gestellt sind, zu arbeiten und selbst Brot zu verdienen, bevor sie geheiratet werden oder ohne daß sie geheiratet werden. Das sind ganz neue, ungewohnte Gedankengänge für diese Ghettokinder, ebenso ungewohnt, wie die Freiheit, die Freizügigkeit und der Verkehr mit Männern draußen in der Welt, die sie nun plötzlich unter dem Druck der Verhältnisse, vollständig unvorbereitet, betreten. Unter ihnen sind diejenigen der Entgleisten, die wieder zu sich selbst kommen und sich aufrichten können, wenn man ihnen nur rechtzeitig die Hand reicht.

Aber eine Unzahl junger Jüdinnen – und die finden sich zumeist in Rußland und Galizien – gibt es, die oft noch im frömmsten Elternhaus der Prostitution verfallen. Auch das ist erklärlich; diese Mädchen wissen, daß sie nur einen Geschlechtswert haben. Ihre Individualität, ihre Wünsche und Neigungen können sie nur in den seltensten Fällen geltend machen, weil dazu eine Kraft und sittliche Größe gehört, die nicht alltäglich ist, und so wird Rifkele Schepschowitz im *Gott der Rache* eine erklärliche Erscheinung. Für das Empfinden dieses Ghettogeschöpfes kann es, abgesehen von der Verlockung, die sie reizt, wirklich recht gleichgiltig sein, ob für sie »oben« ein langfristiger oder »unten« ein kurzfristiger Vertrag gemacht wird.

Langeweile, Neugierde, Trägheit, Putzsucht, Phantasie und heißes Blut einerseits – Unbildung, Unerfahrenheit, Verlockung und raffiniertes Verbrechertum andererseits – ergänzen sich um zu bewirken, daß gerade die orthodoxesten Bezirke des Ostens das größte Kontingent an Menschenware zum Mädchenhandel liefern.

Ich halte die Zusammenhänge zwischen der Jahrhunderte langen Unterdrückung des Frauenrechts unter den Juden mit all ihren Konsequenzen und Verästelungen für ausreichend, um den Widerspruch zu erklären, zwischen der alten unantastbaren Ethik des Judentums und gewissen beschämenden Erscheinungen, wie sie jetzt auf der Oberfläche unseres Volkslebens sichtbar werden. Wir dürfen dagegen nicht gleichgiltig sein! – Die ernsten wohlmeinenden Führer und Ratgeber der jüdischen Gemeinden, vor allem aber wir jüdischen Frauen, wir müssen unser Volk verteidigen gegen das Überhandnehmen dieser Erscheinungen, die uns beschämen und uns in den Augen der Welt erniedrigen. Wir stehen damit vor Anforderungen, die nach zwei Seiten unsere ganze Energie in Anspruch nehmen können. Nach der einen Seite fordern sie Einkehr und Ehrlichkeit gegen uns selbst, – Klugheit und Klarheit in der Erziehung der Töchter, – von den Söhnen strenge Selbstzucht und Achtung vor der Frau. Nach der anderen Seite eine soziale Hilfstätigkeit, die in liebevoller Individualisierung ein die Welt umspannendes System darstellen müßte, das bei aller Anpassung an die Allgemeinheit der jüdischen Eigenart dient.

Die Aufgabe ist schwer, aber der jüdische Frauenbund wird sie fördern, denn es wird der jüdischen Frau geistige Freiheit bringen, Erkenntnis ihrer Pflichten und Rechte, er wird sie lehren, die höchsten Fragen aus eigener Kraft zu erfassen, damit sie jederzeit sei, was sie sein soll, ein Ischo chaschuwo – ein sittliches Weib.

Zuständge in Galizien

Während bisher alle vom *Deutschen National-Komitee* veranstalteten Konferenzen, sowohl am Vorabend, als auch in der Hauptversammlung hervorragend gut besucht waren, zeigte die Breslauer Konferenz infolge des Zusammentreffens anderer Feste und Versammlungen und durch verschiedene unglückliche und unvorhergesehene Zufälligkeiten einen derartigen Mangel an Teilnehmern, daß jemand, der die Verhältnisse nicht kennt, an eine beginnende Gleichgiltigkeit des Publikums gegenüber unsern Bestrebungen hätte glauben können. Dies ist jedoch, wie wir zu unserer Freude berichten können, glücklicherweise nicht der Fall. Im Gegenteil hoffen wir, daß der Bericht über unsere Verhandlungen, die diesmal ganz besonders interessant waren, uns recht viel neue Freunde gewinnen und uns dies kleine Mißgeschick recht bald vergessen lassen wird.

Wie der Bericht lehrt, ist diesmal zum ersten Mal von amtlicher Seite die absolute Schädlichkeit der Bordelle unumwunden zugestanden, zum ersten Mal von Vertretern der juristischen Theorie und Praxis die Mangelhaftigkeit unserer Strafgesetzgebung anerkannt, zum ersten Mal endlich von einem in hoher Stellung befindlichen Juristen bestätigt worden,[9] daß ein internationaler Mädchenhandel in Deutschland besteht, wenn auch in der Hauptsache im Transitverkehr, und daß er einen Umfang besitzt, der die größten Anstrengungen zu seiner Beseitigung rechtfertigt und die Arbeiten des National-Komitees nicht nur für wünschenswert sondern für notwendig erscheinen läßt.

Wie gewöhnlich ging auch diesmal der eigentlichen Konferenz, über welche der stenographische Bericht folgt, eine Vorbesprechung voraus, die folgenden Verlauf nahm:

Zunächst stattete Fräulein Pappenheim, welche seit Jahren in Galizien an der Verbesserung der dortigen traurigen, sozialen Zustände arbeitet, über ihre umfassende Tätigkeit folgenden Bericht ab:

»Seitdem die gesamte Kulturwelt sich in dem ethisch bedeutsamen Vorgehen zusammengeschlossen hat, das als ›Bekämpfung des Mädchenhandels‹ einen ganzen Komplex von Wollen und Streben bedeutet, sind in den verschiedenen Konferenzen und Kongressen Stimmen aus aller Welt hörbar geworden. Ein Vergleich der Delegierten- und Redner-Listen dieser Kongresse und Konferenzen können als sehr interessante Belege dafür gelten, wie die Nationen und Staaten sich erst langsam nach und nach von dem Gedanken bezwingen ließen, daß der Handel mit Menschen, einerlei ob er aus freier Hand oder von Bordell zu Bordell geschehe, eine Schmach sei, eine offiziöse und offizielle Gewissenlosigkeit, auch dann, wenn der Handel durch öffentliche Gedankenlosigkeit eine Art von Gewohnheitsrecht erworben hat. Ferner sehen wir aus einem Vergleich der Listen der Kongreßmitglieder, wie nicht nur die Zahl der sich für die Frage interessierenden Staaten allmählich gewachsen ist, sondern auch wie sich nach und nach die Verhältniszahlen der Kongreßmitglieder zwischen Männern und Frauen veränderten. Während bei den ersten, bei den internationalen Besprechungen, nur wenige Frauen mittagten, ist die Zahl der Frauen, die heute für die Befreiung ihrer Geschlechtsgenossinnen aus der denkbar furchtbarsten Hörigkeit, des Zwanges zur Prostitution, kämpfen, ganz bedeutend angewachsen.

Wir hören und sehen aber auch, wie innerhalb der Nationen und Staaten die Religionsgemeinschaften zum Schutze der Mädchen zusammentreten, denn von vornherein war die richtige und wichtige Parole ausgegeben worden: So wie das Verbrechen international und interkonfessionell ist, so muß auch die Bekämpfung international und interkonfessionell sein. Wir treffen darum jetzt auf allen Kongressen Vertreter und Vertreterinnen sowohl der evangelischen wie der katholischen Mädchenschutzvereine, die sich zu segensreichen Organisationen zusammengefunden haben, um durch Bahnhofsmission, Heime und Asyle den schutzlosen jungen Reisenden und stellesuchenden Mädchen in allen Nöten geistiger und materieller Art liebevoll entgegenzukommen. Von jüdischer Seite ist bisher noch nicht viel gesagt worden, und gar die jüdischen Frauen haben sich bisher noch nicht zum Wort gemeldet.

Niemandem ist das schmerzvoller zum Bewußtsein gekommen als Manchem von uns selbst, denn wir wissen heute, daß wir nicht nur als Menschen mit allen Menschen, als Frauen mit allen Frauen, sondern auch speziell innerhalb unserer Religionsgemeinschaft reichlich Veranlassung haben, unseren Blick aufmerksam auf die tatsächlichen Verhältnisse besonders aber nach den östlichen Ländern zu richten und uns mit allen uns zu Gebote stehenden Mitteln an der Bekämpfung des Mädchenhandels zu beteiligen.

Ich lege aber nachdrücklich den Ton auf das Heute, denn wir jüdischen Frauen und vielfach auch die Männer der westlichen Kultur wissen noch nicht lange von der Schmach, der viele unserer Schwestern vom Osten her zugeführt werden. Die Anregung, die W. Coote[10] der Welt gegeben hat, sich mit der Bekämpfung des Mädchenhandels zu beschäftigen, hat uns Juden des Westens nicht taub und blind gefunden. Wir sind seither – manchmal sogar in tendenziös unfreundlicher Weise – auf eine Statistik aufmerksam gemacht worden, die uns alle zu reger Mitarbeit verpflichtet.

Aber selbst heute ist die Kenntnis der Tatsachen noch nicht in alle Kreise gedrungen. Heute noch wird das vom Standpunkt der jüdischen Ethik und der jüdischen Religionsvorschrift Unfaßliche von vielen als unmöglich zurückgewiesen. Zudem herrscht allgemein noch eine große Unkenntnis der Verhältnisse, die allein für das verantwortlich zu machen sind, was uns heute an moralischer Verelendung mancher unserer Glaubensgenossen in bedauerlicher Form entgegentritt.

Als Anfang der Bekämpfung des Mädchenhandels muß gelten, daß ‹man› von den Tatsachen Kenntnis bekomme und Kenntnis nehme.

Das Solidaritätsgefühl, das die Angehörigen aller Religionsgemeinschaften untereinander verbindet und verbündet, hat sich im Laufe der Jahrhunderte auch für die jüdische Religionsgemeinschaft bewährt. Aber über dieselbe hinaus, auf politische und soziale Verhältnisse hat sie keinen Einfluß, und hier liegt die Grenze der tatsächlichen konkreten Verantwortlichkeit gegenüber der Grenzenlosigkeit des abstrakten Interesses. Mit anderen einfachen, dürren Worten gesagt: wir westlichen Juden wissen seit einigen Jahren, daß vorwiegend in Galizien, Rußland und Rumänien eine namhafte Anzahl jüdischer Mädchen durch den Mädchenhandel der Prostitution verfallen und Ware für den Weltmarkt bildet. Die Kenntnis dieser Tatsache brennt in unserer Seele, wir verheimlichen sie nicht.

Aber liegt es denn auch in unserer Macht, die Zustände zu ändern? Es bedarf keines tiefgründigen Einblickes in den Zusammenhang der Dinge, daß mangelnde Seßhaftigkeit, Unwissenheit, Arbeitslosigkeit und Armut teils Urheber, teils Schutzpatrone der Prostitution sind, und wenn wir unsere Augen nach den Quellgebieten richten, aus denen der Strom kommt, für den wir oft und oft verantwortlich gemacht werden, was sehen wir? Die rumänischen Juden, Fremde in ihrer Heimat, müssen jeden Augenblick gewärtig sein, über die Grenze geschoben zu werden; Schulen, die sie mit ihren Mitteln gründen, dürfen ihre Kinder nur bis zu 10% der Schülerzahl besuchen. Landarbeit und Industriearbeit ist ihnen versagt, höhere Berufe verschlossen, aber in den Hotels, in den Bordellen, Bädern und Varietés, da duldet man die jüdischen Mädchen als Prostituierte, und die jüdischen Mädchenhändler duldet man, wo ein ehrlicher und anständiger Jude mit seiner Familie niemals geduldet würde.

Man hat mich oft gefragt, ob das jüdische Zweigkomitee zur Bekämpfung des Mädchenhandels, dem der Frauenbund, den ich vertrete, auch angehört, nicht die jüdischen Mädchen in Rumänien schützen wolle, ob ich nicht ein Schutzkomitee dort gründen wolle usw. Wie kann ich, wie können wir? Ist es doch sehr zweifelhaft, ob ich für mich selbst eine kurzfristige Aufenthaltskarte im Lande bekäme. Mein kühner Plan zur Bekämpfung des Mädchenhandels in Rumänien ist, die Dichterin Carmen Sylva, deren Lieder von Frauenwürde und Menschenliebe die Welt durchzittern, durch eine Petition oder durch einen Brief zu bitten, sich der doppelt Entrechteten in ihrem Lande anzunehmen. Ob ein Brief sie erreichen, ob eine Petition den erwünschten Erfolg haben wird, ob sie nicht erneutes Unheil heraufbeschwören würden, das sind schwerwiegende Fragen, die in unseren Beratungen zur Bekämpfung des Mädchenhandels einen breiten Raum werden einnehmen müssen.

Wir jüdischen Frauen, denen die Bekämpfung des Mädchenhandels Herzens- und Ehrensache ist, wissen auch, daß russische Jüdinnen alljährlich zu Hunderten unrettbar der Prostitution und dem Mädchenhandel verfallen. Und wenn wir fragen und prüfen: dort dasselbe Bild von Armut und Rechtlosigkeit. Es ist eine bekannte Tatsache, daß ein russisch-jüdisches Mädchen außerhalb des übervölkerten Ansiedlungsrayons in Rußland nur dann ein Wohnrecht erlangen kann, wenn sie sich auf die Polizeiliste der öffentlichen Dirnen stellen läßt. So soll z.B. ein Mädchen, das in Petersburg das Konservatorium besuchen wollte, diesen Schritt getan haben, und sie wurde des Landes verwiesen, weil sie nicht nachweisen konnte, daß sie als Prostituierte lebte! Und noch eine andere illustrierende Tatsache: Ein Herr Wroblewsky, Mitbegründer einer ethischen Gesellschaft und eines Vereines für Jugendschutz, erzählte mir aus seiner eigenen Beobachtung: in dem Hospital einer russischen Stadt kommen auf die Abteilung für Hautkrankheiten während der Besuchsstunden Mädchenhändler und Zuhälter, um dort Ware auszusuchen und Abschlüsse und Vereinbarungen zu treffen. Viele jüdische Mädchen und Händler seien dabei. Ich fragte, ob es keinen Weg gebe, diese Händler dem Zuchthaus auszuliefern? Mein Gewährsmann zuckte mit den Achseln und sagte: ‹man› braucht sie!

Was sollen wir nun tun, was können wir tun, wenn einerseits in einer schwachen rechtlosen Minorität verbrecherische Vorgänge protegiert und gut geheißen werden, die man andererseits derselben Minorität als furchtbare Anklage und Vorwurf entgegenhält? Und was soll schließlich diese Minorität in Rumänien und Rußland tun, der der Wille zum Leben als Individuum wie als Volk ebenso eigen ist, wie allen anderen Lebewesen? Der Trieb der Selbsterhaltung führt sie zu einer moralischen Mimicri, zu einer Anpassung an die Umgebung, die gerade durch ihre Furchtbarkeit erklärlich und bis zu einem gewissen Grade verzeihlich wird.

Wenden wir uns nun der jüdischen Bevölkerung von Galizien zu. Dieses Land, das auch in der Statistik des Mädchenhandels eine bedeutsame Rolle spielt, ist unseren Bestrebungen relativ am zugänglichsten. Ich selbst war wiederholt dort und habe Versuche angeregt, um sowohl in der jüdischen wie in der christlichen Bevölkerung Verständnis und Interesse für unsere Bestrebungen zu erwecken. Die Aufgabe ist eine sehr schwierige und komplizierte. In Galizien tritt an die Stelle der offiziellen Rechtlosigkeit der Juden eine stille selbstverständliche Feindseligkeit, die nur zu Zeiten der Wahlen von den Großgrundbesitzern durch eine gewisse werbende Zärtlichkeit übertüncht wird. Aber das politische Moment scheint mir weniger verderblich zu wirken, als die furchtbare Arbeitslosigkeit unter den Juden. Gewisse philantropische Organisationen haben mit großen Geldopfern den Versuch gemacht, Hausindustrien einzuführen, aber auch sie ergeben für die Mädchen Tagelöhne von 20-30 Kreuzern als Durchschnitt, und das Schreckliche ist, daß Hunderte von Mädchen überhaupt nichts zu tun haben, nicht in der Landwirtschaft, nicht in Fabriken, (das Land hat keine Industrie) nicht im elterlichen Haushalt, nicht im Kleinhandel. Intelligent, oft sehr schön, unselbständig in orientalischer Abhängigkeit, vom Manne vorwiegend als Geschlechtswesen erzogen, ohne Kenntnisse und berufliche Ausbildung, führen diese polnischen Jüdinnen ein Leben der Untätigkeit. Da ist es denn gar nicht verwunderlich, wenn sie jede Gelegenheit, jede Möglichkeit erfassen, ihr elendes Dorf zu verlassen, und sei der Vorwand dazu noch so unwahrscheinlich, so märchenhaft, so unsinnig, wie Agenten und Mädchenhändler sie nur erfinden.

Viele wissen nicht, wohin sie steuern, viele wissen es, aber den ganzen Umfang der moralischen und physischen Vernichtung, der sie entgegengehen, ahnt keine. Sie will hinaus aus dem engen Stübchen, das sie mit 10 und mehr Personen teilt, hinaus aus dem bleiernen Einerlei der Dorfstraße. Ein Zeitungsblatt, ein Brief aus Amerika, die Erzählung einer Freundin aus drittem und viertem Munde, der Umstand, daß sie überflüssig ist, der Trieb zu leben und nicht zu vegetieren jagt sie hinaus. Und an dieser Stelle sei es gesagt als Entgegnung für Alle, die behaupten, die Mädchen, die sich der Prostitution ausliefern, christliche und jüdische, wollen ihr Schicksal.

Der Anfang mag im Wollen sein, oder doch der Schein eines solchen. Denn wenn der Druck der Verhältnisse, Unkenntnis der Folgen einer Handlung das Wollen erzeugt, dann ist es kein Wille im Sinne einer freien Entschließung und Selbstbestimmung. Auch wissen diese Mädchen – christliche wie jüdische, deutsche, polnische, französische, englische usw. – nicht, daß, wenn sie einmal ‹gewollt›, sie nicht mehr aufhören können, das zu ‹wollen›, was sie vernichtet, daß die innere Kraft und die äußere Möglichkeit, gesittet und rechtlich zu leben, bald in ihnen erloschen ist.

Handlungen, die in solcher sozialen, physischen und moralischen Unfreiheit begangen werden, darf man nicht mehr ‹wollen› nennen, ohne sich einer großen Ungerechtigkeit schuldig zu machen. Auch der Trinker will Alkohol, der Morphinist will Morphium.

Ich sehe die Hauptaufgabe der Frauen in der Bekämpfung des Mädchenhandels darin, vorsorgend und fürsorglich dahin zu wirken, daß in der breiten Masse der Völker der Wille zum Guten gestählt und geweckt werde. Was nun in Galizien den Mädchenhandel besonders fördert und seine Bekämpfung erschwert, sind die Anschauungen der Männerwelt über alle Fragen sexueller Ethik und Frauenrecht, die Unwissenheit und Laxheit in den Fragen der Volksmoral und der Volkshygiene und aller Zusammenhänge, die die Fragen untereinander verbinden.

Das Recht auf Weiber ist in der männlichen und weiblichen Bevölkerung des Landes eine wenig widersprochene Anschauung,[11] und der geistige Tief- resp. Bildungsstand des Heeres, die Skrupellosigkeit des Adels, die Unnatur vieler zölibatärer Anforderungen – viele Ausnahmen gern zugegeben – bringen im Lande selbst eine kolossale Nachfrage nach ‹Weibern›, daß es nicht verwunderlich ist, daß alle Kategorien Kuppler und Mädchenhändler gute Geschäfte machen und eine ganze Atmosphäre von Korruption um sich verbreiten.

Die Polizei ist meist wissend, Beamte sind vielfach interessiert, und wo es sich gar nur um Judenmädchen handelt, werden die Dinge nicht tragisch genommen.

Die geheime Prostitution ist sehr verbreitet und ist der Boden, in dem der eigentliche Mädchenhandel seine Opfer vorbereitet findet.

Dies, meine Herren und Damen, sind in knappen Zügen die Eindrücke und Erfahrungen, die ich in Galizien machte. Wenn man zu diesen noch die bekannten nationalen Feindseligkeiten zwischen Ruthenen und Polen, Polen und Deutschen in Betracht zieht, dann begreift man, was eine Bekämpfung des Mädchenhandels in Galizien bedeutet, denn sie muß international und interkonfessionell sein, wenn sie überhaupt sein soll.

Für mich, die ich z. Zt. den großen jüdisch-philantropischen Organisationen Vorschläge zur Bekämpfung des Mädchenhandels machte, war es von vornherein klar, daß Bemühungen in Galizien von zwei Punkten auszugehen haben. Einerseits durch Gründung kleiner Kulturzentren, die der mittelalterlichen Rückständigkeit der verbreiteten jüdischen Sekte der Chassidim ein Licht entgegenhalten sollte, und andererseits durch Gründung von Komitees, die sich mit der Bekämpfung des Mädchenhandels als solchem zu beschäftigen haben.

Der erste Teil der Aufgabe ist der in gewissem Sinne schwierigere; große Geldmittel sind erforderlich, um sie auszuführen und vor allem aufopfernde Menschen. Erfolge sind, wie bei allen Erziehungswerken, erst etwa nach einem Menschenalter zu erwarten und nachzuweisen.

Dennoch ist es gelungen, in drei Städten Galiziens Kindergärten zu gründen, in einer Stadt ein Waisenhaus mustergiltig einzurichten, und drei jüdische Krankenpflegerinnen walten in hingebungsvollster Weise im Lande als Missionarinnen moderner Hygiene.

Was nun die Komitees zur Bekämpfung des Mädchenhandels betrifft, so war es mir im Jahre 1907 auf einer Agitationsreise möglich gewesen, an 8 Orten Galiziens international und interkonfessionell zusammengesetzte Komitees zusammenzubringen, die sich bereit erklärten, reisenden und stellesuchenden Mädchen beizustehen. Die Komitees hatten sich konstituiert, sie hatten den Text einer Warnung für Affichen und Flugblätter, den ich ihnen vorgelegt, angenommen, ebenso das bekannte Plakat des *Deutschen National-Komitees*. Ich darf es wohl sagen, es war mir an vielen Orten, und besonders in Frauenkreisen gelungen, für die Idee des Mädchenschutzes und verwandte Gebiete Verständnis und teilweise sogar Begeisterung zu erwecken. Ich hatte angeregt, daß sich die Komitees untereinander verbinden, sich in bestimmten Fällen verständigen und unterstützen sollten, um so ein schützendes Netz über das Land zu breiten. Leider kam es anders. Ich ging im Anschluß an meine Reise nach Wien, um behördlicherseits die Bestätigung und offizielle Förderung der Komitees zu erbitten – sie blieb aus! Sechs Komitees zerfielen, und heute sind es nur noch zwei, in Lemberg und in Czernowitz in der Bukowina, die auf sachlicher Basis und mit Erfolg arbeiten. In Lemberg hat der Magistrat ein

Lokal gegeben, und eine städtische Subvention wird wohl bald den Kosten des Betriebs entgegenkommen, die die Mitglieder der Liga nicht allein aufbringen können. Zu meinem Bedauern habe ich noch keinen ausführlichen deutschen Bericht über die Anzahl und den Verlauf der Fälle von Mädchen- und Frauenschutz in Lemberg. Von Czernowitz dagegen kann ich mehr und Erfreuliches berichten.

Der Bürgermeister der Stadt, Baron Fürth, hat der Arbeit das größte Interesse und Verständnis entgegengebracht. Seiner Intervention wird es zu danken sein, wenn in Czernowitz bald ein Asyl für durchreisende und obdachlose Frauen und Mädchen bereit sein wird. Den Hauptteil der täglichen und praktischen Arbeit leistet aber Kaiserl. Rat Schex gemeinsam mit einem Damenkomitee. Sein Bericht weist ganz typische Fälle von Mädchenhandel und Verschleppung auf und gibt die Bestätigung, wie nötig es wäre, wenn in der ganzen Bukowina und in Galizien, besonders an den Grenzen von Rußland und Rumänien solche Wachtposten eingerichtet wären.

Herr Kaiserl. Rat Schex hat auch den Vorschlag gemacht, da eine ständige Bahnhofsmission dort nicht einzurichten sei, Prämien an solche Personen zu geben, die effektive Fälle von Mädchenhandel zur Anzeige bringen. Eine weitere sehr gute Idee dieses eifrigen tüchtigen Mannes ist auch, auf der Strecke die Vertreter der Bahnhofsbuchhandlungen zu veranlassen, auffallende und verdächtige Beobachtungen telephonisch dem Komitee mitzuteilen. Die Organisation der Czernowitzer Liga ist so klug durchdacht, daß ich mich freue, Herrn Kaiserl. Rat Schex und seinem Damenkomitee an dieser Stelle herzlichen Dank sagen zu können, ebenso der Czernowitzer Presse, die ihren Anteil an diesem Teil sozialer Arbeit voll erfaßt hat und der Liga jederzeit zur Verfügung steht. Ein Teil der nötigen Geldmittel ist dem Komitee durch einen Frankfurter Frauenverein *Weibl. Fürsorge*,[12] die sich die Bekämpfung des Mädchenhandels mit zur Aufgabe gemacht hat, zugegangen.

In diesem Jahre habe ich es versucht in Prag, in Pest und in Triest im Sinne unserer Aufgabe zu wirken. Vorerst habe ich trotz meiner Bemühungen dort noch recht wenig erreicht. Als einzige Frucht meiner Einblicke in die Verhältnisse von Triest wird Ihnen morgen ein Antrag zur Besprechung vorgelegt.

Sie werden nun, da ich schließe, vielleicht sagen, die jüdischen Frauen haben wenig erreicht; aber wenn es nur gelungen ist, Ihnen die Schwierigkeiten zu zeigen, unter denen wir arbeiten, dann hoffe ich, daß Sie nicht mehr an unserem guten ehrlichen Willen, unsere Schuldigkeit zu tun, zweifeln.«

Der jüdische Frauenbund und die Königin von Rumänien

Petition des jüdischen Frauenbundes an die Königin von Rumänien sowie Bericht Bertha Pappenheims über ihren Besuch in Rumänien:

Der Vorstand des jüdischen Frauenbundes sendet uns die nachfolgende Petition und den Bericht von Fräulein Pappenheim über ihren Aufenthalt in Rumänien. Wir sehen darin, daß die Königin von Rumänien Fräulein Pappenheim angehört hat, schon einen Fortschritt in der jüdischen Frauensache und hoffen, daß dadurch der Bekämpfung des Mädchenhandels genutzt wird.

Die Petition des jüdischen Frauenbundes an die Dichterkönigin[13] lautete:

Herrliche Worte der Milde und der Gerechtigkeit, wie sie nur der Feder einer Frau, einer Dichterin und Königin entstammen können, klingen durch die Kulturwelt. Ermutigt durch solche Worte, wagt es ein Verband von Frauen, der jüdische Frauenbund in Deutschland, die Königin und Frau auf den furchtbarsten Schimpf unseres Geschlechtes hinzuweisen – auf den Mädchenhandel.

Seitdem von England durch Josephine Butler unsere Sinne geweckt und geschärft sind für die tausendfältigen Formen von Frauenelend seitdem William Coote angefangen hat, den geheimen Wegen des Verbrechertums nachzugehen, das aus den Töchtern eines Landes eine Handelsware macht, die den niedrigsten Zwecken dient – seitdem wir wissen, daß es einen Mädchenhandel gibt – ist es Pflicht und Aufgabe der Frauen aller Stände, aller Nationen und aller Konfessionen, der Bekämpfung des Mädchenhandels ihre Kräfte zu weihen.

Besondere soziale Verhältnisse des Königreichs Rumänien sind für tausende von Frauen und Mädchen dort verhängnisvoll geworden, so verhängnisvoll, daß ihr sittliches Bewußtsein von dem einfachen Selbsterhaltungstrieb übertönt wird. Wir finden darum zahllose rumänische Jüdinnen in die Wege des Lasters gedrängt. Anstatt daß sie aufrechte Trägerinnen einer uralten Kultur bleiben, anstatt daß sie wertvolle sittliche Elemente bilden innerhalb einer Nation, der sie durch Geburt, Sprache und Erziehung unauslöslich angehören, werden sie, gemeinsam mit vielen ihrer christlichen Schwestern zur Schande getrieben.

Wenn wir jüdische Frauen aus Ew. Majestät Heimatland es wagen, Ew. Majestät ehrfurchtsvoll zu bitten, der Bekämpfung des Mädchenhandels in Rumänien Allerhöchst Ihre Aufmerksamkeit zuzuwenden, so sprechen wir zwar als eine Organisation aus einem verhältnismäßig kleinen Kreise, doch sprechen wir auch für die Allgemeinheit der rumänischen Frauen und Mädchen. Das Schicksal der christlichen Rumänin, die zu Laster gedrängt ist, ist dasselbe wie das der rumänischen Jüdin psychische und moralische Vernichtung des Individuums – und gleichzeitig Schädigung der Volksgesundheit, der Volkswohlfahrt und des sittlichen Empfindens der Allgemeinheit.

Und darum hoffen wir, daß diese Worte, bestätigt und unterstützt von der Unterschrift vieler Frauen, die ihre Kraft und ihr Interesse dem Wohle ihrer Mitschwestern widmen, bei der hochherzigen Dichterkönigin einen Widerhall finden. Unsere ehrerbietige Bitte geht dahin, daß Ew. Majestät es nicht verschmähen mögen, auf den Jammer aus einer Welt zu hören, die der Königin zu fern, der Frau aber so nah ist, und die der königliche Wille einer Frau durch einen Federstrich zum Guten zu verändern vermag.

In tiefster Ehrerbietung
der Vorstand des Jüdischen Frauenbundes

Der Bericht von Fräulein Bertha Pappenheim, der unermüdlich tätigen 1. Vorsitzenden des Jüdischen Frauenbundes, hat folgenden Wortlaut:

In Ausführung des Auftrages aus der letzten Vorstandssitzung vom 7. Februar 1909, der darin bestand, die damals im Text vorliegende Petition an die Königin von Rumänien, der hohen Frau, namens des *Jüdischen Frauenbundes* zu überreichen, bin ich am 3. März in Bukarest eingetroffen. Zu meinem Bedauern hörte ich dort, daß die Königin leidend sei und zur Zeit keine Audienzen erteile, sie habe jedoch von der Petition Kenntnis genommen, und da sie deren Gegenstand, die Bekämpfung des Mädchenhandels, lebhaft interessiere, möchte ich die Angelegenheit mit einer Hofdame besprechen. Ich tat dies, doch war eine Schriftstellerin, die, man darf wohl sagen, freundschaftliche Beziehungen zur Königin hat, so liebenswürdig, mir die Möglichkeit in Aussicht zu stellen, binnen kurzer Zeit doch noch von der Königin empfangen zu werden.

Ich durfte mir diese Möglichkeit als Beauftragte des jüdischen Frauenbundes nicht entschwinden lassen und beschloß, einige Tage im Lande dazu zu benutzen, im Sinn meiner Aufgabe Umschau zu halten und solche Personen aufzusuchen, die sich bereit finden lassen würden, an einer Bekämpfung des Mädchenhandels werktätigen Anteil zu nehmen.

Daß eine solche Agitation im Lande zu einer unerläßlichen Notwendigkeit geworden ist, darüber war bei denjenigen, die die Verhältnisse des Landes kennen, nur eine Stimme. Um so unbegreiflicher mag es aber erscheinen, daß manche Kreise in Unkenntnis der Dinge leben und daß die Wissenden nie ein Wort der Aufrüttlung gesprochen, nie einen Versuch der Sanierung getan; auch solche Männervereinigungen nicht, die von ihren westeuropäischen Brüdern auf die Schädigung aufmerksam gemacht sein mußten, die dem Volkswohl und der Volksgesundheit aus der sogenannten »orientalischen Lebensauffassung« erwächst.

Ich habe sowohl von Juden und Nichtjuden aus allen Schichten der Gesellschaft sehr viel Bedauerliches und Beschämendes erfahren, dagegen hatte ich aber auch die Freude, bei vielen Personen nicht allzuschwer Interesse, und wie wir hoffen wollen, tatkräftige Freunde für unsere Frauenmission zu finden. Ich nenne in Bukarest an erster Stelle Herrn Rabbiner Dr. Beck, der sich zu der seelsorgerischen Seite der Aufgabe bekannte; Frau Rosa Staadecker, eine in sozialer Arbeit und sozialem Denken geschulte Frau, Herrn Schwarz, Dr. Stern und andere, die in der Erkenntnis der Wichtigkeit unserer Bestrebungen eine kleine Konferenz zusammenberiefen, in der ich die Ziele unseres Bundes im allgemeinen und die Gründung von Auskunftstellen für Frauen und Mädchen im besonderen auseinandersetzen konnte. An Wohlfahrtseinrichtungen scheint Bukarest – das trotz seiner 50 000 jüdischen Einwohner keine Gemeinde ist, nicht sehr reich; alle Kraft wird für die Schulen verwendet, deren es 15 gibt und die ganz aus eigenen privaten Mitteln erhalten werden müssen.

Nach einigen Tagen in Bukarest ging ich nach Braila, wo ich durch die liebenswürdige Vermittlung von Herrn und Frau Focsaniam sehr rasch meinen Weg zu denjenigen Persönlichkeiten fand, die für unsere Ideen zu gewinnen waren. Dr. Nosteriano bestätigte als Arzt und gründlicher Kenner die Verhältnisse und die Notwendigkeit sie zu ändern; im Hause der Frau Dr. Adler hatte ich Gelegenheit, in einem kleinen konfessionell gemischten Kreise über den Zweck meiner Reise zu sprechen, und was unter Umständen das Wertvollste sein kann, ich hatte Gelegenheit, mit dem Deputierten Herrn Constantin Alessien über den Mädchenhandel von sozialpolitischer und volkshygienischer Seite zu sprechen.

Er erschien interessiert und zugänglich und versprach jede Agitation zu unterstützen, die dann am meisten Erfolg verspräche, wenn aus einer Initiative der Königin, den maßgebenden Kreisen im Lande das Zeichen gegeben werde, sich offiziell zu dieser Aufgabe zu bekennen.

Braila ist eine jüdische Gemeinde, deren Mittel auch durch die Erhaltung der Schulen sehr in Anspruch genommen sind. Eine Eisenbahnstunde von Braila entfernt ist Galatz, gleich Braila ein Hafen und darum für den Mädchenhandel ein wichtiger und für dessen Bekämpfung ein notwendiger Punkt. Auch hier für alle Teile und Schichten der Bevölkerung die Notwendigkeit, gewisse Begriffe und Anschauungen zu revidieren. Ich konnte gar nicht oft genug sagen, daß wir Frauen die Bekämpfung des Mädchenhandels absolut nicht nur als Gegenstand sentimentaler Caritas betrachten wollen, sondern als eines der unerläßlichen Mittel, Volksgesundheit und Volkswohl zu verbreiten, resp. zu erhalten.

Volles Verständnis für alles, was ich vorzubringen hatte, fand ich in Galatz bei den Damen Frau Wendel-Halford und Frau Konsul Schmierer, ebenso bei der Frau Orenstein und Frau Glaser, die versprach, zur Bildung eines Komitees Herrn Glaser zu interessieren, der in seinem Amt als Inspektor der Donau-Dampfschiffahrt unserer Sache unschätzbare Dienste leisten kann. Der Handel geht natürlich den abgelegenen und weniger kontrollierten Wasserweg, oft auf Frachtschiffen, und es wird bei den Konferenzen immer wieder auf die Notwendigkeit einer Schiffsmission hingewiesen werden müssen. Galatz ist eine jüdische Gemeinde und besitzt außer den Schulen Wohlfahrtsanstalten, die sowohl der Opferwilligkeit als dem Verständnis der Gemeinde ein schönes Zeugnis ausstellen. Bemerkenswert als Bau durch seine Einrichtung ist das unter der Leitung von Dr. Feldmann stehende Hospital, dem nur eine Oberin und geschultes weibliches Pflegepersonal fehlt, um es zu einer vorbildlichen Anstalt für das ganze Land zu machen. Die Krankenpflege als Beruf für die gebildete Frau ist im ganzen Lande gänzlich unbekannt. Auch ein Asyl für Alte und Einrichtungen für Kinderspeisung sind schön. Hervorragend ist die Mädchenschule, deren Neubau durch Mittel der *J.C.A* ausgeführt ist und wo leider die Beschränkung der Kinderzahl auf 250 nur durch die Beschränkung der Mittel geboten ist. Frau Wendel vermittelte mir noch eine Rücksprache mit dem Stadtpräfekten Herrn Gussi, ebenso mit dem Gemeindevorstand Herrn Gottesmann und dem bekannten Vertreter des Zionismus Herrn Pinclas, und so hoffe ich, daß sich auch die maßgebenden Kreise von Galatz bald zu einem Komitee für eine Auskunftstelle zusammenfinden werden.

Der wiederholten Aufforderung, solange in der Stadt zu bleiben, bis die Konstituierung eines Komitees erfolgt, konnte ich natürlich nicht nachkommen. Am 13. März kehrte ich wieder nach Bukarest zurück und hatte die Freude, am 14. morgens die Mitteilung zu bekommen, daß ich noch am selben Tage zur Audienz bei der Königin erscheinen solle.

Es waren für mich höchst interessante eineinhalb Stunden, die die hohe Frau in anregendstem Gespräche mir zu widmen geruhte. Eine Frau, gütig, klug, liebenswürdig, von feinem sozialen Empfinden beherrscht, ist Königin Elisabeth von Rumänien diejenige, von der für das ganze Land die Initiative werktätiger Hilfe in modernem Sinne ausgeht, und nach kurzer Zeit, die man in dem Bann der Persönlichkeit Carmen Silvas steht, findet man die Begeisterung begreiflich, die ihr aus allen Schichten der Bevölkerung entgegengebracht wird. Die Königin versteht ebenso gut zu fragen als zu sprechen, und mit großem Geschick steuert sie die Konversation, die die hervorragendsten Punkte des modernen Frauenlebens berührte: Mädchenhandel im Zusammenhang mit Erziehungsfragen, Frauenkleidung, Frauenstimmrecht, Mutterschutz, Wohlfahrtseinrichtungen jeder Art, Abolition, Alkoholismus und vor allem die Judenfrage. Wenn die Königin Einfluß auf die Politik hätte, die vorläufig in Rumänien wie anderwärts ein Reservat der Männer ist, dann würde den rumänischen Juden sicher mehr Gerechtigkeit zuerkannt werden. In den sozialen Einrichtungen, die der Initiative und dem Einfluß der Königin unterstehen, duldet sie keine soziale Unduldsamkeit. Ihre Lieblingsschöpfung ist das Blindenheim »Vatru luminoasa Elisaveta«, die zukünftige Blindenstadt. Bis heute fanden 153 Blinde Aufnahme, darunter 17 jüdischer Konfession, und drei jüdische Blindenlehrer unterrichten. Die Königin selbst sagte mir, daß diejenigen jüdischen Blinden, die Wert darauf legen, aus einer jüdischen Restauration beköstigt werden.

Bei dem, wie die Königin selbst sagte, »brennenden Interesse«, das sie längst den verschiedenen Teilfragen entgegenbrachte, die in der Bekämpfung des Mädchenhandels zusammenlaufen, glaube ich zuversichtlich, daß die Petition des jüdischen Frauenbundes der äußere Anstoß gewesen sein wird, daß man sich auch in Rumänien offiziell zur Bekämpfung des Mädchenhandels bekennen wird, und wenn ich auch immer wieder hören mußte, wie zu unserer Schande, Juden an dem Markte beteiligt sind, so dürfen wir jüdischen Frauen auch mit einer gewissen Befriedigung konstatieren, daß wir anfangen auf dem Wege der Bekämpfung des Mädchenhandels Erfolge zu erringen, indem wir unerschrocken für Recht und gute Sitten eintreten.

Über die Verantwortung der jüdischen Frau

Beschäftigt sich die Konferenz auch ihrem Namen nach nur mit dem Schutze von Tausenden unserer jungen Stammesgenossinnen, so steht doch in ungeschriebenen Zeichen Ehre und Ansehen, Gesundheit und die sittliche Wurzelständigkeit der jüdischen Volksgesamtheit auf der Tagesordnung. Wenn es uns gelingt, diesen Gedanken so überzeugend herauszuarbeiten, daß er in der Judenschaft ein erhöhtes Gefühl der Verantwortlichkeit erregt, dann hat die Konferenz Großes geleistet.

Ich möchte es versuchen, den Standpunkt, den die jüdischen Frauen zur Bekämpfung des Mädchenhandels einnehmen, zu beleuchten.

Um dieser Aufgabe – trotz der gegebenen kurzen Zeit – einigermaßen gerecht werden zu können, sowohl in den Tatsachen wie in den Postulaten, die wir aufzustellen haben, muß ich ziemlich weit ausgreifen und ebenso meine persönlichen Erfahrungen aus der allgemeinen Fürsorgetätigkeit, als auch solche von meinen Studienreisen heranziehen.

Ich glaube aber, daß der Umstand, daß die gegenwärtige Konferenz, die die Bekämpfung des Mädchenhandels jüdisch international und sozial zu beleuchten wünscht, meiner Auffassung und meinen Ausführungen die nötige Berechtigung gibt. Ich erinnere mich noch der Zeit, da trotzdem ich schon einige Jahre in sozialer Hilfsarbeit tätig war – zum erstenmal das Wort Mädchenhandel an mein Ohr klang. Es war mir fremd, und ich wußte nicht, was es bedeutete, und konnte gar nicht fassen, daß es Menschen geben sollte, die Menschen, Mädchen und Kinder, kaufen und verkaufen zu Zwecken, die meinem damaligen Erfahrungskreise auch so fern lagen wie vielleicht heute noch manchen von Ihnen.

Und die grauenhafte Tatsache der Existenz eines Mädchenhandels, sie bedrückte und verfolgte mich. Ich forschte, hörte, ließ mich belehren, und ich erfuhr zu dem an sich Schrecklichen noch das tief Beschämende: viele Juden sind Händler, viele jüdische Mädchen sind Ware. Man sagte es nicht laut, man flüsterte sowohl von jüdischer wie von christlicher Seite; die Juden, sogar solche, die an der Spitze philantropischer Institutionen standen, glaubten die Angaben nicht und sprachen von Verleumdung! Die Christen sprachen davon, wie von etwas längst Gewußtem, Selbstverständlichem. Mir kam es unglaublich vor. In unserem Volke, dessen Ethik so einfach und logisch Sittlichkeit bedeutet, in unserem Volke, dessen Familienleben vorbildlich rein genannt wird, Juden sollten Händler, Ware, Konsumenten sein?

So widerstrebend und widerwärtig uns der Gedanke auch sein mag, er ist Tatsache, wir können sie nicht verleugnen. In den beiden Arten von Handel, im Außenhandel und im Innenhandel, sind Juden in großen Verhältniszahlen beteiligt. Unter Außenhandel sind, wie Sie wissen, all' die komplizierten verbrecherischen Vorgänge zu verstehen, die aus Ueberredung, Vorspiegelung falscher Tatsachen, Verführung, Kuppelei, Freiheitsberaubung usw. zusammengesetzt, Mädchen dazu bringen, ihre Heimat zu verlassen und in fremden Ländern der Prostitution als Erwerb zugeführt zu werden. Wie bekannt, sind die Händler und Agenten vielfach Frauen, kapitalkräftige Kaufleute, die oft unter dem Deckmantel größter Ehrbarkeit ihr Geschäft betreiben. Fast ebenso unfaßlich wie das Gewerbe selbst ist, daß in Rumänien sowie in Galizien die Mädchenhändler als solche in den jüdischen Gemeinden gekannt und dennoch geduldet sind. In einigen Orten, die ich besuchte, hat man mir am Samstag Nachmittag solche Herren gezeigt, die mit Kaftan und Schläfenlocken scheinbar fromm einher wandelten und vielleicht im stillen im üblichen Corso ihre Auswahl trafen und Pläne machten.

In einer großen österreichischen Stadt wurden mir jüdische Frauen genannt, Besitzerinnen von Mietshäusern, die ihr Vermögen notorisch durch Mädchenhandel gesammelt hatten. Von der einen wußte man, daß sie z. Zt. auf dem Wege nach Indien war und daß sie bestimmte Beziehungen zu ihrer Heimat erhalte.

Ich bin nicht imstande, Ihnen zu sagen, ob zwischen den Händlern wirklich ein »Trust«, ein Ring, besteht, oder ob sie ihre Geschäfte vereinzelt in kleinen Compagnien betreiben. Sicher ist nur, daß die Polizei und die anderen Behörden vielfach von den Verhältnissen Kenntnis haben, daß sie aber, wenn es nicht zu einem eklatanten Skandal kommt, keine Eingriffe tun. Das gilt nicht nur von den vielfach angeführten Ländern östlicher Unkultur. Auch in anderen Staaten, anderen Weltteilen sollen Polizeiorgane oft die Schutzpatrone der Mädchenhändler sein.

Tatsache ist, daß die Juden selbst vielfach beide Augen zudrücken. Für die armen Juden in Osteuropa kann dafür die Entschuldigung angeführt werden, daß die einzelnen so sehr mit ihren eigenen Nöten und Kämpfen zu tun haben, daß sie nicht die Zeit und nicht die Kraft haben, ihrem sittlichen Empfinden nachzugehen und einen schwierigen Kampf gegen Gewalten aufzunehmen, deren Macht in der tolerierten Unsittlichkeit festwurzelt. Aber auch besitzende Juden, die kraft ihres Vermögens sich einer gewissen Autorität erfreuen, denken nicht daran, die Gemeinde von Elementen zu säubern, die ihnen zur Schande gereichen. Gleichgültigkeit und frivole Lebensanschauung, die nur Erwerb und Genuß als erstrebenswerte Ziele kennen, lassen die sogenannte jüdische Intelligenz in Galizien und Rumänien zu Mitschuldigen der Mädchenhändler werden. Und wo es mir aber noch geglückt ist Interesse und Verständnis für die Schmach der vorhandenen Zustände zu erwecken, da waren es Frauen, die sich zum Kampf aufrufen ließen. Leider sind deren noch gar wenige. Neben dem Außenhandel, über den Sie durch andere Redner noch mehr hören werden, gibt es einen blühenden Innenhandel. Es ist das Verdienst der abolitionistischen Föderation, diesen in den Bereich der internationalen Besprechungen gezogen zu haben. Dieser Innenhandel versorgt die Bordelle und andere den Prostitutionszwecken dienende Unternehmungen, wie Animierkneipen, Variétés, Damenkapellen usw. mit dem nötigen Mädchenmaterial, das, um das Publikum immer neu anzulocken und anzureizen, beständig ausgewechselt, also neu angeworben und weiter geschickt werden muß. Die Agenten auch dieses Handels sind vielfach Juden und Jüdinnen, ebenso wie die Bordellhälterinnen es sind. Ich habe in einer rumänischen Hafenstadt sieben offiziell tolerierte Bordelle gesehen, von denen vier in jüdischen Händen waren. In Krakau, Lemberg, Czernowitz sind ganze Straßen vorherrschend von Juden bewohnt, die alle Art von Gelegenheitsmacherei, also im übertragenen Sinne Mädchenhandel zu ihrem Gewerbe haben.

Was von diesem Innenhandel zu sagen ist, bezieht sich absolut nicht nur auf Osteuropa, sondern es gilt für die ganze Welt, nur sind vielleicht in den Ländern der Kultur und Hyperkultur die Formen glatter, das Laster verhüllter; in den Centren des Großstadtlebens ist kein Grund vorhanden, mit Kopfschütteln von der Sittenverderbtheit der Osteuropäer zu sprechen.

Und wie verhalten sich die Frauen im allgemeinen, die jüdischen im besonderen zu diesen Verhältnissen?

Mit Ausnahme einer relativ verschwindend geringen Anzahl ist den Frauen die Ausbeutung und die Sklaverei ihrer Geschlechtsgenossinnen nur wenig bekannt. Viele werden von den Männern absichtlich in Unkenntnis der Tatsachen gehalten, weil die Männer an dem verstaubten Ideal der unwissenden Frau festhalten. Die meisten Frauen sind aber gleichgültig. Wenn sie manchmal durch Sensationslüsternheit, oder Neugierde, aus Büchern oder durch einen Blick in die Wirklichkeit von gewissen Vorgängen Kenntnis bekommen und sie, erschrocken oder entrüstet, Fragen stellen, dann werden sie von männlicher Seite meist dahin belehrt: »Das muß so sein, die menschliche, die männliche Natur braucht diese Opfer.«

Daß dieses Argument nur in beschränktem Maße gilt, daß die Zunahme der Prostitution und damit verbunden, die Zunahme der Geschlechtskrankheiten eine ebenso große, vielleicht noch größere Volksgefahr bedeutet, wie z. B. ein Krieg, das wird den Frauen verschwiegen. Und so geht dann die jüdische Frau, nicht anders als die nicht-jüdische, gleichgültig oder mit einem frivolen Lächeln – je nach ihrem Charakter oder dem Ton, der in ihrem Kreise gilt – an den Plakaten, Annoncen, deutlichen oder verhüllten Schaustellungen und Anpreisungen von Ware auf dem Menschenmarkt vorbei. Betrachtet man die Ware, die der Moloch Prostitution braucht und verschlingt, dann sieht man in den Ländern des Ostens wieder in erschreckender Menge jüdische Mädchen, die ihm verfallen, indem sie Prostitutionsware für die ganze Welt, bis nach den Bordellen von Japan bilden.

Als Ursache dafür wird meist die ökonomische Notlage der jüdischen Bevölkerung in Rußland, Galizien und Rumänien angegeben.

Daß die ökonomische Not einen großen Faktor in der Frage bildet, ist zweifellos. Mir scheint die geistige Not und der Zerfall des Familienlebens ein noch größerer und unendlich schwerwiegenderer. Aber ich habe noch andere Gründe beobachtet, Erziehungssünden, verschrobene Anschauungen von Ehre und Schande, der Begriff der Minderwertigkeit des weiblichen Geschlechtes, seine Auffassung als nur Geschlechtswesen u. a. Stellt man diese Verhältnisse in Verbindung mit dem niedrigen Niveau der sittlichen Begriffe der besitzenden Klasse jener Länder – bei Juden und Christen – dann werden die traurigsten Vorkommnisse erklärlich, ebenso erklärlich, wie es die Parallelerscheinungen in Westeuropa und Amerika sind, wo die gleichen Ursachen, Geschlechtsegoismus und kurzsichtige Sozialpolitik, die gleichen Wirkungen hervorrufen.

Die Nichtachtung der Menschenrechte der Frau, die in der doppelten Moral ihren Ausdruck findet, läßt sie zur Ware herabsinken.

Und wenn wir wieder fragen, wie verhält sich die Frau, die besitzende jüdische Frau, diesen Verhältnissen gegenüber, in der ganzen Welt, in Osteuropa, in Westeuropa, in Amerika?

Bedauerlicherweise ist zu konstatieren: die wenigsten Frauen haben den moralischen Mut, sich derer anzunehmen, denen in der Mangelhaftigkeit ihrer moralischen Ausrüstung die übermenschliche Kraft fehlte, allein dem Ansturm der Verhältnisse zu trotzen. Die wenigsten haben den Willen und das Verständnis, schützend, vorbeugend, helfend, stützend, im einzelnen sowie im großen, an ihren bedrängten Schwestern Menschenpflicht zu üben. Doch sind uns, was den Mädchenschutz betrifft, die christlichen Frauen allerorts voraus.

Die katholischen sowie die protestantischen Frauen sind darin von ihren Geistlichen angeregt und unterstützt, und es entwickeln sich die christlichen Mädchenschutzorganisationen auf beschränkt confessioneller Basis. Die Rabbiner sollten sich eingehend mit der Frage des Mädchenhandels und der Prostitution befassen und die heute aller Welt bekannten Tatsachen energisch ins Auge fassen.

Daher gibt es für die jüdischen Mädchen wenig Schutz, weder den Händlern noch den Konsumenten gegenüber. Daraus ergibt sich die folgende Sachlage: Der internationalen Convention zufolge schützen die Staaten die ihnen politisch zugehörigen Mädchen und zugleich schützen die beiden christlichen Confessionen ihre Glaubensschwestern. Die meist gefährdeten Mädchen, die Jüdinnen aus Rußland, Rumänien und Galizien, genießen nicht nur keinen staatlichen Schutz, sondern sie werden durch die antisemitische Tendenz ihres respektiven Vaterlandes geradezu zum Prostitutionsgewerbe getrieben. Wenn wir Juden nicht anfangen, unsere Schuldigkeit zu tun, dann können wir die Schmach erleben, daß je mehr christliche Mädchen dem Marktverkehr entzogen werden, um so mehr und um so sicherer wird die jüdische Ware die Nachfrage zu bestreiten haben.

Und so wie wir Händler und Ware jüdisch wissen, so wissen wir auch, daß viele Konsumenten jüdisch sind. Das was Jahrtausende hindurch das Bollwerk des Judentums war, die Reinheit des Familienlebens, wir sehen sie benagt und untergraben. Der Mißbrauch von Freiheit unter der Jugend, die abnehmende Autorität der Eltern, Assimilation mit den Lastern der christlichen Gesellschaft, vereinen sich, den Verfall der Familien einzuleiten und zu beschleunigen. Einerlei, ob ein reicher Mann sich eine Maitresse oder mehrere hält, ob ein minder reicher vorübergehend und gewissenlos außerhalb seiner Ehe unter dem Schlagwort »polygamer männlicher Veranlagung« seine Opfer sucht, ob Einjährige, Studenten, Gymnasiasten, junge Kaufleute »das Leben kosten« oder »sich ausleben« wollen, immer sind diese männlichen Prostituierten Konsumenten, deren Käufermoral eine so niedere ist, daß sie die grauenhafteste Ausbeutung der Ware selbst bedeutet.

Ich habe hier nicht auf die Einzelheiten der Einwirkung hinzuweisen, die den Mann als Konsumenten im Mädchenhandel zum Zerstörer des Familienlebens, des Familienglückes und der Familiengesundheit macht; er vergeudet Volkskraft in jedem Sinne des Wortes.

Und die Frau, die jüdische Frau als »Hüterin der Familie«, wo bleibt sie? Es ist nicht wahr, daß die veränderten Zeiten, das freie Denken die für ihre Rechte kämpfende Frau von ihren Pflichten als Gattin und Mutter befreit hatten. Im Gegenteil, die denkende Frau muß sich heute noch mehr bewußt werden, daß abgesehen von den Persönlichkeitswerten, die in der Familie zu pflegen sind, die Familie das Element des Staates und des Stammes ist. Staats- und stamme-serhaltende Aufgaben drängen sich daher der modernen Frau von allen Seiten auf. Wenn sich auch die allgemeinen Bedingungen, unter denen wir heute leben, gegen frühere Zeiten geändert haben, so bedeutet das nur, daß sich für die Frau die Formen und Mittel ändern müssen, durch die sie nach wie vor »die Hüterin der Familie« bleiben muß.

So wie in die Hand und unter die Verantwortung der jüdischen Frau die Ausführung von Ritualgesetzen gelegt worden waren, die das Haus »koscher«, d.i. rein erhalten sollten, so liegt es auch in der Hand, d.h. in dem Willen und dem Verständnis der Frau, durch Festhalten an den Moralgesetzen das Haus und die Familie für die höchsten Ziele der Fortentwicklung tauglich zu gestalten.

Mit seinen Sinnen hat sie aufzunehmen, mit Klugheit und Takt hat sie zu benutzen und zu verweben, was das Leben draußen an Erfahrungen darbietet, denn sie ist die Erzieherin der Kinder, der Knaben und der Mädchen.

Und da diese Konferenz uns Frauen auffordert, an der Bekämpfung des Mädchenhandels teil-zunehmen, so möchte ich Ihnen diese Aufgabe in deutlicher Zweiteilung ans Herz legen: die eine Seite ist die äußere, soziale Fürsorge für gefährdete, bedrohte und entrechtete Mitschwe-stern, die andere ist das Vertiefen in Probleme, deren Bedeutung und Erhabenheit sie reinigt von dem, was ihnen für die alltägliche Oberflächlichkeit an Schmutz anhaftet.

Haben wir uns heute als Juden hier zusammengefunden, um die Aufgabe in ihrer Gänze auf uns zu nehmen, so geschah es in der Erfüllung des die ganze Ethik des Judentums begreifenden Wortes: »Liebe Deinen Nächsten wie Dich selbst!«

Aber ich möchte Ihnen noch ein Kampfwort mitgeben: »Es genügt nicht, kein Unrecht zu tun, man darf auch nirgend Unrecht dulden.«

Reise-Eindrücke von einer Orient-Reise

Sie haben gestern viel von der katholischen Caritas und von der protestantischen Inneren Mission gehört. Als Vertreterin des *Jüdischen Frauenbundes* habe ich Ihnen heute von jüdischer Arbeit zu sprechen. Selbstverständlich haben wir in der Wohlfahrtspflege auch unsere jüdische Caritas und in der Erziehung unserer Jugend unsere innere Mission: aber heute will ich Ihnen von unserer Arbeit zur Bekämpfung des Mädchenhandels nur von dem sprechen, was praktisch und dem Geiste nach international in die Arbeit des *Deutschen Nationalkomitees* eingreift. Es fügt sich gut, daß gerade das, was ich über Bordellwesen vorzubringen habe, auch als Vertreterin der jüdischen Frauen, ein lebhafter Protest gegen die Anschauungen des jugendlichen Diskussionsredners von gestern abend sein wird in seiner Stellungnahme für die Reglementierung und in unserer Zurückweisung alles dessen, was die Reglementierung zeitigt.

Ich glaube, daß ich am raschesten und besten in meine Materie eindringe, wenn ich meinen Antrag vorbringe, den ich dem *Deutschen Nationalkomitee* vorlegte, dieser lautet:

»Das *Deutsche Nationalkomitee* möchte bei dem Bund deutscher Exporteure in Hamburg oder bei anderen Stellen anregen und erwirken, daß der Verband Schritte tue, für die jungen Reisenden in Rumänien und auf dem Balkan einwandfreie Pensionen und Logierhäuser ausfindig zu machen evtl. zu begründen.« Es ist von höchster Wichtigkeit, die Hotels jener Gegenden, die zum größten Teil Bordelle sind oder doch den jungen Reisenden die Gepflogenheiten öffentlicher Häuser aufdrängen, auszuschalten.

Zur Erklärung lassen Sie mich sagen, daß der ganze Balkan fast in allen seinen Unterkunftsstätten für die Reisenden ein Wohnen in Bordellen bedeutet. Es ist nicht zahlenmäßig nachzuweisen, aber es ist ganz fürchterlich zu denken und für jeden anständigen Menschen geradezu widerlich, daß es Donau abwärts wenige Hotels gibt, in denen man wohnen kann, ohne das Gefühl zu haben, in einem Haus zu sein, in dem alles frei und möglich ist. Es ist garnicht möglich, daß ein junger Mann, der dort reist, sich diesem Einfluß entziehen kann. In den kleinen und mittleren Hotels kein Bad (dagegen die Badeanstalten öffentliche Häuser), kein Lesezimmer, keine Schreibgelegenheit und damit der Zwang, öffentliche Lokale aufzusuchen, die den Reisenden auf ihre Art ausbeuten. Deshalb halte ich es heute für kein Glück, wenn ein Mann, sei er Familienvater oder unverheiratet, Reisender für den Balkan wird, denn es ist fast unmöglich, daß er sich absolut von dem Schmutz fern hält und da nicht nach irgend einer Richtung infiziert wird von dem, was einfach als landesüblich gilt.

Ich denke natürlich nicht an eine »Bevormundung« der Reisenden. Die Menschen, die in die Welt hinausgehen, müssen wissen, was ihnen bevorstehen kann. Sie müssen eine gewisse Kraft haben, moralisch und physisch, um den Dingen, die ihnen begegnen können, gewachsen zu sein. Aber es muß auch jede Familie oder jede Firma, die den Sohn oder den Reisenden nach dem Balkan hinausziehen läßt, sich doch sagen: da schicken wir unseren Reisenden, unsern Sohn in eine große Gefahr. Wenn eine Firma weiß, daß irgendwo die Cholera herrscht, wird man wahrscheinlich die Reisenden zurückziehen. Die Krankheiten aber, denen der junge Mann stillschweigend ausgesetzt ist, sind mindestens so schlimm wie diejenigen, die irgend eine Epidemie für sie darstellen würde. Darum muß aber die Möglichkeit geschaffen werden, daß junge Leute auf ihren Geschäftsreisen zu zivilen Preisen einwandfrei wohnen können. Wie ich die Dinge kennen gelernt habe, ist diese Möglichkeit nur in sehr wenigen Hotels gegeben.

In diesem Sinne möchte ich Sie bitten, meinen Antrag anzunehmen.

Mein Vorschlag geht dahin, daß der Verein deutscher Exporteure oder eine andere in Betracht kommende Stelle dahin wirken möge, daß in jeder der meist bereisten Städte des Balkans ein Haus so geführt werde, daß ein anständiger Mensch dort wohnen kann, ohne daß es ihn anwidert, ohne daß er gezwungen ist, aus geschäftlichen Rücksichten mit Menschen übelster Sorte verkehren zu müssen. Ich erinnere Sie an dieser Stelle an die Anekdoten und Reiseabenteuer, die von »da unten« kursieren und die wohl in meinem Sinne ernst genommen zu werden verdienen.

Ich habe meinen Antrag dem *Deutschen Nationalkomitee* übergeben und habe noch gebeten, über andere Dinge sprechen zu dürfen. Einen vollständig ausführlichen Bericht über meine

Orientreise zu geben, ist mir natürlich im Augenblick nicht möglich. Ich werde diesen Bericht in wenigen Tagen einsenden und möchte hier nur einzelne Punkte hervorheben.

Neben diesem einen praktischen Vorschlag, der für den Balkan zu machen wäre, ist dort eine große Aufklärungsarbeit notwendig. Zufällig konnte ich in Belgrad der Hauptversammlung des serbischen Frauenbundes anwohnen. Ich war sehr erfreut, dort eine gewisse Grundlinie fortschrittlicher Bewegung unter den Frauen vorzufinden. Allerdings haben mir die Frauen gesagt, daß die Arbeit unendlich schwer ist, weil der Boden für dieselbe die Bevölkerung, die ganze Anschauung, die sich dort anbietet, der Bekämpfung des Mädchenhandels – ich beschränke mich heute auf dieses Gebiet, weil wir in einer Konferenz zur Bekämpfung des Mädchenhandels sind – im großen Publikum kaum anzuschneiden ist. Nichtsdestoweniger haben die Männer, mit denen ich sprach, zugestanden, daß der Balkan ein Herd des Handels, ein Herd der Seuche ist. Freilich wagt man es dort auch noch nicht, von den Dingen öffentlich zu sprechen. Ich habe mit einer Ärztin gesprochen, die mir in ihrer Weise die unendlichen Schwierigkeiten auseinandergesetzt hat, soziale Regungen in jenen Ländern hervorzurufen.

Der nachträglich eingegangene Bericht, der hier als Manuskript abgedruckt wird, lautet folgendermaßen:

Um die Notwendigkeit der Anträge, die nach meiner Orientreise der Ausgangspunkt von Besprechungen waren, nochmals zu unterstreichen, möchte ich wie auf kleinen Films einige Momentbilder an Ihnen vorbeiführen. Sie werden das Gefühl des Grauens und die Beschämung, die die Wirklichkeit in mir erweckten, nicht in der ganzen Intensität wiedergeben können. Doch hoffe ich, daß es mir gelingen wird, einen großen Kreis davon zu überzeugen, daß das Schicksal jener Mädchen, die zwischen Bordell, Hospital und Gefängnis herumgeschleudert werden – teils durch launenhafte Willkür teils durch eigenwillige der dehnbare Gesetzesparagraphen – eine Selbsterniedrigung der Gesellschaft bedeutet, die sich gerade dort taub und blind stellt, wo sie ihre Sinne besonders zu schärfen hätte.

Mein erster Eindruck auf dieser Reise war in einer großen Stadt das Spital für 140 venerisch Kranke. Dem Torbogen gegenüber führt eine kleine Türe in einen Hof. Als wir eintraten, promenierten dort eine Anzahl Kranke in unbeschreiblichen Aufzügen. Die eine trug zu dem lose und offen von den Schultern hängenden Spitalskittel silberne Schuhe mit hohen Absätzen, durchbrochene schwarze Strümpfe mit blauseidenen Strumpfbändern; eine andere einen rosa seidenen Unterrock, dazu eine schmutzige Nachtjacke; manche hatten Frisuren mit Kämmen, Nadeln, Bändern und Blumen, anderen hingen wirre Haarsträhnen wild um den Kopf. So lachten und schwatzten und schimpften sie laut durcheinander – ein Bild aus einer Irrenanstalt, wie sie selbst als solche nicht sein dürfte. Meine Begleiterin und ich begaben uns dann, gefolgt von den neugierigsten der Mädchen, in die Krankensäle. Da lagen, saßen und hockten sie auf oder in den Betten, Mädchen aller Konfessionen, meist im Alter von 16-25 Jahren, in Stellungen und Bewegungen, mit einem Ausdruck von Verkommenheit oder Stumpfheit auf den Gesichtern, daß wir beide Mühe hatten, unsere Bewegung zu unterdrücken.

Ein Kind von 16 Jahren lag mit fieberroten Wangen da, denn es hatte eine Einspritzung mit 606 bekommen; ein anderes in einem gelbseidenen Hemd mit Spitzen garniert – lachte Tränen – über unseren Besuch und unsere Absicht, mit den Mädchen zu sprechen; eine schämte sich und steckte den Kopf ins Kissen; eine saß, nur mit einem tief ausgeschnittenen Hemd bekleidet aber sorgfältig frisiert, und schrieb Ansichtskarten; manche hatten allerlei Eßwaren, die sie genäschig oder gefräßig verzehrten. Darüber waltete als Hüterin, ein faßdickes, schwer bewegliches Weib, dessen beste Eigenschaft eine gewisse Gutmütigkeit schien, eine Gutmütigkeit, die aber sicher auch einem Staffeltarif von Trinkgeldern unterworfen ist.

Eine Ecke, durch einen schmutzigen Vorhang von dem Saal abgetrennt, ist vermutlich der Raum, wo der Arzt entscheidet, wann ein Mädchen wieder geeignet befunden wird, ihren »Erwerb« aufzunehmen, um nach kurzer Zeit wieder krank genug befunden zu werden, daß die Stadt Spitalskosten an sie wendet. – Keine Arbeit, kein Buch, kein freundliches, erziehendes oder ermutigendes Wort, kein Versuch, die Jüngsten wenigstens von den Verdorbensten zu

trennen und sie einem gesunden, arbeitsamen Leben zuzuführen. Nichts dergleichen – vom 16.
Jahre an die Sicherheit, eine Dirne zu sein und zu bleiben.

In einer anderen Stadt Donau abwärts sind fünf neugebaute Bordelle. Sechsundfünfzig »eingeschriebene Mädchen« gewähren der Stadt, die die öffentlichen Häuser eingerichtet hat, durch
die Preisgabe ihres Körpers eine gute Rente. Die Häuser sind an Wirte oder Wirtinnen verpachtet, die die Hälfte des Geldes für einen Besuch (Normaltaxe Frs.2.-) direkt einstreichen und die
natürlich noch an dem Alkohol und anderem Konsum ihre weitere Einnahme haben. Nicht gerechnet die Erpressungen und Übervorteilungen, durch die sie sich an den Mädchen bereichern,
die ihren ganzen Gebrauch an Kleidern, Wäsche, Schmucksachen etc. nur durch diese unsauberen Zwischenhändler kaufen können. Zu dem Widerlichsten, was ich erlebte, gehörte dort ein
Gespräch mit einem Wirt, der mir den hygienischen Wert seines Instituts auseinandersetzen
wollte. Dieser Ehrenmann war erst Metzger, dann Klavierspieler, und zum Schluß hatte er als
Bordellwirt seinen wahren Beruf entdeckt.

Natürlich wagen die Mädchen in und außer der Hörweite dieses Mannes nichts anderes zu sagen, als daß sie sich unter seinem Dache wohl und ganz zufrieden fühlen. Bei der Brutalität ihres
Sklavenhalters hätte eine abfällige Bemerkung ihnen schlecht bekommen können. Was nun die
Häuser betrifft, so liegt in dem Treiben in den »Salons«, wenigstens zu der frühen Abendstunde,
in der der Alkohol noch nicht alle Hemmungen weggeräumt hat, noch ein gewisser Schein von
einfacher Heiterkeit. Doch welche Roheit und Niedrigkeit mag sich entfesseln, wenn sich die
Türen hinter den Einzelzimmern schließen, hinter denen die Opfer mit stereotypem Lächeln
verschwinden.

Ich werde das junge Mädchen nie vergessen, das mit blondem, gescheiteltem Haar, alabaster-
nem Teint, in einem einfachen hellblauen Kleidchen, mit wiegenden Tanzschritten einigemal
lächelnd an mir vorbei glitt. Ich sprach sie an, sie reichte mir die Hand und setzte sich wie ein
wohlerzogenes Pensionsfräulein zu mir.

Dann hörte ich, daß sie zwanzig Jahre alt sei, früher ein Jahr in einer anderen Stadt, seit
zwei Jahren in diesem Bordell lebe.

Während der Zeit hatte sie immer bei Tag geschlafen und bei Nacht »gearbeitet«. Mir wurde
so weh zumute, als sie gar lieblich anzusehen, neben mir saß.

»Haben Sie gar keine Sehnsucht, aus diesem Haus, das wie ein Gefängnis für Sie Alle ist,
herauszukommen? Es ist doch zu schade um Sie, daß Sie hier so elend zugrunde gehen werden«,
sagte ich.

»Ich bin's jetzt so gewöhnt«, sagte sie, »ich bin seit zwei Jahren nicht mehr draußen gewesen.«

Sie lächelte freundlich, erhob sich und tänzelte im Takte des Gassenhauers, der auf dem Piano
gespielt wurde, einem Manne, der eintrat, entgegen. Ich wußte nun, woher das Mädchen diesen
alabasternen Teint hatte, der so gut zu dem blauen Kleidchen stimmte: sie hatte zwei Jahre lang
die Sonne nicht gesehen.

Sie war 20 Jahre alt, seit ihrem 17 Jahre eingeschriebene Prostituierte und kein Mensch
hatte sich je zum Guten um sie gekümmert.

Und weiter hörte ich in einer anderen Stadt, daß auch hier das Prostitutionswesen eine Quelle
großer kommunaler Einnahmen bilde. Ein neu angestellter Arzt zeigte mir voll Stolz die Häuser
und angrenzende Spitalsanlagen. Er erzählte mir, wie gut es den »Mäderln« geht. Wenn sie
gesund sind, haben sie – da sie nicht ausgehen dürfen – Wagen und Pferde zur Verfügung, um,
natürlich unter Aufsicht der Bordellhüterin, ihre Einkäufe zu machen. Im Spital dürfen sie,
»wenn sie brav sind«, sich ihr Essen nach Belieben bestellen. Zur Zeit meiner Anwesenheit
waren »26 Mäderln« in den Häusern, aber der eifrige Arzt hatte schon, natürlich mit Hülfe der
rührigen Polizei, 140 auf der Liste, und er hoffte es bald auf 1000 zu bringen.

»Ist es nicht schöner bei uns, als auf der Friedrichstraße in Berlin?!« sagte er in der ehrlichen
Überzeugung, das Beste zu wollen. –

In einer Stadt mit beginnendem orientalischen Gepräge sitzt seit 20 Jahren eine Frau, die
unter dem Namen und dem Vorwande eines Café chantant in Wirklichkeit ein öffentliches
Haus führt. Wenn sie frische Ware bekommt – sie hat zwei Brüder, die sie von Galizien und

Rumänien mit Nachschub versehen, dann hält sie die jungen Mädchen, oft Minderjährige, so lange eingesperrt, »bis sie kein Heimweh mehr haben«. In einer anderen Stadt, wo sich die Brüder auch mit einem Kunstinstitut gleichen Ranges niederlassen, resp. einnisten wollten, ging ich zum Vali und bat ihn, den unsauberen Geschäftsbetrieb nach Tunlichkeit einzustellen oder doch zu erschweren. Er sprach sehr verständnisvoll und entgegenkommend und die Brüder sollten Landes verwiesen werden. Von der geschäftstüchtigen Frau hörte ich später, daß sie monatlich Tausende aufwende, um für ihren Betrieb das nötige Entgegenkommen der Polizei zu genießen, was ihr auch gelingt; das Leumundszeugnis, das dazu erforderlich ist, bezieht sie von ihrer Heimatsbehörde. Wie viel muß sie am Mädchenhandel verdienen, daß sich solche Geschäftsunkosten und das Risiko rentieren!

Eines Vormittags kam ich mit einem Vertrauensmann in eine sogenannte »Pension«. Der Tenancier mit seinem Spitzbubengesicht und seinen eleganten Manieren unterdrückte infolge dessen die ablehnenden Gefühle, die er mir gegenüber haben mochte, ebenso tat es, nur knurrend, eine große Dogge, die im Hausflur lag.

In der Pension seien nur vier Damen, von denen eine krank sei und nicht erscheinen könne, sagte der Tenancier. Er verschwand einen Augenblick und es erschienen im Salon drei Mädchen, eine Griechin, eine Türkin und eine Jüdin. Alle drei waren hervorragende Schönheiten; die schönste war die Jüdin. Da ich mit der Türkin und der Griechin nicht sprechen konnte, verschwanden sie bald. Die Jüdin in grausamtenem Hauskleid, ein feines Goldkettchen um den Hals, eine blauschwarze Haarkrone auf dem Kopf, das Bild jugendlicher Frauenschönheit, blieb in sichtlicher Befangenheit stehen. Sie sei 20 Jahre alt – als 12jähriges Kind in der Tabakfabrik sei sie schon – sie sei viel auf Reisen, in Athen und Konstantinopel – sie habe keine Angst für ihre Gesundheit – sie denke nicht an die Zukunft – sie könne und verstehe garnichts – nicht einmal schreiben und lesen. –

Schrecklich ist ein Gang durch das Prostitutionsviertel einer Stadt. Haus an Haus offene Türen, auf deren Schwellen oft ganz junge Mädchen und entsetzliche Weiber sitzen. Ich sprach einige von ihnen an: manche lachten, manche schämten sich, manche wurden ausfallend, manche weinten, einigen wäre mit gutem Willen zu helfen gewesen, sich aus dem Sumpf herauszuheben.

Trotzdem es eine Polizeiverordnung geben soll, die jungen Leuten ohne Schnurrbart den Zutritt zu den Bordellstraßen verbietet, sah ich sie doch zu zweien und dreien am hellichten Tag durch die Straßen schlendern. So lernen sie das weibliche Geschlecht kennen, wie es ihnen verächtlich werden muß, – den künftigen Gesetzgebern.

Es gibt Häuser – für's Militär! – deren Besuch nur 10 Centimes kostet.

Eine furchtbare Gefahr für die armen Umwohner des Prostitutionsviertels ist, daß Unrat und Abfälle aus den öffentlichen Häusern auf die Straße geworfen werden, von wo sie weiter gewirbelt oder verschleppt oft als Spielzeug der Kinder entsetzliches Unheil anrichten. Ein Arzt hatte erschreckende Beobachtungen gemacht. Seine Anzeige blieb erfolglos.

Wichtig und bedeutsam ist, daß das neue stehende Heer der jungtürkischen Armee, das den jungen Mann aus dem Familienleben hinausführt, zur Einführung der Prostitution unter den Muselmännern führt.

Die Fälle mehren sich, daß auch türkische Mädchen feil werden – trotz des Koran's, der den verwildernden käuflichen Geschlechtsverkehr nach europäischer Unsitte streng verpönt. Ich sah einige Prostituierte in ein türkisches Asyl für Obdachlose aufgenommen. Die »Rettung« dieser Mädchen soll sehr einfach sein – man verheiratet sie!

In einer Stadt, deren Bevölkerung ein Gemisch aller Nationalitäten darstellt, war ich durch einen Polizeibeamten in verschiedene öffentliche Häuser geführt worden, zuletzt auch bei einbrechender Dunkelheit in ein arabisches.

In einem Zimmer, dessen Steinboden Kühle, dessen blaue Vorhänge und Portieren mit schönen eingewebten Palmengruppen Verschwiegenheit garantierten, kamen uns drei Mädchen entgegen. Sie luden durch Handbewegungen und mir unverständliche Worte zum Sitzen ein, und wir reihten uns um einen großen runden Tisch, über dem eine Hängelampe brannte.

Die Mädchen waren in farbige Gewänder und Tücher gekleidet, mit Ketten und Münzen geschmückt. Zwei schienen sehr befreundet miteinander, trugen sie doch sogar gemeinsam ein Paar Ohrgehänge, jede eins im rechten Ohr.

Die beiden Mädchen waren sehr lebhaft, beweglich und kindlich neugierig, und mit Hilfe des Beamten, der in freundlicher und geduldiger Weise den Dolmetsch machte, erfuhren wir gegenseitig von einander, was wir erfragen konnten und gerne wissen mochten.

Beide Mädchen, fast noch Kinder von 16 oder 17 Jahren, waren vor einem Jahr aus Langeweile und Abenteuerlust ihren Eltern durchgebrannt. Wenn Jemand dagewesen wäre, um es in der gegebenen lokalen und landesnötigen Form einzurichten und zu veranlassen, sie wären gerade so gerne wieder heim gegangen, und wenn sie 20 Frs. mitgebracht hätten, wären sie mit offenen Armen wieder aufgenommen und bald darauf verheiratet worden.

Die Dritte saß still und feierlich mir gegenüber. Arme, Schultern, Hals entblößt, bronzebraun, von wundervollen Formen, ein unbewegliches Gesicht, über den großen dunkeln Augen ein breiter schwarzer Strich, der ihnen einen fast unheimlichen Ausdruck gab. Sie sprach nichts und fragte nichts, und ich nahm an, daß sie unserm englisch-arabisch geführten Gespräch nicht folgen konnte.

Als wir fortgingen – gegen den Wunsch der beiden gesprächigen Mädchen – reichte ich auch ihr die Hand und als wir, die dunkle Treppe hinunter tastend, wieder auf der Straße waren, sagte mein Begleiter zu mir: »Als Sie zur Türe hinausgingen, da hat das stille große Mädchen, auf Sie deutend, gesagt: Sie soll gesund sein und ihre Familie soll gesund sein, denn keine solche Frau hat noch so zu uns geredet.«

Es überlief mich wie ein Schauer bei dem Ausspruch des arabischen Freudenmädchens, der wie eine Anklage und ein Weckruf in die Frauenwelt hinausgehen soll.

Reisebriefe aus Galizien, Polen und Rußland

Hamburg, 23. 4. 1912

Liebe Frau N.!

Ich schicke Ihnen beiliegend meinen Paß, der durch die mißlungene Bemühung, ihn zu visieren, für mich vollständig vernichtet ist. Ich muß Sie also bitten, mir einen überhaupt neuen Paß zu verschaffen, denn wo immer ich hinreise, muß ich ein Legitimationspapier bei mir haben. –

Ich bitte Sie nun, aufs österreichische Konsulat zu gehen und zu versuchen, ob es ohne meine persönliche Anwesenheit geht – sonst kann Ihnen die Intervention des Herrn Sch. – die ich natürlich nicht gern in Anspruch nehme – nützen.

Diese echt russische Liebenswürdigkeit habe ich erst hier entdeckt, also war alles, was man von Telegraphieren und Bemühen schrieb, einfach gelogen.

Und da sollen die armen Juden nicht lügen, wenn sie doch leben wollen, ein Recht, das man dem Vieh einräumt.

Lassen Sie diese Mitteilung meinen ersten Rundreisebrief sein, und ich füge darum eine entsprechende Anzahl Grüße bei, die für alle reichen.

Mit Gruß und Dank

Ihre Bertha Pappenheim.

Hamburg, 26. 4. 1912
Hotel Reichshof

Liebe Frau H.!

Die Sonne scheint hier auch wundervoll, wie ich sie in Hamburg noch nie scheinen sah, aber sie macht keine so schelmischen Lichtspiele, wie die, von der Sie mir aus Frankfurt berichten. Das hängt natürlich von den Augen ab, mit denen man die Dinge betrachtet, und schelmisch brauchen die meinigen selbst bei ganz großen Ansprüchen nicht mehr zu sehen! –

Gestern abend hatte ich einen Vortrag in der Loge, d.h. im Logenhaus von irgend welchem Jugendverein sehr hübsch arrangiert. Man war zufrieden mit dem, was ich sagte. Eine Dame sagte mir nachher etwas Freundliches, oder besser wollte etwas Freundliches sagen, indem sie bemerkte »man muß doch in der Stadt, in der Sie ständig leben, froh sein, daß man Sie in der sozialen Arbeit als Beraterin hat«. Ich lehnte natürlich mit »aller Bescheidenheit« ab, wobei mir tatsächlich, wie einem Kind, die Tränen in die Gurgel sprangen. Sie ahnen nicht, wie der Frauenverein hier zu arbeiten imstande ist, wie selbstverständlich die Frauen über reiche Geldmittel für Erziehung, Unterstützung, überhaupt alle Gebiete sozialer Arbeit ausgestattet sind, und wie man sie zum Guten gewähren läßt. Die Gemeinde hat viele weitblickende Mitglieder. Es kann sein, daß die Großzügigkeit des Geschäftslebens sich, wie in der ganzen Stadt, so auch in der jüdischen Gemeinde ausdrückt. Frankfurt erscheint mir, trotzdem es süddeutsch und mir darum in seiner völkischen Art sympathischer ist, Berlin und Hamburg gegenüber doch recht rückläufig. Ich hoffe, daß diese Bemerkung, die ich in meinen Reisenotizen nicht unterdrücken darf, den echten Frankfurtern nicht allzu weh tut. Nützen wird sie natürlich nichts. –

In der Anlage sehen Sie das als Kunstwerk sehr schöne und würdige Heine-Denkmal[14], das an die Wand gedrückt, und in eine Ecke der Stadt geschoben, doppelt charakteristisch wirkt. Der Elbtunnel ist wundervoll.

Mit herzlichen Grüßen Ihrer Aller

Bertha Pappenheim.

Hamburg, 27. 4. 1912
Hotel Reichshof

Liebe Frau C! Da Sie an meinen Rundreisebriefen teilnehmen, so wissen Sie, daß und warum ich hier nicht ohne Sorgen festsitze, und ich will darüber nicht weiter sprechen.

Grund meines heutigen Schreibens ist, außer angeborener Liebenswürdigkeit, die Idee des jüdischen Volksliederabends. Ich finde sie natürlich auch gut, habe aber aus Frau N.s Brief nicht recht verstanden, was er mit oder zu der Alliance für Beziehungen haben sollte oder nicht haben sollte. Ich weiß, daß L.W. ein etwas zionistisch angehauchter, nicht in den Schuhen ältester Kultur, oder besser gesagt, in bester Kinderstube aufgewachsen ist. Persönlich kenne ich ihn gar nicht. Sollte er also Vorschriften oder Bedingungen stellen, die uns sowohl als Bund oder Verein oder Einzelperson zu etwas verpflichten wollten, pro oder contra Alliance, dann können wir auf den Plan nicht eingehen. Jedenfalls muß alles vorher klar stipuliert sein, damit wir keine Unannehmlichkeiten haben. –

28.4.

Ueber die Art der sozialen Arbeit seitens des hiesigen Frauenvereins könnte ich viel Beneidenswertes erzählen, vor allem daß wirklich nur Würdigkeit und Bedürftigkeit und keine persönliche Protektion entscheidende Faktoren sind. So hat der Frauenverein ein eigenes Erholungsheim, in das in 4 Gruppen je 4 Wochen immer 34 Kinder und junge Mädchen eingewiesen werden. In die erste Gruppe vom 12. Mai an Mütter mit Kindern! Das ist doch schön. Die Sparkassen in den Häusern ergeben ungefähr 6000 Mark, die dem Frauenverein zur freien Verfügung zufließen. Der Frauenverein arbeitet ohne jede Aengstlichkeit mit dem Spital, und wer krank ist, einerlei welcher Nationalität, wird aufgenommen. Auch das Waisenhaus ist eine Institution, die vom Frauenverein benutzt wird, und Geld gibt es für alles, das vernünftig ist. Sicherlich sind hier auch Dinge verbesserungsmöglich, aber man hat doch die Augen, die Herzen und die Hände offen. – Schwierigkeiten machen die Zionisten, die Hader und Zwietracht in die Gemeinde bringen und besonders die Jugend verhetzen…

Breslau, 1. 5. 1912
Hotel Vier Jahreszeiten

Liebe Frau Oe.!

Durch meine Rundschreiben wissen Sie, daß ich eine nicht ganz sorgenfreie Zeit hinter mir habe, und trotzdem ich in Hamburg eigentlich nichts zu tun hatte, habe ich eine große Hauptsache vergessen, nämlich mich mit dem Häuptling des Verbandes der Exporteure in Verbindung zu setzen. Ich tröste mich mit dem Gedanken, daß es nicht viel genützt hätte. Hier habe ich wenig Reelles getan: eine Sitzung des Ortsgruppenvorstandes war das Einzige, und es wird Sie weniger als die anderen Abonnenten interessieren, daß die Arbeit der Stellenvermittlung hier durch die Loge gar nicht vorankommt. Sie macht es nicht ordentlich (4 Vermittlungen in einem Jahr), aber sie läßt auch andere Frauen oder Vereine nicht zu. Die Breslauer Frauen wollen den nächsten Bundesdelegiertentag in ihrer Stadt empfangen, da im Jahre 1913 hier irgend eine große Feier gefeiert wird. »An mein Volk« von Friedrich d.Gr. usw.

Es wird eine historische Ausstellung gemacht, ein Juxplatz, Kongresse und alles, was heute zu so was gehört…

Schwester Henriette Arndt[15] war hier; sie hat in der Umgegend und hier Vorträge gehalten und will zwei Kinder á Mark 3. gekauft haben. Merkwürdig ist nur, daß ihr zwischen Königsberg, Hamburg, Berlin, Breslau usw. keine Gemeinde oder Fürsorge-Anstalt die Kinder abgenommen hat! Und überhaupt. –

Ueber das, was ich in Rußland will, habe ich mir noch kein klares Bild gemacht; ich denke, ich werde mich ein bißchen »umsehen« und versuchen, die Gutsituierten etwas aufzuwecken, daß sie nicht nur traditionell, sondern rationell arbeiten. Ob ich Sonja finden werde?

Wenn mein Paß dem ersten Zöllner nicht gefällt, dann muß ich eben wieder umkehren. Vom Mädchenhandel-Komitee in Berlin habe ich eine sehr gute Einführung an Behörden bekommen, aber ich weiß nicht, ob es nicht gefährlicher ist, sie vorzuzeigen, als sie still auf dem Busen zu bewahren.

Seit Hamburg betrachte ich mich täglich im Spiegel, ob ich jüdisch genug aussehe, um dem Kaiser von Rußland zu gefallen. Wenn ich nächstes Jahr nach Amerika gehe, werde ich diese Sorgen nicht haben. Wer geht mit?…

Es ist interessant, daß ich hier hörte, der neue Hospitalverwalter für das Frankfurter Krankenhaus sei sehr »schneidig«. In gewissem Sinne und zur Abwechslung ist das ja ganz gut.

Aber er soll es auch zur Bedingung gemacht haben, mit keiner Oberin zu arbeiten. Wenn das wahr ist, dann bedeutet das einen bedauerlichen Rückschritt für die jüdische Gemeinde Frankfurts. Die nächste Folge wird ein qualitativer Rückgang des Schwesternmaterials sein. Die besten Schulen für Krankenpflege waren bisher Hamburg und Frankfurt, wo die Ausbildung bisher unter Mitwirkung einer Frau geschah. Wenn die Oberin nur Haushälterin im Schwesternhaus wird, dann muß das Niveau der Schwestern sinken. Wenn die Schwestern gescheit sind, streiken sie.

Ich begreife die Leitung des Frankfurter Vereins nicht, der so stolz auf seine qualitativen Unterschiede gegen andere Vereine ist, – nämlich die, in denen Schule und Schwesternhaus-Ausbildung und Leben getrennt sind. – Ich bitte diese Notiz als rein vertraulich und wie vieles in meinen Briefen als eine Art Selbstgespräch zu betrachten, Tagebuchaufzeichnungen über die ich nicht gesprochen – nur ab und zu gedacht haben möchte!

Ich bin so neugierig, ob ich über die Grenze komme.

Mit herzlichem Gruß Ihre

Bertha Pappenheim.

Lodz, 3. 5. 1912

Liebe Frau F.!

Die Erfindung der Rundreisebriefe ist wirklich eine gute, sie ist eine Art Lösung des Persönlich-Unpersönlichen, ein Kunststück, das man für unausführbar gehalten hat. Ich bin mit diesem Modus der Mitteilung sehr zufrieden und meine Abonnenten sind es auch...

An der Grenze hatte ich gestern keine Schwierigkeiten. Mein Nachthemd wurde beanstandet, glücklicherweise zeigte es sich am Kragen, daß es nicht »neu« war. Für meine liebe, alte Lederdecke sollte ich per Pfund 4 Rubel bezahlen, aber ich konnte doch einem älteren Herrn Zollbeamten klar machen, daß sie mich seit mindestens zehn Jahren treu auf allen Reisen begleitet, und so durfte ich sie wiederhaben, trotzdem sie wie neu, d.h. sauber ist.

In der Eisenbahn wurden, wie hier immer, als es dunkelte, kleine Kerzen angezündet. Wenn die Tage kürzer sind, müssen sich die Reisenden selbst an den Bahnhofbüffets Kerzen kaufen, wenn sie – wenn die Staatskerzen herunter gebrannt sind – nicht im Dunkeln sitzen wollen. Einem Mitreisenden kommt das sehr gefährlich vor. Ob er deshalb einen Stockdegen bei sich führt?

Das Grand Hotel ist sehr gut und ganz neu und sauber in allen Einrichtungen, sogar Lift.

Frl. L. wird mir auf meinem Lebensweg wenig helfen können, aber ich ihr auf dem ihrigen auch nicht. Sie war aber sehr freundlich, behilflich zu telephonieren, Adressen zu finden usw. Ein langes Gespräch hatte ich dann mit Frau H., Freundin von Frau L. Sie glauben nicht, wie schwer es ist, Menschen die Notwendigkeit sozialer Arbeit an Individuen aus allgemeinen Gründen klar zu machen...

4.5.

Interessieren wird Sie nur noch, daß ich Sonja für gestern Abend zu Frau H. zu bestellen versuchte, natürlich ohne mich zu nennen. Sie kam nicht, was natürlich nichts bedeutet, weder für noch gegen sie. Doch sind alle Weisen dahin einig, daß, wenn sie gewollt hätte, sie irgendeine Arbeit hätte finden können. Lodz hat 130 000 jüdische Einwohner, und viele große Fabrikbetriebe, Webereien, die Tausende von weiblichen Kräften beschäftigen. Ich werde Sonja heute aufsuchen.

Herzlichst Ihre Bertha Pappenheim.

Lodz, 4. 5. 1912 Liebe Frau N.!

Wenn ich gestern sagte, daß ich noch nicht wüßte, was ich hier zu tun habe, so weiß ich es heute: veranlassen, daß sich eine Kinder- und Mädchenschutzliga bildet. Die Notwendigkeit ist allen klar, Versuche, Anfänge sind da, aber vielleicht kann ich die äußere Veranlassung der

Zusammenfassung werden. Frau H. ist sehr nett, klug und wohlwollend, aber doch nicht von der fest und beharrlich zufassenden Art der Frau L.; So scheint es mir. –

Das erste, was sie mir erzählte, und was hier bekannt ist, ist die Tatsache, daß in einer Konditorei (von einem Deutschen M. geführt), die hart an einem Eislaufplatz gelegen ist, im Winter 20-40 Kinder in schändlichster Weise mißbraucht worden sind. Der Betrieb soll aber schon mehrere Jahre dauern! Die Sache ist dadurch ruchbar geworden, daß ein Kind einem Herrn eine Brillantnadel gestohlen hatte. Dieses Vergehen hat er zur Anzeige gebracht, der Ehrenmann; – an den anderen, an denen er sich beteiligte, scheint er nichts Anstößiges gefunden zu haben.

Ferner erzählte mir Frau H., daß ihr Dienstmädchen schon mit 12 anderen von einem Agenten für ein Varieté angeworben war, sie vermutete mit vollem Recht Mädchenhandel, bekümmerte sich um ihr Mädchen, die zurückblieb – alles andere ließ sie gehen. Ich glaube, daß ich sie davon überzeugte, daß sie ein andermal weitergehend zu verfahren habe!!!–

Mein erster Besuch galt Dr. B., Rabbiner und Prediger der nicht chassidischen Juden, glühender Zionist, Sohn des Rabbiners in Lemberg. Seine Frau ist die Schwester von M. B. Er soll ein anständiger und von seiner Sache überzeugter Mensch sein und hat mir nicht den unsympatischen Eindruck gemacht, den ich erwartete. Besonders wenn man von allgemeinen Dingen spricht, scheint er vernünftig. Die kleine hübsche Frau ist viel rabbiater in ihrer Idee. Sie »wirkt« für den Palästina-Verein ohne jede Fachkenntnis. Der chassidische Rabbiner Maisei ist am 1. Mai hier unter großem Menschenzudrang begraben worden, was ich, da ich das Ereignis zu sehen versäumte, im Kinematographen noch im Bilde an mir vorübergleiten lassen kann.

B. klagt darüber, daß die jüdischen Vereine und Wohlfahrtseinrichtungen alle in kleine Unternehmungen zersplittert sind, daß das Sachliche unter dem Persönlichen leide – und was sonst der allbekannten Klagen sind.

Wichtig ist, daß man beginnt, dem jüdischen Arbeiter in den großen Fabrikbetrieben Arbeitsmöglichkeit zu geben. Bisher haben große Betriebe, auch jüdische Unternehmer. Keinen jüdischen Arbeiter genommen, unter der allgemeinen Begründung der Disziplinlosigkeit, schlechterer Arbeit etc. B. sagte mir aber, daß seit der Revolution und durch die allgemeine Schulung durch die Sozialdemokratie, besonders aber durch den Einfluß der jüdischen Presse der jüdische Arbeiter auch besser und brauchbarer geworden sei. Bisher konnten sie durch Heimarbeit an Handwebestühlen für sich arbeiten. Die Einführung von Zentral-Kraftbetrieb vernichtet die kleinen Betriebe, und darum besteht nun das Bemühen, den jüdischen Arbeiter in diese großen Betriebe einzuführen. Herr H. erzählte mir, daß er eine kleine Fabrik mit nur jüdischen Arbeitern habe, allerdings unter einem christlichen Werkmeister, um Willkürlichkeiten zu vermeiden. Es wird dort im Akkord gearbeitet, und wenn sie fleißig sind, können die jüdischen Arbeiter so viel verdienen, ohne Samstag zu arbeiten, wie die christlichen. Der russisch-jüdische Arbeiter ist nicht mehr sehr fromm.

Dr. B. ist natürlich sehr für Rückkehr zur Scholle, aber Frau H. erzählte mir, daß ein Dr. G. hier eine Gartenbau- und landwirtschaftliche Schule gegründet habe, die dadurch ihr Ende gefunden habe, daß die Schüler fortgelaufen waren...

Das Straßenbild in Bezug auf die jüdischen weiblichen Einwohner ist entsetzlich. Verkommenheit, Genußsucht, auffallende, in Form und Farbe und Mode übertriebene Geschmacklosigkeit, lässige, lachende Verdorbenheit sieht man schon bei kleinen Mädchen. Kein Wunder allerdings, da es keine Schule, keinen Unterricht, keine religiöse oder andere Beeinflussung oder Erziehung gibt.

Ich war heute vormittag bei Frau B., einer Deutschen, die weiß und versteht, was ich will. Sie ist sehr einflußreich und wird hoffentlich das Ihre zur Verwirklichung der Liga beitragen.

Sie pflichtet meiner Ansicht bei, daß in den seltensten Fällen nur Not die Ursache zur Prostitution sei. Sie nannte mir ein an der galizisch-russischen Grenze liegendes Gouvernement, in dem die Juden tatsächlich ihre Kinder verkaufen ohne im mindesten Bedenken zu haben.

Ferner sagte sie mir – sie ist durch langjährige soziale Arbeit eine vorzügliche Kennerin der Lodzer Verhältnisse geworden – daß der große Unterschied der christlichen und der jüdischen Mädchen darin bestehe, daß kaum ein christliches Mädchen rein in die Ehe gehe, daß es ihr aber in der Heiratsmöglichkeit nicht schade, vor der Ehe ein Kind gehabt zu haben, und es gibt auch viele uneheliche christliche Kinder. Von den jüdischen Mädchen, sagte sie, bleiben viele ordentlich bis zur Ehe. Aber da ein »Fehltritt« bei den Juden ein Makel ist, der eine Ehe unmöglich macht, so gibt es trotz der unzähligen vorehelichen Verfehlungen keine unehelichen jüdischen Kinder. Hebammen und Aerzte und Kurpfuscherinnen helfen das keimende Leben und auch das geborene Kind zu vernichten. So wird das, was in der jüdischen Ethik gut gedacht ist, zur Karrikatur ihrer selbst, und die bäuerliche Sitte, die sittenlos genannt wird, erscheint als die höhere Sittlichkeit. Ich habe auch einen sehr reichen Chassid, Herrn T. und dessen Frau besucht. Es ist mir als Fortschritt gegen den Anfang meiner Missionsreisen aufgefallen, daß auch diese Kategorie die Verhältnisse und die Dinge nicht mehr leugnen.

Frau T. will sogar Geld geben, wenn eine Liga zustande kommt!?

Sie können sich denken, wie anders ich mit Frau T. als mit Frau B. reden konnte!

Nach Verabredung mit Frau B. war ich dann beim Pastor G., der erste hier, der mich fragte, ob ich evangelisch sei. Natürlich bekannte ich mich zu meiner Fahne. Er erzählte mir, daß das Verhalten der Juden hier in neuester Zeit einen großen Antisemitismus erzeuge. Er sprach von besonderer Abschliessung, und ich glaube, er meinte die zionistische Separation. Er selbst sei nicht voreingenommen und habe in diesen Tagen seiner Kirchgemeinde vorgeschlagen, einen Condolenzbrief an die jüdische Gemeinde gelegentlich des Todes ihres Rabbiners zu schreiben, sein Antrag sei aber abgelehnt worden. Er will mir Montag Empfehlungen nach Warschau mitgeben, und ich werde dann wohl auf dem Rückweg wieder hierher kommen müssen, um meine Bemühungen nicht in Nichts zerrinnen zu lassen.

Gestern abend war ich noch im jüdischen Theater und habe ein Rührstück *Kauach ahawo, Die Kraft der Liebe* gesehen, aber ich ging fort, bevor sie im 5. Akt siegte. Da es Freitag Abend war, war das Theater sehr leer, um so amüsanter waren einzelne Gruppen unter den Zuschauern.

Ich schließe diesen Bericht, und ein nächster folgt, sobald ich wieder dazu komme weiter zu schreiben.

Heute noch Sherlock Holmes mit Ferd. Bonn.

Herzliche Grüße an alle Abonnentinnen! Ihre

Bertha Pappenheim.

Lodz, 6.5.1912.

Liebe Frau N.!

Mein Rundreisebrief an Frl. N. ist mir eben vom Hotelportier wiedergegeben worden, weil heute »Galatag« ist, einer der unzähligen Feiertage, an denen die Post geschlossen ist. Ich werde ihn also morgen in Warschau aufgeben, vielleicht mit dem vorliegenden Brief zusammen.

Sachlich habe ich ganz viel zu notieren, und ich hoffe nur nichts zu vergessen!

Gestern sah ich die Talmudthora, eine Schule, die nur so heißt, aber nicht mehr in der Bedeutung des Wortes eine ist. Sie ist eine Volksschule, die von etwa 1000 Knaben besucht wird, von denen einige 100 die »Handwerkerschule« besuchen.

An Handwerken wird nur Schlosserei, Weberei und Elektrotechnik gelehrt. Die Tischlerei ist eingegangen. Leiter der Schule ist Herr Sch. (unangenehmen Eindruck), Ingenieur K., der sehr tüchtig sein soll (glühender Zionist, sehr kränklich), und ein Herr N. Ich habe viele Maschinen-Webestühle und Unterrichtssäle leer gesehen; die Schmiede ganz stumm. Ich weiß nicht, was die Schule leistet; sie macht im ganzen einen guten Eindruck. Die Baulichkeiten (Lehrmittelsammlung von der Familie Prussia) sind groß und weit, und auf eine Stiftung der Familie I. zurückzuführen. Besonders schön ist die Badeeinrichtung mit Brausebädern. 300 Kinder bekommen täglich Suppe und Brot. Die Schule hat ein Jahresbudget von 45 000 Rubel zu dem die *JCA* 8500 Rubel beiträgt. Es unterrichten zwei weibliche Lehrkräfte, die den Lehrern gleich bezahlt sind, und von 700-1200 Rubel jährlich verdienen. Lebensmittel und Wohnungen sind nicht teuer. Milch 20 Pfg. per Liter, Fleisch 40 Kop. per Pfd. Auf vielfaches Befragen, was die *JCA* sonst tue, hörte ich immer »Auswandererberatung«. Als Leiter des Bureaus und Vertrauensmann der *JCA* wurde mir immer wieder Dr. A. genannt, aber außer der *JCA* scheint er niemandes Vertrauensmann zu sein. Da er Hautarzt ist und mir sonst allerlei erzählen könnte, habe ich auch eben noch versucht, ihn zu treffen, aber umsonst. Ich muß mir seine Bekanntschaft zu machen für die Rückreise aufbewahren. Ich werde nämlich nach Warschau nochmals hierher kommen müssen, um im Anschluß an die große Stadt, die schon eine Liga haben soll, hier ein Kinder- und Mädchenschutzkomitee anzuregen. Frau Dr. A., die telephonisch nur halb wußte, was ich will, erzählte mir – was ich auch sonst hörte – irgendeine Großfürstin habe ein Komitee zur Bekämpfung des Mädchenhandels in Lodz anregen wollen, die *JCA* sei um Mitarbeit angegangen worden, was als Auswanderbureau doch selbstverständlich ist, sie habe aber abgelehnt!!!

Auch die Waisenhäuser Kipper-Gutentag, die Ochrona für 700 Mädchen (die einzigen Institutionen, die sich mit Mädchen beschäftigen) und das Spital will ich erst auf dem Rückweg sehen.

Dagegen war ich gestern mit Frau B. in Alexandrow beim Wunder-Rabbi. Es war ein in 1000 Einzelheiten ganz besonders interessanter Besuch. Frau B. ist eine Deutsche aus Schlesien und eine – besonders da sie noch ganz orthodox lebt – in allen Kreisen sehr angesehene Frau. Es war sehr zweifelhaft, ob der Rabbi uns überhaupt empfangen würde. Aber da eine Frau D., die aber gar nicht so heißt, in dem Hause der Frau B. wohnt und die Schwester des Rebben ist, so übernahm sie die Einführung.

Diese Frau ist die leibhaftige, lebendige Glückel von Hameln,[16] und was und wie sie spricht und erzählt, ihre Gläubigkeit, ihr gesunder Menschenverstand, ihre Naivität, alles ist wundervoll. Ich hoffe, ich habe die Geschichte behalten, die sie, in Parallele zur Geschichte der Aussetzung Moses, erzählte. Da sie sicher eine halbe Stunde daran erzählte, kann ich sie schriftlich nicht wiederholen. Natürlich fragte sie mich nach meinen Geschäften. Und als ich ihr sagte, was ich unterwegs bezwecke, erfaßte sie alles mit ungeheurer Schnelligkeit. Dann sah sie mich mit bedenklich hinaufgezogenen Brauen an, und sagte: »Eine Schwalbe, die das Jam[17] ausschöpfen will? – da kann nur Rebaun schel aulom[18] helfen, aber as es in großer Reinigkeit zu Rebaun schel aulom's Ehre geschieht wird er helfen und der Rebbe, mein Bruder – er soll leben – wird Sie mazliach[19] sein.« Ist das nicht ganz Glückel? Und wie sie uns ihrer »getreuen herzlichen Schwägerin und Rebbizen« vorstellte! Dann erklärte ich ihr, was Frauenbewegung sei, und gleich erzählte sie mir, wie sie in ihrer Art auch mit den jungen Weibern redet, und gar oft mit den Männern! –

Und das uneheliche Kind und der Mamser[20] und vieles andere brachte ich zur Sprache, und sie konnte gar nicht genug ausspucken. Dann – nach zweistündigem Warten – Audienz beim Rebben, dem ich – er kehrte uns treulich dem Rücken – einen lebhaften Vortrag hielt. Er nannte meine Absicht eine große Mizwoh und will alles zur Warnung in seinen Kreisen tun, ich soll aber alles, was ich ihm gesagt hatte, aufschreiben. Und er war mich mazliach, und ich glaube, daß es gut und wichtig und richtig gewesen ist, daß ich beim »Alexandrower« war. Die Ehrfurcht vor dem Rebben ist so groß, daß in dem Haus eine absolute Stille herrscht. Nur wer diese chassidischen Juden sonst kennt, weiß, was das bedeutet.

Lodz-Warschau

Ich schreibe die Fortsetzung meines Berichtes in der Eisenbahn und will, da ich weiß, daß ich auf das Verständnis meiner Abonnenten stoße, anführen, daß ich in meinem Coupé II. Cl. sitze, gegen meine bessere Ueberzeugung. Aber ich wurde von ernsthafter Seite darauf aufmerksam gemacht, daß z.B. durch Staub und Trockenheit noch mehr als sonst, allerlei Epidemien im Lande herrschen, und da sei es vernünftiger, sich nicht in den engen Pferch der III. Cl. zu begeben. Es kann unter solchen Umständen billiger sein, II. zu fahren. Uebrigens sind die Fahrten sehr billig. Auch veranlaßte mich Frau H., im Theater nicht auf die Galerie zu gehen, weil Theater leicht und oft abbrennen, und dann ist von der Galerie kaum eine Rettung möglich. Sie sehen, ich wartete gar nicht, bis Frau D. mir empfahl mein »teuer Leben zu hüten«. Die Fahrt im offenen Wagen war mir den steifen Hals von heute wert.

Dann war ich heute nochmals beim Pastor G., sprach dort mit einer protestantischen Lehrerin, Frl. C.L., Konstantinstr. 40 II., Vorsitzende des Jungfrauen-Vereins, verband sie durch einen

Brief mit Paula Müller, sowie ich den Pastor mit dem Nationalkomitee verband, und ging dann auf Anregung des Pastor auf die Redaktion der Jargonzeitung *Lodzer Tageblatt*. Zuerst ließ ich mir die Versicherung geben, daß ich ganz privat da sei, und dann gab es ein langes, und wie ich glaube, gut wirkendes Gespräch. Der Redakteur – ich konnte seinen Namen nicht verstehen – gefiel mir, bis auf seinen Stockschnupfen, ganz gut.

Von der Gastfreundlichkeit der Polen kann man sich keinen Begriff machen. Frau H. konnte gar nicht begreifen, daß ich im Hotel wohnen blieb und nicht alle Mahlzeiten in ihrem Hause einnahm. Es gibt auch einen Herrn H., der im Gegensatz zu vielen sehr klar weiß, was Recht und Unrecht ist und seinem Rufe nach auch danach lebt.

Pastor G. sagte mir, daß auch das Grand Hotel eine »Lasterhöhle« sei, ihm selbst sei vor einigen Jahren dort ein deutsches Mädchen abhanden gekommen.

1 Uhr Abend, Warschau Hotel Bristol

Warschau ist eine alte Stadt. Ob man wohl müffeln kann?[21] Mein Ohr klingt. Rechts – schlechts! Sollte mir der Kutscher fluchen, auf dessen Bahnfahrtsmogelei ich nicht hereinfiel, oder andere, alte Freunde?

Fortsetzung folgt!

Ihre Bertha Pappenheim.

Lodz, 6. 5. 1912 Sonntag, 10 Uhr Abends, Grand Hotel

Liebes Müllerchen!

Vielen Dank für Ihre lieben Zeilen. Ich habe so viel Schreibstoff für Sie aufbewahrt – Sie wissen schon das Aesthetische und Literarische aus meinen Notizen! – aber es bleibt tagsüber wenig Zeit zu Mitteilungen. Nur um meinen Vorsatz, Ihnen heute sicher zu schreiben, nicht wieder zuschanden werden zu lassen, fange ich meinen Brief an Sie, wenigstens noch zu nachtschlafender Zeit an, wobei ich gleich das Geständnis hinzufügen will, daß ich meinen Vorsatz, morgens tunlichst spät aufzustehen, auch mit großer Treue durchführe. Ich entschuldige mich dieserhalb bei mir selbst, indem ich mir sage, daß ich unterwegs weder pädagogisch noch hausfraulich zu sein brauche, und das ist eine wahre Wonne. –

Die Klubnachrichten haben mich alle sehr interessiert, und ich freue mich, daß L. C. bei der Bibliothek hilft, das ist ein sehr guter und gesunder Anfang sozialer Arbeit für sie, und es ist sehr gut, daß Frau C. sie dafür erzieht. Hoffentlich ist es kein Strohfeuer, sondern gewissenhaft und planmäßig gewollte Hilfsarbeit. Wie gut haben es doch die heutigen Mädchen! Wenn ich an mich in diesem Alter denke – und wie man mir heute noch Steine in den Weg wirft, um das Selbstverständlich meines Weges zu verhindern. Schwamm drüber...

6.5.

Ich glaube, daß ich mit meinem letzten Brief bei Ferd. Bonn und Sherlock Holms aufgehört habe. Ich mußte eben nach Lodz kommen, um diese Lücke in meiner Bildung auszufüllen. Der große Geiger unter den Schauspielern hat mir gefallen, aber der Schriftsteller unter den Geigern ist ein armseliger Komödiant. Das Publikum war fasziniert. Ich weiß nicht ob Bonn ein Jude ist, wie er aussieht, konnte ich mit meinen unbewaffneten Augen nicht sehen, aber mein Ohr ließ mich manchmal einen leisen Mauschelton erkennen. Allerdings habe ich seinen Paß nicht zu kontrollieren.

Indessen habe ich hier Bilder von einem Maler V. M. gesehen; der in Offenbach Lilistr. 1 wohnt. Als ich den Namen hörte, fiel mir ein, daß ich ihn – den Namen – schon kenne und zwar in dem Zusammenhang, daß sein Bruder ein Mädchen verführt oder sitzen gelassen hat. V. M. ist mit einem Mädchen, das Schneiderin ist, verlobt. Die Familie, ich weiß nicht, aus was sie sonst besteht, ernährt sich durch Zigaretten-Arbeit, und auch V. M. arbeitet mit, da er von seiner Malerei nicht leben kann. In Frankfurt habe ich von seinen Bildern nie etwas gesehen, aber hier war ich überrascht, bei Frau H. eine wundervolle Kopie des Städelbildes der Frau, die das Kelchglas angesetzt hat, um zu trinken, und einen Steinkrug im Schoß hat, zu finden. Sie kennen das Bild, natürlich weiß ich den – Namen des Malers – so berühmt er sein mag – nicht mehr. M. soll ein unpraktischer, ungewandter, ungebildeter Mensch sein, ob sein malerisches Talent so groß ist, wie man es mir hier schildert, weiß ich nicht, und wenn mir auch die Sachen, die ich hier sah, gefallen, so ist das für seine Beurteilung nicht maßgebend. Aber vielleicht gehen Sie einmal nach Offenbach und sehen, was er tut und kann. Vielleicht ist er vorerst guter Copist und findet noch einen Grafen Schack. Alles andere überlasse ich Ihrer Fantasie und Ihrem Kunstverständnis. Die holländische Copie hat mir ganz besonders gut gefallen.

Ich wollte heute nach Warschau weiter gehen, werde aber möglicherweise noch bis morgen bleiben, um noch allerlei zu absolvieren, darüber mein nächster Brief Notizen bringt.

Nächste Woche ist hier zu Gunsten eines Tuberkolosenheims interkonfessioneller Blumentag – Heckenrosen – in den nächsten Tagen soll auch einer in Warschau sein. Von einem Kornährentag zu Gunsten einer Gegend, die von Hungersnot heimgesucht ist, habe ich auch gehört.

Mit herzlichen Grüßen an alle, besonders den Klub, Frau G. Ihre Bertha Pappenheim.

Warschau, 7. 5. 1912.

Liebe Frau H.!

Bisher habe ich von Warschau noch nichts gesehen, aber ich will, bevor ich losgehe, meine Korrespondenz besorgen.

Meine rheumatische Mahnung von gestern habe ich in einem heißen Bad abgespült und nach gut geschlafener Nacht heute die Möglichkeit erwogen, ob ich nicht nach Petersburg gehen sollte. So jung und unter so günstigen Verhältnissen komme ich vielleicht nicht mehr nach Rußland, und die Eremitage mit ihren Kunstschätzen sind eine ungeheure Anlockung für mich. Entscheidend dafür wird sein, was Frl. Marie von Evert, die ich noch nicht kenne, zu dieser Ausdehnung meiner Reise sagt. Auch über die Entfernung habe ich mir noch kein klares Bild gemacht. – Es liegt ein ganz besonderer Reiz darin, sich so frei durch die Welt treiben lassen zu können, fast planlos: each cloud has it's silver line, auch die Alleinsamkeit hat ihr Schönes.

Mit herzlichen Grüßen an alle Abonnenten Ihre Bertha Pappenheim.

Ich freue mich, daß die Kindergärtnerin einschlägt; die Jungens haben Jemanden gebraucht, der sie fest faßt, und es beruhigt mein Gewissen – der Vernachlässigung gegenüber – ein bißchen, daß ich energisch genug war, auf einer systematisch ausgebildeten Erzieherin zu bestehen.

Warschau, 8. 5. 1912

Liebe Frau N.!

Wie immer begann ich gestern meine Wanderung aufs Geratewohl und gab von meinen drei Briefen für hier einen bei Frau R. W. ab. Während an einer Seite des Treppeneingangs ein Dienstmädchen mir klar machen wollte, daß die Madame nicht zu Hause sei, hatte die Neugierde dieselbe Madame schon an die andere Türe gelockt, wo sie etwas zerlassen im Schlafrock mich sehr freundlich empfing und mir gleich telephonisch die nötigen Namen und Adressen ausfindig machte. Indessen bemächtigte sich meiner eine andre Dame in kornblumenblauen Samtschlafrock, der am Halse in einen ledernen Abgrund blicken ließ. Unaufhaltsam ergossen sich phrasenhafte Redeströme über mich, über Optimismus in der Dienstbotenfrage, Jugenderinnerungen aus dem düstern chassidischen Chortkuw – ich saß stumm und dachte nur immer darüber nach, wo ich diese großen, kalten, graublauen Augen schon gesehen, diese hohle schaurednerische Art schon gehört hatte. Endlich ich weiß nicht, wie sie heißt, aber sie ist die Schwester des Advokaten L. in Lemberg, des Schwiegersohnes des von H. Nun wußte ich alles. Sie erzählte mir von der Reinhardt-Vorstellung des *Oedipus*, und da sie in einem Buch, das ich unschwer als ein Konversations-Lexikon erkannte, studiert hatte, schloß sie ihre Rede an mich, das unerwartete Publikum, mit einer großen Geste und den Worten: »Sie sehen, ich habe meinen Sophokles nicht vergessen«. –

Ich ging nicht ungern. Das Dienstmädchen sollte mich an einen Wagen bringen, kaum hatte die Madame den Rücken gewendet, als sie mich am 2. Treppenabsatz schnöde verließ! –

Dann fuhr ich zu der katholischen *Ochrona kobiet*[22] gelber Streifen auf weißem Feld (auch unser 3spänniges Plakat war da), Mazawiecka 11, Hinterhaus. Meine Einführung von Nationalkomitee war mir sehr nützlich, und auch meine Kenntnis der Adresse von Frl. R. ließ mich beglaubigter erscheinen, und sehr bald waren wir in eifriger französischer Conversation. Ich notiere über die Schutzorganisationen, was ich gestern und heute hörte.

Eigentlich hätte die Organisation interkonfessionell sein sollen, aber besonders durch die reaktionäre Leitung des katholischen Vorsitzenden (ein polnischer Graf, der in Paris lebt), teilte sich die Arbeit sehr rasch in 3 Teile. Ich sprach die Damen S. O., Mdm. H. S., Mdm. S. R. Man erzählte mir, daß die Schutzarbeit eine ungeheuer schwere, sei, täglich kommen Leute, die über das Verschwinden von Kindern und Mädchen, bittere Klage führen, immer sind es Juden, die sie stehlen und kaufen und verführen, nie sind sie zu fassen (die niedern Polizeiorgane werden von ihnen bestochen). Es fließt die leise Klage ein, daß die Juden sich gegenseitig schützen (!), man hat kein Vertrauen zueinander, man fürchtet einander. Man getraut sich nicht einmal im Jahresbericht den wahren Sachverhalt zu schildern, aus Furcht sich die intelligenten Juden zu Feinden zu machen, dabei vergrößert sich natürlich der Groll und die Feindschaft im Herzen. Sie können sich denken, wie ich redete und versuchte die Dinge zurechtzurücken. Es scheint, daß man in diesem Büro viel guten Willen aber wenig praktische Geschicklichkeit hat. Man arbeitet ab und zu mit dem Jüdischen Büro, aber selten und ohne gegenseitiges Vertrauen. Es ist auch ein Asyl da, aber man bot mir an – es nicht sehen zu wollen. »N'est-ce pas vous vous interessez pour l'organisation mais pas pour l'asyle!«

Mir haben die Damen sehr gut gefallen, gute, vornehme Art, etwas bürokratisch, aber sicher von gutem Willen beseelt. Jedenfalls wird Seelenfang betrieben.

Ich will morgen nochmals hingehen und sehen, daß ich eine der jüdischen Damen mitnehme, um eine mir sehr nötig erscheinende Zusammenarbeit anzubahnen.

Auf meine Frage, wo ich anständig zu Mittag essen könnte, schickte man mich nach der polnisch-katholischen Haushaltungsschule, Erywanska 14, wo es für 50 Kop. ein für mich nicht zu bezwingendes Mittagessen von Suppe, zwei Fleischspeisen und Kompott oder süße Speise gibt, tadellos sauber serviert und vorzüglich zubereitet.

Ferner lernte ich auf dem Büro eine Journalistin J. T. kennen, die wie andere Leute auch meine »literarisch verarbeiteten Eindrücke« haben will. Die Menschen glauben, ich sei eine so angesehene, bedeutende Persönlichkeit, daß Zeitungen, wie die *Frankfurter*, das *Berliner Tageblatt, Neue Freie Presse* nur so danach lechzen, Artikel von mir zu bekommen. Auch nach dieser Richtung bemühte ich mich aufklärend zu wirken.

Dennoch bitte ich Sie an Frl. T. meinen Orient-Reisebericht zu schicken.

Da die Stadt und die Entfernungen groß sind und ich mich nur sehr schwer verständlich machen kann, so geht es sehr langsam, bis ich durchkomme, und ich muß auch immer mit einer Doroschka fahren, da ich mit der Trambahn gar nicht zurechtkommen könnte.

Statt des *Oedipus* beschloß ich gestern aufzuschreiben, was der Rebbe von Alexandrow wissen muß, eine Warnung in dem bekannten Ton, die ich auch noch jüdisch abschreibe, wobei die ungewohnte verkehrte Federhaltung so ermüdet, daß ich die 6 Seiten (deutsch) gar nicht in einem Zug übertragen konnte. –

Der Zionist S., ein von seiner Partei hochgehaltener Hebraist soll früher lebhafter Assimilant gewesen sein, bis er es auskömmlicher fand, Zionist und Nationaljude zu sein. Vielleicht war es eine innere Wandlung.

Auch hier ist bei allen ruhig denkenden Juden große Klage darüber, daß die Zionisten den Antisemitismus verschärfen und die allgemeine Lage verschlimmern.

Herzlich Ihre
Bertha Pappenheim.

Warschau, 9. 5. 1912 Hotel Bristol

Liebe Frau H.! Ich kann Ihnen gar nicht sagen, wie froh ich bin, mich zu dieser Reise wieder entschlossen zu haben, und sie in meiner Art zu machen. Was ich höre und sehe ist wichtig und wird es auch noch sein, wenn ich nicht mehr bin. Das soll Sie und meine lieben Töchter nicht ängstlich machen, es geht mir gesundheitlich ganz gut, ganz wie immer, aber das, was sich auf meine Beobachtungen aufbauen könnte oder eigentlich müßte, wird doch erst vielleicht dann eingeleitet werden, wenn niemand mehr glauben wird, mir einen persönlichen Gefallen damit zu tun. – Das System muß anders werden, und als Muster empfehle ich die katholische Organisation selbst denen, die auf diese Bemerkung hin eine Gänsehaut überläuft.

Mein gestriger Tag war sehr interessant. Daß er ein Blumentag war, interkonfessionell für irgend einen öffentlichen Garten, scheint hier nichts besonders.

Ich ging um 10 Uhr zu Dr. H. N., wo ich, wie hier üblich, endlos warten mußte. Dann kam ich in das Sprechzimmer des Arztes, das mit seinen allerdings nicht alten, aber sehr gut imitierten Empiremöbeln, Bildern und Büchern schon einen sehr zivilisierten Eindruck machte. – Dr. N. ist ein sehr lebhafter, nicht junger Mann, mit besonders angenehmen blauen Augen in einem ganz dunkeln Gesicht. Er hatte sehr rasch herausgefunden, für was ich mich interessiere, und bald entwickelte er mir seine Ideen über die Judenfrage und Judenlage. Allerlei, was er mir über die Eingottidee und die Evolutionsmöglichkeit der jüdischen Messiasidee sagte, war sehr interessant. Aber sagte er, »die Juden haben den Verstand verloren, sie sind Zionisten geworden«. Dr. N. ist jüdischer Pole. Er hat kürzlich einen Vortrag über die Mission des Judentums und ähnliches gehalten, mit zwei sehr schönen Tafeln über die Dauer des jüdischen Volkes, im Verhältnis zu den andern Völkern. Er versprach mir, den Vortrag ins Deutsche zu übersetzen, und wenn er so ist, wie ich denke, dann wird es gut sein, ihn in Deutschland zu veröffentlichen. Dann gab mir Dr. N. die Adresse einer Spitzenfrau, aber ich will nur gleich hinzufügen, daß sie zwar schöne Alençons hatte, aber, daß sie mir viel zu teuer waren. Glücklicherweise Sorten, die ich schon besitze.

Dann begleitete mich Dr. N., – er ist Nervenspezialist, kommt oft nach Heidelberg, um auf der Höhe des Wissens zu bleiben – nach dem Büro des *jüdischen Mädchen- und Frauenschutzvereins.* Ich war schon einmal dort gewesen, hatte aber nur eine Beamtin gefunden, mit der ich nicht sprechen konnte.

Dieser Verein, auch *Ochrona kobiet* scheint mir ganz vorzüglich organisiert, verständnisvoll geleitet, aber er hat viel zu wenig Mittel.

Er hat:

1. einen Arbeitsnachweis,
2. eine Geschäftsstelle, von der aus die täglich einlaufenden Anzeigen von verkauften, verführten, gestohlenen und entführten Mädchen und Kinder bearbeitet werden,
3. ein Heim für arbeitende Mädchen, die zu wenig verdienen, um sich selbständig zu erhalten,
4. ein Asyl für junge (leider sehr junge) Prostituierte, die einen anständigen Lebenswandel beginnen wollen.

Sie sehen, daß die Organisationen allen modernen, sozialen Anforderungen dem Geiste nach genügt.

In dem Heim für arbeitende Mädchen bemüht man sich, ihnen etwas Elementar-Unterricht, Fachausbildung und Unterhaltung zu geben. Daß die Einrichtungen dem sechsspännigen Geschmack der Frankfurter nicht gefallen würden – ich meine äußerlich genommen – ist selbstverständlich, aber die Opferwilligkeit der Wenigen, die die Einrichtungen geschaffen haben und unterhalten, ist bewundernswert.

Das ist Bekämpfung des Mädchenhandels, ist Erhaltung des sittlichen Ideals unter den Juden, ist Liebestätigkeit, wie sie sein muß.

Zusammenarbeit mit dem Schutzverein der andern Konfession scheint nicht zu bestehn. Die sittlichen Zustände der jüdischen Bevölkerung sind unglaublich traurig. Oeffentliche und geheime Prostitution, Zuhältertum, Mädchenhandel, – kleine Konditoreien, Sodawasserhäuschen sind die Börsen der Händler; natürlich werden Abtreibungen betrieben, das uneheliche Kind ist eine Schande, und wenn sich so ein Geschöpf, trotz aller Mittel zum Leben ringt, – dann schenkt man es dem *Spital zum Herzen Jesu*, denn die katholische Kirche ist klug genug, solche wertvollen Geschenke von Menschen-Material gern anzunehmen.

Selbst die Damen vom Frauenverein tun das mit den jüdischen Kindern, die von ihren Schützlingen geboren werden, denn es gibt keinen Willen und keinen Ort, also keine Möglichkeit, sie jüdisch aufzuziehen.

Wie groß ist die Weisheit der jüdischen Führer, die die Falaschas[23] »heben« wollen, während 36 Stunden von Berlin hochwertige Keime, entwicklungsfähige Embryos, lebenstüchtige Kinder abgetötet, in die Gosse geworfen, verschenkt werden.

JCA, Alliance, Hilfsverein!

Die beamtete Leiterin der eigentlichen Mädchenschutz-Abteilung ist eine Frau H. (Zionistin). Sie scheint sehr tüchtig und hat viele Erfahrungen und auch Erfolge. Es wäre sehr interessant, das Material, die Akten des Büros zu sehen. Ich bat, doch einen deutschen oder französischen Auszug zu machen, besonders regte ich das Anfertigen einer schwarzen Liste der verdächtigen Personen an, – aber es fehlt an Zeit und Geld, die Fühlung mit den andern Institutionen herzustellen. Besonders fehlt ein Schutzkomitee in Lodz. Mit Lemberg hat man noch keine Fühlung. Unsere Plakate fehlen, kurz, ich glaube, daß gerade ich geeignet sein werde, allerlei Verbindungen herzustellen, und dann hat meine Reise doch etwas Erfolg gehabt.

Von jüdischen Damen, deren Namen ich mir merken muß, ist Frau H., Frau L., die seit Beginn der Mädchenschutz-Organisation sehr tätig arbeitet, und die für die negativen Seiten der hiesigen weiblichen Jugend gar nicht blind ist, und Frau M. zu nennen.

Mit letzterer hatte ich heute eine lange Unterredung. Sie erzählte mir von den Schwierigkeiten ihrer Arbeit, dem Hohn, der Ironie, dem Unglauben, denen sie ausgesetzt sind, und meint, so ungünstige Arbeitsverhältnisse könne es sonst nirgends geben. Ich fragte sie auch nach dem Schicksal der unehelich Geborenen. Charakteristisch war, daß sie immer von unehrlichen Müttern sprach, und sie berichtete, daß manche ihre Kinder aufs Land bringen. Man war in dieser Angelegenheit schon an die jüdische Gemeinde gegangen, die ablehnt, etwas zu tun, ebenso lehnen die Waisenhäuser es ab, uneheliche Kinder aufzunehmen. Es bleibt also wirklich nur Tod oder Taufe – vor lauter jüdischer Ethik. Hier hatte ich das Pech, bei all' meinen Besuchen erst zum zweitenmal anzukommen. Auch bei Frl. von E. kam ich vorhin nicht recht. Ob sie von der hohen Bedeutung und dem Einfluß sind, wie Pastor G. meint, bezweifle ich. Jedenfalls führte mich der Besuch in einen schönen, alten Winkel der Stadt, an der Sigmundsäule vorbei, die ich schon lange gesucht hatte. Frau M. zeigte mir auch ein Restaurant, wo ich sehr gut und nach meiner Wahl essen kann, und sie gab mir die Adresse von einer Spitzenfrau, die mit den »höchsten Herrschaften« in Verbindung ist. Ich kenne diese Art weiblichen Faktotums; bei solchen hat man zur Zeit meiner Großmutter und der Tante Gutmann in Preßburg[24] auch gekauft. Aber ich will meine Erwartungen nicht zu hoch spannen und nicht vergessen, daß ein Rubel 2 Mark und ein bißchen ist.

Ich muß noch notieren, daß die bekannte polnische Schriftstellerin Elisabeth Orszesko, die den jüdischen Roman Meier Esophowitsch geschrieben hat, Dr. N. ihre Familienbilder vererbt hat. Es sind keine Kunstwerke, aber doch angenehme Bilder. Eine Zeichnung der Orszesko als alte Frau, von einem unaussprechlichen polnischen Künstler ist viel schöner.

Ein Gipsabguß der Hand der O. steht in einem Glaskasten bei Dr. N. auf dem Tisch. Ein Gipsabguß der Hand seiner Tochter hängt an der Wand!

Warschau, 10.5. 1912

Liebe Frau Oe.!

Ihre und des ganzen Fähnlein der sieben Aufrichtigen Versicherung, daß Sie viel an mich denken, daß meine Abwesenheit Ihnen schon länger erscheint, als sie es dem Kalender nach ist, daß ich manchen von Ihnen manchesmal fehle, das ist alles sicher wahr und lieb gedacht und empfunden, aber eine volle ganz gleichwertige Erwiderung kann ich nicht geben, weil ich ja glücklicherweise diesen nebenamtlichen in ihrer Art sehr treuen Empfindungen gegenüber nicht blind bin. Sie sind unberufen alle nicht auf mich angewiesen, und ich bin sehr anspruchsvoll, folglich – nicht undankbar – aber kritisch. Ich weiß es, und ich freue mich darüber, daß Sie alle ganz gern ein bißchen mit mir gehn, einmal durch dick, einmal durch dünn, sich von mir was erzählen lassen, »anregen«, die jüngeren auch kneten, formen, schieben, – aber im Grunde auch nur nebstbei. Diese Ueberzeugung gibt mir die Berechtigung, von Frankfurt so lange fort zu sein, als es mir gerade in den Sinn kommt, denn ich bin weder in meiner Arbeit und Art, noch in meiner Person eingewurzelt und notwendig geworden. Für nichts und niemanden. Das ist kein Vorwurf, – wahrscheinlich bin ich meiner Art nach selbst schuld daran – nur das Verzeichnen einer Tatsache. Das erleichtert mir mein Nomadenleben. Allerdings habe ich manchmal Heimweh, aber, das ist nur eine Art Sehnsucht nach meinem Heim, nach meinem Schreibtisch mit der Petroleumlampe, nach meinen lustigen Schattenrissen, nach meinen bunten Gläsern und vor allem nach meinen Spitzen, diesen wunderbaren Varietäten von Gebilden, deren Element ein grader feiner Leinenfaden ist. Wenn ich nicht eine Feindin poetischer Vergleiche wäre und wenn nicht alle Gleichnisse hinkten, möchte ich sagen, unser Leben müßte auch aus so feinem festen, echten Material, gleich- und gradfadige Verflechtungen und Verwebungen darstellen, die, ob sie einfach oder kompliziert sind, ethische resp. aesthetische Werte darstellen. Auch danach habe ich Sehnsucht, so ein Leben zu führen, und hasse die groben Finger, die die schönen Plangebilde zerstören und die Fäden zerreißen oder verwirren.

Ich habe schon oft gedacht, wenn man nichts zu lieben hat, ist hassen ein gutes Surrogat. Vielleicht lese ich deshalb die Arbeiterzeitung so gern, weil sie so heftig auflodernd die Gefühle großer Massen oder doch ihrer Führer zum Ausdruck bringt, im Haß, und doch aus Liebe zu einem Ideal.

Auch hier in Warschau ist der Boden großer Gegensätze und darum heftiger Empfindungen, die dem Leben einen großen Reiz geben müssen, und in manchen Zeiten ein großes Kraftgefühl auszulösen imstande sein werden. Ich glaube, daß es dann ganz einerlei ist, ob man auf dem Scheiterhaufen steht, oder ob man ihn anzündet, es muß nur in ehrlicher Ueberzeugung gekämpft werden. –

Eigentlich wollte ich heute abend noch in ein Kaffeehaus gehn und nachtmahlen. Aber im Träumen und bei Herstellung vorstehender Schmiererei ist es 8.30 Uhr geworden, da steckt ein ehrbares Frauenzimmer seine Kraftgefühle in die Tasche, läßt sich einen Tee aufs Zimmer kommen und schreibt einen halbwegs vernünftigen Bericht, der sachlich und farblos, wie immer, einfach Stütze meines Gedächtnisses sein soll, und schaut, daß sie zu Bett geht. –

Also Warschau ist eine Stadt, die, bevor die letzten Judenverfolgungen in Littauen waren, schon jüdische Einwohner hatte.

Es sollen sehr viel reiche Juden hier sein, die aber auch, im Verhältnisse zu ihrem Vermögen und zu ihrem Verständnis große Aufwendungen für Gemeinde-Institutionen und Anstalten aller Art machen.

Es gibt ein großes Spital und ein Kinderspital, Kinderbewahranstalten, Schulen usw. – Ein Schulunternehmen *Daath* wird von der *JCA* unterstützt, es soll auch etwas für Mädchen geschehn.

Gestern nachmittag zeigte mir Frau W. eine Anstalt, die auf einem der Gemeinde gehörigen Boden steht und in verschiedenen, getrennten Häusern allerlei Zwecken dient: Aufnahme von Idioten und Alten beiderlei Geschlechts, eine Kinderbewahranstalt und zwei Waisenhäuser für Knaben und Mädchen. Die Vereinigung dieser Gebäude auf einem relativ engen Raum ist arg, und wie zur Illustration, sah ich einen grauenhaften Idioten, der ein Kind auf dem Arm trug und es nicht hergeben wollte! – Aber im ganzen scheint alles für die lokalen Verhältnisse sehr gut eingerichtet. Daß die Buben mit 12 Jahren aus dem Hause müssen, die Mädchen mit 14 Jahren, daß um das bißchen Schulunterricht mit der Regierung gekämpft werden muß, ist natürlich sehr arg.

Aber in einer Küche, in der für 250 Menschen gekocht wird, in einer Waschküche usw. lernen die Mädchen das Landesübliche. Und wenn ich bedenke, wie schwer es im gebildeter Deutschland ist, gute Anstaltsbeamte zu finden, dann flößen mir die 3-4 Frauen, die ich hier in der Arbeit gesehn habe, wirklich Respekt ein. Sie sind unzureichend, aber nicht unbescheiden.

10.5.

Lesen Sie in der *Neuen Freien Presse* vom 9. 5. das Feuilleton »Frauen voran«, ein sonderbares Gemisch von Wahrem und Unwahrem; vielleicht ist die Darstellung für L. V. sogar subjektiv ganz wahr. – Nachdem ich heute gelesen habe, was ich gestern schrieb, kann ich heute gar nicht sachlich genug sein, um die Stimmung von gestern wieder gutzumachen.

Also ich besuchte Frl. von E. in einer kleinen, bescheidenen Wohnung, deren Tische und Wände von Photographien, mit und ohne Kronen auf den Rahmen, wimmeln, lebende Blumen, gestickte Polster, Kanarienvögel, Kreuze, Christusbilder, kurz, ein Milieu alter, deutscher, protestantischer Kultur. Frl. v. E. spricht das harte, schlesische oder litauische Deutsch, scheint aber ein guter, weicher Mensch zu sein. Sie arbeitet im Sinne christlicher Frömmigkeit und scheint mitsamt ihren Schwestern – sie erinnern mich etwas an die 3 Ettlingers in Karlsruhe nicht viel in die Welt hinaus zu kommen. Also für meine Bekämpfung und Arbeit kein Soldat. Sie hält es auch für gut, wenn ich nach Wilna und Petersburg gehe, und nennt mir für P. wichtige Namen. Sie entläßt mich mit ihrem Segen, der hoffentlich mit dem des Alexandrower Rebben gemeinschaftlich meinen Weg ebnen wird. Wozu ich sagen muß, daß ich in solchen Momenten immer eine tiefe Rührung empfinde und Glauben und Hoffen und Wünschen und Wollen sich zu einem undefinierbarem Zustande verdichten, für den, ich mich von den Immerallesleugnern gern auslachen lasse. Er trägt. –

Dann schickte Frl. v. E. mich zur Schwester Clara, der Hausmutter des evangelischen Heims, einer wahrscheinlich pflichtgetreuen Person, die aber nicht über ihre Haustüre hinaus sieht. Dann fuhr ich wieder zur katholischen Ochrona, denn es scheint mir das Wichtigste für hier, daß die vier Konfessionen in der Schutzarbeit zusammengehn. Die russischen Frauen scheinen aber hier vollständig auszuscheiden. Die beiden christlichen Konfessionen stehen in freundschaftlichen Beziehungen, es müßte also eine nähere Anrückung der katholischen und der jüdischen Arbeit erfolgen. Und wieder gefielen mir die katholischen Damen sehr gut. Ich hatte mit Dr. N., der »beglaubigter« Pole ist, d.h. ein Jude, von dessen nationalpolitischer Gesinnung man überzeugt ist, verabredet, daß die Initiative zur Zusammenarbeit durch ihn, resp. durch einen Brief des jüdischen Komitees eingeleitet werden sollte, mit meinem Vorschlag regelmäßige (alle 14 Tage etwa) interkonfessionelle Konferenzen abzuhalten. Der Vorteil der Zusammenarbeit wäre der, daß die katholischen Damen mehr Einfluß auf die Polizei hätten, die jüdischen mehr Zutritt zu den jüdischen Kreisen. Fast alle Mädchenhändler, Zuhälter usw. sind Juden, viele den Juden bekannt, aber nicht zu fassen.

Die katholischen Damen zeigten sich meinem Vorschlag geneigt, und ich wollte nun bei einem Tee, zu dem ich nachmittags bei Frau M. war, dort auch für die Zusammenarbeit sprechen:

Dort glaubte ich aber zu bemerken, daß die stille Animosität zwischen den beiden Vereinen weniger auf konfessioneller Basis als auf sozialer besteht. D. h. die katholische Gesellschaft besteht – wie ich erst hörte – aus sehr vornehmen, vielfach altadeligen Damen, die jüdische Gesellschaft – wie ich erst sah – aus vielfach nicht vornehmen Frauen, mit denen sehr nahe zu verkehren auch für nichtadelige Leute kein Vergnügen sein muß. In dieser Erkenntnis formulierte ich meinen Antrag dahin, daß 1-2 Vertreterinnen der beiden Gesellschaften in regelmäßigen Konferenzen gemeinsame Angelegenheiten besprechen sollten!

In diesem Sinne sprach ich auch heute mit Dr. N., der mich abholte, um mir die Stadt und die Lazinska, ein Lustschloß des letzten Polenkönigs in einem schönen Park, zu zeigen. Ich verbrachte einige sehr angenehme, angeregte Stunden, und wurde dann in der Bildergalerie abgesetzt.

Einige moderne Bilder von Marjan Trzebinsky gefielen mir sehr gut und auch einige von Leon Kaufmann in Paris. Sonderbar ist ein Bild Rotkäppchen, die Auffassung dieses deutschen Märchens von dem jüdischen Polen in Paris. Ein glatter Wald ohne Unterholz, ein glatter Wolf und ein Mäderl von etwa 3 Jahren, aus der Galerie Lafayette angezogen – ganz weiß mit einem roten Häubchen – das sollte die »süße, kleine Dirne« sein, die wir aus dem Grimm'schen Märchen kennen! –

Dann habe ich noch zu notieren, daß ich heute bei Frau W. zu Mittag aß, und daß sie mir eine Menge Dinge erzählte, die mich sehr interessierten, aus ihrem Leben, aus der Revolution

1905 usw., und dann sah ich mit Frau H. ein Kinderasyl und eine Entbindungsanstalt, alles relativ sehr sauber. Die Gemeinde selbst als solche ist wirklich sehr opferwillig, auch gibt es große Stiftungen, aber ein Meer von Unbildung, Elend, Schmutz und Rückständigkeit zu bewältigen. Ich wollte heute abend früh zu Bett gehn, soll aber noch mit Frau M. und Frau T. eine polnische Oper sehn. Und morgen geht es gegen 9 Uhr nach Wilna – fürstlich II. KL, um mich zu schonen. –

In Petersburg soll es noch sehr kalt sein, so daß ich heuer einen ausgedehnten Frühling habe, der in Frankfurt anfing und vielleicht in Petersburg aufhören wird.

Mit herzlichen Grüßen für alle meine Abonnentinnen Ihre
Bertha Pappenheim.

Wilna, 14. 5. 1912

Liebe Frau N.! Und nun weiter im Text. Ich habe noch von Warschau einiges nachzutragen, muß aber insofern aus der Chronologie fallen, als ich bemerkte, daß mein Ekelgefühl vorgestern abend vollauf berechtigt war. –

St. Petersburg, 15. 5. 1912

Die Eindrücke gehen so rasch an mir vorbei, und mein Gedächtnis ist, wie Sie wissen, so unzuverlässig, daß ich nichts tun kann, als mich, trotz des veränderten Briefkopfes, an die Chronologie zu halten.

Was ich von Warschau zu sagen habe, will ich in Stichworten zusammenfassen. Wenn es meine Abonnentinnen interessiert, kann ich sie gelegentlich ausführen, für mich selbst werden sie genügen. Das Prinzip der Bordellführung ist in Warschau teilweise anders wie in andern Städten. Ein Jude hat 4-5 »Betriebsstätten« (nach Sch.) und wohnt, mit irgend einem ehrbaren Gewerbe gedeckt, ganz wo anders.

Entbindungsanstalt, Frl. B. und Frl. R. (18 Jahre alt) Hebammen. Die Arbeit und die Beschäftigung der Kinder von 4-8 Jahren in der *Ochrona*. Die 4jährigen wollen schon Kopftücher häkeln – und sie tun es auch. –

Mit Wilna war ich im Sinne meiner Aufgabe sehr unzufrieden; es ging mir aber dort auch alles krumm – bis auf die Müffelei, von der ich es noch nicht weiß. Aber warum sollte auch gerade eine blinde Henne ein Weizenkorn finden, und es sich noch dazu einreden.

In Wilna war ich von Frau M. an ihre Schwester Frau A. empfohlen. Jedenfalls erste Generation nach Peies[25] und Scheitel (Perücke) und sehr unsympathisch. Mit und ohne ihre Hilfe lief und fuhr ich von Pontius zu Pilatus, nirgend ein Ohr, geschweige Verständnis. Ich sah das jüdische Mädchenwaisenhaus, mit 45 geschorenen Kindern, aus denen man bei den kärglichen Bildungsmitteln und Geldmitteln das relativ Beste macht. Dann hörte ich, daß es einen Verein gibt, zur Bekämpfung von Trachom und Favus, für letzteren ist eine eigene Röntgenstation eingerichtet, und die Kinder werden in Gruppen von 40-50 behandelt. Es kommen meistens Knaben, wahrscheinlich, weil man sich um diese mehr bekümmert, als um die Mädchen. Es gibt auch eine Handwerksschule; ich sah viele Mädchen dort mit Schneidern beschäftigt, die *JCA* soll sie unterstützen, aber den Leiter Herrn B. habe ich nicht gesprochen. Es gibt auch einen Frauenschutzverein zur Bekämpfung des Mädchenhandels. Anfangs war er interkonfessionell, aber sehr bald mußten sich die Jüdinnen zurückziehen. Er besteht polnisch, und für die jüdischen Mädchen geschieht nur, was die polnischen Frauen für gut finden.

Dann suchte ich den Wilnaer Zionistenhäuptling und den Kronrabbiner auf und fand sie ganz nett und verständig, und band ihnen die Bildung eines jüdischen Komitees auf die Seele. Sie meinten, wenn ich einige Wochen in Wilna bliebe, könnte ich es organisieren, daraufhin beschloß ich, noch am selben Abend abzureisen. Wilna scheint ganz hübsch zu liegen, ich sah von meinem Fenster eine bewaldete Anhöhe, es gibt viele Kirchen, aber da das Wetter regnerisch, stürmisch und kalt war, so machte alles einen unangenehmen Eindruck.

Als gewissenhafte Chronistin will ich auch einen kurzen unangenehmen Moment nicht unerzählt lassen, weil er so interessante und schwierige Folgen hätte haben können. Aber es ging ja gut, wie ich gleich sage.

Ich war in der Bank – wo man mir, nebenbei bemerkt, weder mein Telegramm noch meinen Brief expedieren half – und ausgerechnet, nachdem ich die beiden Quittungen unterschrieben hatte und bevor ich an der Kassa meine 700 Rubel in Empfang nahm, wurde mir ein bißchen schlecht. Mein Antikwarius, ein, wie ich hoffe, ehrlicher Glaubensgenosse, erschrak mehr als nötig, und bis er mit einem Glas Wasser kam, war alles wieder gut. Aber bedenken Sie, welche juristischen Konsequenzen hätten eintreten können: meine Unterschrift legal gegeben, und doch, welche Komplikation zur Erhebung des Geldes. Ferner: Wäre ein Kauf gültig gewesen, wenn der Käufer gestorben wäre im Augenblick, da er die Kaufsumme erlegen will, sie aber nicht erlegt hat – kurz man könnte auf diesen Moment einen ganzen Roman oder ein Drama aufbauen, und das war das Interessanteste daran.

Die Wirklichkeit blieb uninteressiert. Ich schwankte, ob ich den Rückzug antreten sollte, aber wie Sie sehen, ist alles gut, nur bin ich, um meinen Müffelschatz[26] und mich selbst zu hüten, heute nacht im internationalen Schlafwagen nach Petersburg gefahren. Und ich bin froh, daß ich Dr. D. recht gab, denn ich würde mich eben schrecklich ärgern, in Warschau zu sitzen. Da ich hier kein Zimmer bestellte, muß ich bis heute Abend mit einem ohnfenstrigen, kleinen Gelaß fürlieb nehmen, aber das Hotel ist wundervoll. Ob es wirklich »sittlicher« ist als das in Wilna, will ich nicht behaupten, aber aesthetisch genommen, ist es ein Genuß. Als geheimen Reiz meines Aufenthaltes empfinde ich noch, daß ich ja »eigentlich« nicht hierher gehöre. Aber majim genuwim jimtoku[27]. Etsch! –

Mein erster Weg wird wohl zum deutschen Konsul sein. Im großen und ganzen werde ich hier »genießen«. – Die Sonne scheint.

Mit herzlichem Gruß Ihre
Bertha Pappenheim.

St. Petersburg, 15. 5. 1912
Grand Hotel d'Europe

Liebe Frau H.!

Ich verbrachte den Vormittag im Lesezimmer und schrieb dem Teufel ein Ohr ab, und dann nahm ich mir einen Führer und einen Iswoschtschik – was ein Komfortabel oder eine Droschke 2. Güte ist – und sah schon die herrliche neue Erlöserkirche, die Kasan-Kathedrale und die Isaacs-Kathedrale, alles sehr schöne Gebäude, auch bei der Peter-Pauls Festung war ich, aber nicht drin, und dann sah ich das Häuschen Peters des Großen, über das wie ein Futteral ein Schutzhaus gebaut ist, und das einen großen Gegensatz zu dem Umfang und jedenfalls auch der Pracht des Winterpalais bildet.

Außerdem ist Sonnenschein, man sagt, seit Wochen das erstemal wieder blauer Himmel.

Und nun einen merkwürdigen Zufall. Nach meiner Spazierfahrt suchte ich ein Lokal, um Tee zu trinken, was nicht einfach war, da es in den Konditoreien nichts Nasses gibt und in die Cafés angeblich nur zweifelhafte Damen gehen. (Ich werde natürlich nächstens probieren, was da passiert, wenn ich hingehe!) Aber nach einiger Umfrage, gehe ich in ein Restaurant Domeniko, und nach 5 Minuten erscheint der einzige Mensch, den ich in Petersburg kenne, und den ich morgen aufsuchen wollte – Herr F., der russische *JCA* Vertreter! – Er erzählt mir, daß Sonntag Generalversammlung des hiesigen Mädchenhandelkomites ist. Vorsitzende Brn. Günzburg geb. Warburg. Ob meine einstmalige Reisegefährtin, ehemalig Frl. Dr. Rabinowitz hier ist, weiß ich nicht. Also habe ich schon meinen Faden.

Aber hauptsächlich will ich ein paar behagliche Tage haben.

Das Hotel ist das schönste, das ich kenne. Heute Mittag aß ich im Roofgarden, wo mein Schnitzel auf den Namen Escaloppe kam. Vielleicht hat es nur ein p. – aber es kam sehr langsam, doch unterhielt ich mich köstlich zwischen der Gesellschaft.

Leider konnte ich nur 3 Tische gut sehen. An dem einen ein bildhübsches braunes Mädel mit so schönen Zähnen und einem Grüberl, daß sich ihr Lachen schon rentierte. Die Mama dazu war nicht echt; sie pampfte was in ihr Platz hatte – ziemlich wahllos. Den dazugehörigen Jüngling sah ich nur von rückwärts. Jedenfalls war er wie Alle mit großem Herzen und Beutel.

Dann ein Tisch mit einer sehr eleganten und, wie ich glaube, ganzen Dame, die das Kunststück fertig brachte, alle 3 Kavaliere, die an ihrem Tisch waren, gleichmäßig bezaubernd anzulächeln. Vielleicht war der Rechte gar nicht dabei, dann war es auch ein Kunststück. Der dritte Tisch: sicher ein Frankfurter Glaubensgenosse und ein russifizierter Oesterreicher 1. Gilde mit so entsetzlichen Manieren, daß der Dritte vom 2. Band sicher durch gute Geschäfte an ihn gefesselt war, sonst hätte er's nicht ausgehalten. Wie er saß und aß und den Zahnstocher benutzte und die Nase putzte und schmunzelte und mit einer großen Banknote aus der Hosentasche heraus bezahlte, es war einfach nicht zum Ansehen.

Wenn man nicht verlangen müßte, daß die Staaten nach den Gesetzen der Gerechtigkeit regiert werden, wenn sie nach den Gesetzen des Geschmackes zu regieren wären, man müßte wirklich manchen Verordnungen zustimmen. Wenn sie arm und entrechtet sind, ist Unkultur eine Entschuldigung, aber so ein Exemplar dürfte überhaupt nie und nirgend einen Paß haben. Vielleicht wenn er absolut leben will, dann im Herrenfeldtheater. – Sie glauben nun sicher, daß mir die roten Fräcke, Schnallenschuhe und schwarzen Escarpins in den Kopf gestiegen sind, mit denen hier serviert wird.

Eben habe ich mein fensterloses Provisorium gegen ein sehr nettes Zimmer vertauscht.

Sie sehen, wie gut ich es mir gehen lasse.

Ich weiß nicht, wie lange ich hier bleibe. Wenn die Sonntag-Verhandlungen nur russisch sind, haben sie keinen Wert für mich.

Mit herzlichen Grüßen für alle Abonnenten Ihre

Bertha Pappenheim.

St. Petersburg, 17. 5. 1912
Grand Hotel d'Europe

Liebe Frau N.!

Also Petersburg liegt am Finnischen Meerbusen. Ich muß entschieden damals in der Schule gefehlt haben, wie wir das hatten, denn sonst hätte ich praktisch hier nicht diese geographische Ueberraschung erleben können, denn die Lage der Stadt dürfte sich in den letzten 40 Jahren nicht verändert haben. Meinen Abonnenten werde ich also mit dieser Notiz fachlich nichts Neues mitgeteilt haben. Sie setzt nur die Berichterstatterin ins rechte Dunkel. Wieviel ich von der Umgebung der Stadt werde sehen können, hängt von Zeit und Umständen ab, denn ich kann mich der Sprache wegen nur sehr schwer fortbewegen. – Gestern suchte ich Herrn F. in seinem *JCA*-»Ministerium« auf, einer schönen Etage mit einem Stab von mindestens 30 männlichen und einigen weiblichen Beamten, die alle nicht den Eindruck der Ueberanstrengung machten. Das Beste, das die *JCA* macht, sind ihre Leihkassen, deren sie in Rußland 700 hat, sonst viel große Zahlen, große Worte, denen nach den Stichproben, die ich kenne, schmerzlicherweise nicht ebenso große Taten und Erfolge gegenüberstehen. Natürlich hat die *JCA* nirgends eigene und ganze Schulen, das wäre auch ein Fehler. Sie subventioniert wo ein lokaler Wille da ist, sie tut aber, wie wenn sie alles wäre. In der Angelegenheit der Bekämpfung des Mädchenhandels versagt sie vollständig, sowohl materiell, als auch moralisch. Die tatsächliche Versumpfung und Verwahrlosung des jüdischen Volkes geht sie einfach nichts an, dafür gibt es kein Geld. Sie können sich meine Gefühle denken, als ich dieser Tage die Spendenliste für die Juden in Fez las. Wozu sie erhalten, wenn man sie doch nicht zu rechtlichen Menschen erziehen will, und das machen die großsprecherischen Organisationen im Osten so wenig wie in Osteuropa. Aber es muß und wird einmal eine Zeit kommen, in der diese for show Arbeit aufgedeckt wird und sich rächt...

Also Herr F. war sehr liebenswürdig, wenn auch mit einem gewissen fühlbaren Einschlag von Zurückhaltung, die von ihm aus nicht ganz unberechtigt ist.

Er war zufällig zum Frühstück bei Frau Baron G., und während ich dann bei L. Newski Prospekt N. 18 für 75 Kopeken ein unbezwingliches Dejeuner oder Frühstück, wie der Kellner sagte, einnahm, brachte Herr F. mir eine freundliche Einladung für Abend zu Gs. Dann brachte Herr F. mich selbst in das von ihm mit gesammelten Mitteln vor 40 Jahren gegründeten Waisenhaus für 50 Knaben und 50 Mädchen.

Eine ganz besonders unsympathische Hausmutter zeigte mir das Haus, ich hörte und sah und schwieg, besonders da ich hörte, daß die Anstalt große Summen zu verzehren hat. Auch Herr F. fragte mich nachher nichts, und so schwieg ich weiter.

Abends fuhr ich zu Gs., wo ich eine sehr nette, liebe Frau geb. W. als Hausfrau fand, den Baron G. kannte ich schon von London, drei sehr nette Töchter, die älteste, besonders hübsch und frisch, eine Lehrerin des Waisenhauses, Frl. S. und einen Herrn Br.

Nun kam die Rede bald auf das Waisenhaus, und da ich gefragt wurde, so redete ich, und vielleicht war es gut. Es ist eben überall die große Schwierigkeit, gutes Erzieherpersonal zu finden...

Wer und was Herr Br. ist, weiß ich nicht recht. Er kam mir unangenehm hinterhältig vor, ist über Vereinssachen orientiert, wußte von den Verhandlungen Montefiore-Ponafidine, aber nicht von den meinen mit M. Er wollte mir von den großen Taten der Loge in der Bekämpfung von Mädchenhandel erzählen, kurz, wenn mein Gefühl mich nicht täuscht, ist er auch eine der vielen Milben im großen jüdischen Wohltätigkeitskäse. Aber er wird meine Bekanntschaft mit der Prinzessin Oldenburg, der Präsidentin des hiesigen Zentralkomitees, vermitteln, was sehr dankenswert ist. Als er fortging, merkte ich an seinen Stiefeln, daß er nicht zur »Gesellschaft« gehört, was natürlich nicht ausschließen, sondern sogar veranlassen könnte, daß er, wenn es seines Amtes sein sollte, »wärmer« wäre.

Ich werde heute erfahren, wer es ist. Dann machte Frau Br. G. mir einen Plan für Besichtigungen, die ich je der Reihe nach aufzählen werde, soweit sie sich realisieren lassen. Und auch der Plan, nach Moskau zu gehen, wurde gestern abend so weit geschmiedet, daß ich ihn heute an Sie telegraphierte. Aber es ist unsicher, ob ich im guten Hotel ein Zimmer bekommen werde, da der Kaiser am 14. alten Stils in Moskau erwartet wird.

Wichtig ist nur von gestern abend festzulegen, daß Herr Br. G. sagte: »Wir tun gar nichts zur Bekämpfung des Mädchenhandels, und wir haben auch nicht die Absicht, etwas zu tun. Wenn Sie mit der Prinzessin sprechen, sagen Sie ihr das, damit sie sich nicht Hoffnung macht, daß das Komitee vielleicht von jüdischer Seite Geld bekommt.« Das hiesige Mädchenschutzkomitee hat eine Art Klub und zwei Heime für solche Mädchen, die geschützt sein wollen, aber nicht für solche, die geschützt werden müssen. Uebrigens liegen die Dinge hier ganz eigenartig, doch von einem Zentralkomitee wäre doch anderes zu erwarten.

Da die Eremitage leider ganz unzugänglich ist, gehe ich jetzt in das Museum Kaiser Alexander III. und bin für nachmittags mit Br. G. für allerlei verabredet.

Das Wetter ist heute wieder unfreundlich, und ich vermisse die Hitzewelle, von der ich gestern in allen Zeitungen, die hier im Hause in reicher Auswahl aufliegen, gelesen habe.

Mit herzlichen Grüßen für Sie und alle Ihre

Bertha Pappenheim.

St. Petersburg, 18.5. 1912

Liebe Frau N.! Vor allem habe ich heute, um nicht 24 Stunden länger, als nötig ist, eine Ungerechtigkeit bestehen zu lassen, festzustellen, daß Herr Br. keine Milbe im jüdischen Wohltätigkeitskäse ist, sondern Beamter der russischen Hofbibliothek und Sekretär der Prinzessin Helene von Sachsen-Altenburg (nicht Oldenburg). Herr Br. ist sehr vorsichtig, nicht temperamentvoll, hat sich früher mit meiner Hauptaufgabe befaßt, aber, da man in Rußland hauptsächlich an andere Dinge denken muß, so ist ihm die Bekämpfung des Mädchenhandels nicht mehr so wichtig. Von Charakter soll er ganz vortrefflich sein. Vielleicht werde ich auch noch einmal vorsichtig, wenn ich älter werde.

Die dritte Berichtigung ist, daß die Lehrerin, die ich bei S.'s kennen lernte, D. S. heißt...

Ich kann es meinen Ohren nicht übel nehmen, daß sie die Namen, die mir durch die hiesigen Zungen vermittelt werden, nicht richtig aufnehmen. –

Sie schreiben von Gewitterschwüle in Frankfurt – hier war gestern Schneegefussel in der Luft, und ich habe heute – echt russisch – über mein Jackenkleid noch einen Mantel gezogen. Man ist hier ein sonderbares Gemisch von verfroren und lustig. Alle Wagen offen, alle Fenster zu. Trotzdem es doch mindestens 5-8 Grad Minus hat, sehe ich viele große Kinder von 3-4 Jahren mit einer Art von weißleinenem Nachthäubchen unter den blauen Tellermützen. Und sonst noch allerlei kleine Unterschiede, die sehr nötig sind, um, wenn man ohne auf die Schilder zu sehen, nicht in vielen Straßen den Eindruck einer Allerweltstadt zu haben. So z.B. sind die Leichenkondukte ganz schneeweiß! Die Stadt ist sehr ausgedehnt, elektrische Straßenbahn, Kutscher, mit denen man um den Fahrpreis handelt, wenn man kann. Mir gefällt es sehr gut hier, und ich habe mir sonderbarerweise auf meiner diesmaligen Reise das Teetrinken angewöhnt. Vielleicht, weil es frostig ist, vielleicht, weil er so gut schmeckt.

Auch das feste Futter ist gut, auch in einfachen Restaurants, Gemüse werden wenig gegessen, außer Kraut und Kohl sind sie zu teuer, aber auch in den Anstalten wird viel Fleisch gegessen, trotzdem es nicht billig ist. Milch und Eier sind teuer, Fisch ist billig. Wohnungen sollen teuer sein und das Leben im allgemeinen kostspielig. Die Köchinnen in den Anstalten, die ich sah, bekommen 10-12 Rubel, doch wohnen sie nicht immer im Hause. Ueber die Details dieser und andrer Dinge muß ich mich noch erkundigen. Es kommt den Leuten oft so sonderbar vor, was ich alles frage und wissen möchte, aber ich kann von diesen Dingen gar nicht genug hören.

Denken Sie, ein Heim, das ich sah, bekommt »durch Protektion« sein elektrisches Licht um den dritten Teil des Preises, wie andre Abnehmer!

Ganz praktisch ist, daß in vielen Miethäusern auf dem mittelsten Treppenabsatz das Telephon zur allgemeinen Benutzung da ist. Jedenfalls muß der Hausmeister den angerufenen Mieter verständigen; wie das geschieht, habe ich noch nicht erfahren. »Vielleicht schickt er einen Buben«, meinte Frl. S. Aber hat man denn immer Buben zum Schicken?

Petersburg hat 60 000 tartarisch mohammedanische und 30 000 jüdische Einwohner. Die ersteren bauen eben eine Moschee, letztere haben eine sehr schöne große Synagoge. –

Eigentlich wollte ich Montag abend nach Moskau abreisen, da ich dachte, morgen bei der Vorsitzenden des russischen Mädchen- und Frauenschutzkomitees in Audienz empfangen zu werden, doch höre ich eben, daß die Prinzessin mich erst Montag abend will, es wäre also töricht, bei so viel aufgewendeter Zeit nicht noch einen Tag länger zu bleiben...

Ich habe heute früh bis 9 Uhr geschlafen, weil das Zimmer durch dunkle Vorhänge ganz still und schläfrig ist. Aber eben, 8.30 Uhr abend, ist es noch ganz hell draußen, und Frl. S. erzählte mir von den »weißen Nächten«, in denen es kaum dunkel wird. Das hatte ich allerdings in der Schule gelernt – vergessen – und freue mich nun, diese Schulweisheit lebendig zu sehen.

Ueberhaupt bin ich ungeheuer aufnehme- und abgebelustig, aber mein Schriftsteller-Papier ist unbenutzt. Das ist sehr gut so...

St. Petersburg, 18.5. 1912

Liebe L.! Heute hat mich die junge Baronesse Anna G. – ein wirklich ganz besonders nettes, einfaches, sehr hübsches Mädchen – nach einer seit 3 Monaten bestehenden russischen Industrie, d.h., Handarbeitsschule gebracht, mit deren Leiterin, einem Frl. Sch., ich verabredete, daß sie mir ihre alten Spitzendoubletten sammeln und in einigen Monaten schicken wird. Das wird doch eine herrliche Vermehrung meiner Sammlung, auf die ich mich entsprechend freue.

Es soll hier auch Müffelläden[28] geben, aber ich habe sie noch nicht gesehn, kann sie schlecht finden und noch schlechter mit den Leuten reden.

Ich wollte Montag abend nach Moskau abreisen, denn man riet mir sehr dazu, die Gelegenheit zu benützen, aber die Prinzessin von Sachsen-Altenburg, die für die Mädchenhandelsache hier sehr wichtig ist, will mich Montag abend empfangen, und da ist es fast selbstverständlich, daß ich bleibe, weil ich denke, daß ich den polnischen Frauen in Warschau sicher, vielleicht der Sache im Allgemeinen, nützen kann...

St. Petersburg, 19.5. 1912

Liebe Frau C.! Erinnern Sie sich, daß ich Ihnen von Stockholm aus über einen Typus von Mädchenheimen sprach, der mir so gut gefiel, daß ich ihn so gerne von der Weiblichen Fürsorge in Frankfurt nachgeahmt wüßte? Von dem *Verein zum Schutze der Mädchen* hier eingerichtet, sah ich gestern wieder zwei »homes« nach demselben Prinzip. Der Verein hat eine Wohnung gemietet, von der ein Zimmer als Wohn- und Eßzimmer eingerichtet ist, die andern sind mit tunlichst viel Betten als Schlafräume an junge im Erwerb stehende Mädchen vermietet.

Während sie in Stockholm ganz für ihre Verköstigung sorgen müssen und je einen kleinen Gasherd für Frühstück und Nachtessen zur Verfügung haben, kommt hier morgens der Samowar auf den Tisch, und mittags wird im Hause gekocht, doch braucht kein Mädchen im Hause zu essen, wenn sie nicht will, aber sie kann für 15 Kopeken (35 Pfg.) ein gutes Mittagessen haben. Für Bett und Wohnung bezahlt sie hier monatlich 3,50 Rubel bis 4 Rubel, in Stockholm 14-17 Kronen monatlich. In den zwei Heimen, die ich hier sah, gibt es gewisse kleine Unterschiede, über die ich Ihnen natürlich schriftlich nicht detailliert berichten kann, aber die Einrichtung als solche ist gut, weil sie sich den Einnahmen und Ansprüchen der einzelnen Mädchen gegenüber biegsamer und anpaßlicher erweist, im Gegensatz zu dem starren System des einheitlichen Pensionspreises anderer Mädchenheime.

Und wieder empfehle ich Ihnen als meine Kollegin im *Mädchenklub* und *Weiblicher Fürsorge* die Ausführung dieser Idee, die ganz in den Rahmen der Fürsorge paßt und die bedenkliche Seite der Wohnungsfrage für viele gut lösen wird.

Merkwürdig erscheint mir hier, daß man die Mädchen nach keiner Richtung erziehlich zu beeinflussen versucht. Es scheint, daß man schon zufrieden sein muß, sie bis zu einem gewissen Grade zu schützen, sonst sind sie absolut »unabhängig«.

Die Heime sind auch hier ganz koscher geführt. Die Leiterin resp. Wirtschafterin des einen, ist ein sehr sympathisches Frl. A., Nichte des Bildhauers, also liebe C, machen Sie in der Fürsorge Propaganda für die Idee des biegsamen Mädchenheimes, das keine Konkurrenz irgend einer bestehenden Anstalt zu sein braucht. Nennen Sie es, »Wohnheim der Weiblichen Fürsorge« oder »Zuhause der Weiblichen Fürsorge«, irgendwie, um das Wort Mädchenheim zu vermeiden – es wird Ihnen auch noch ein besserer Name einfallen – und fangen Sie mit der Fürsorge zum Herbst an.

»Klubheim« wäre auch gut. Frl. N. hat ja auch schon lange in diesen Plan einschlagende Gedanken. Also, lassen Sie sich das Ding durch den Kopf gehen, ich empfehle es einer hochwohllöblichen, wohlwollenden Erwägung.[29]

Ihre Bertha Pappenheim.

St.Petersburg, 19. 5. 1912

Liebe Frau H.!

Ich habe heute so das Gefühl des Schulkindes, das mit seinen Aufgaben nicht fertig ist, und schwimmen gehen möchte, denn ich bin mit zwei Tagen Notizen im Rückstand.

Also: vorgestern Vormittag war ich im Museum Kaiser Alexander III., einer Galerie moderner Maler von 1800 bis heute. Da ich außer den Jahreszahlen unter den Bildern nichts lesen konnte, so hatte ich die Freude ganz unbeeinflußten, durch keinen Namen beflügelten oder gehemmten Genießens. Ein ganz in altitalienischer Art konzipiertes Bild des kleinen Christus, aber angezogen in einem blauen Kleidchen, die Maria und der kleine Johannes im Fell anbetend, gefiel mir sehr gut. Ein Kenner wird es vielleicht süßlich nennen. Mich interessierte daran, daß, trotzdem alles italienisch sein sollte, die Spitzen an dem Kissen, auf dem das Christuskind liegt, ausgesprochen russische Klöppelspitze, der Schleier der Madonna Malines ist, woraus man das Alter des Bildes feststellen könnte.

Ganz gefangen war ich von einem Saal von Bildern, unter denen allen die gleichen Hieroglyphen zu sehen waren. Darstellungen aus dem japanischen Leben, das Portrait eines alten Mannes, kleine und große Bilder von hinreißender Lebendigkeit und Größe. Es drängte mich das Incognito dieses Großen mit Hilfe des Saaldieners für mich zu lüften, und es war Wereschagin! Unvergeßlich bleibt mir auch eine Broncegruppe: ein traurig sinnender Mann, ein Bübchen an sein Knie gelehnt. Ich weiß nicht, wem ich für mein Leben die Freude dieses Kunstgenusses zu danken habe.

Auch ganz moderne Bilder sah ich, denen man den Einfluß von Paris ansieht, aber die ursprünglichen, manche ganz wild und trotzig, scheinen mir die besseren. Ein Volk, das solche

Kunst produzieren kann, ist doch nicht zu unterdrücken. Die »slawische Gefahr« erscheint in manchem Sinne wie eine frohe Verheißung.

Nachmittags holte Br. G. mich ab, um mit mir das Narodny dorn, das Volkshaus der Gräfin Pahlen zu sehn. Ich kann Ihnen natürlich nicht die ganze Einrichtung dieses, in einem ärmlichen Quartier gelegenen Hauses beschreiben, aber Sie werden sich einen ungefähren Begriff machen können, wenn Sie hören, daß der »große Saal« 1000 Menschen faßt. Der Betrieb geht den ganzen Tag: Kindergarten, Kinderhort, Abendkurse, Bibliothek, Theater, Vorlesungen – alles geschaffen und erhalten und betrieben von einer Frau, Gräfin P., die infolge ihres eigenen unglücklichen Lebens ihr Leben und ihr ganzes Vermögen dieser Kulturarbeit gewidmet hat. Sie hat uns selbst geführt, alles gezeigt und erklärt und macht einen sehr angenehmen Eindruck, fest und intelligent, und man begreift, daß ihre Persönlichkeit sehr wohl imstande ist, auch auf die rohe Masse zu wirken.

Sie hat einen Stab von etwa 50 Helfern und Helferinnen, die meisten freiwillige, manche bezahlt.

Es soll noch ein zweites Volkshaus, durch den Kaiser begründet, geben, das aber infolge des Mangels einer so hingebenden Persönlichkeit als Leiterin, wie das P.'sche, nicht so gut und wirksam sein soll.

Gestern vormittag war ich in einer erst seit drei Monaten eröffneten Schule, die der Renaissance der russischen Heimarbeit und Volkskunst dienen soll. Vorsteherin ist ein Frl. Sch.; die Schule ist auf Initiative der Kaiserin gegründet. Es werden alte Teppiche, Stickerein, Perlarbeiten und Spitzen, teils kopiert, teils sollen die Arbeiterinnen auf dem Lande mit gutem Material und Zeichnungen versehen werden, so daß ihre Produkte besser qualifiziert und auch besser bezahlt werden.

Frl. Sch. versprach mir von den Doubletten ihrer Spitzensammlung eine kleine Kollektion für mich zusammenzustellen! Können Sie sich meine Freude und Vorfreude vorstellen? –

Natürlich bummle ich auch durch die Straßen, deren Schilder – ich meine die Schilder an den Geschäften – ganz für die analphabetische Bevölkerung eingerichtet sind. Große Ochsen, Riesenkuchen, Stiefel, Pelze, Kleider, Hüte, alles in grellen Farben gemalt, machen die Straßen auch bunt, wenn die Läden geschlossen sind. Amüsant sind die Kutscher, je vornehmer die Herrschaft, desto dicker der Kutscher, natürlich nur auswattiert und auf dick angezogen...

St. Petersburg, 20. 5. 1912

Liebes Müllerchen! Gestern hab' ich so was wie Heimweh gehabt, denn ich war abends in einem (echt russischen) Klub. Dr. L. und Frl. R., in einer etwas späteren Ausgabe, haben gesungen, und zum Schluß tanzten die Mädchen.

Der große Unterschied dieses und des entsprechenden jüdischen Klub ist, daß er nur den Winter über dauert (gestern war die letzte Zusammenkunft), daß die Mädchen nur Sonntag resp. Samstag kommen, daß die Zusammenkünfte aber von 11 Uhr vormittag bis 9.30 Uhr abends dauern. Im Sommer werden Ausflüge gemacht und der Verein hat irgendwo ein Landhaus gemietet, wo Klubmitglieder 2 Wochen Erholung finden und die Arbeiterinnen sonst ihren ganzen Sonntag zubringen können. Das fand ich besonders schön. Allerdings ist hier alles billiger, trotzdem die Lebenshaltung im allgemeinen teuer ist. Die Ansprüche sind nicht so groß, wie bei uns – außer ans Essen.

Dann lernte ich dieser Tage, ich vergaß mir es zu notieren, eine Frau C. kennen, die eine Broschüre über Suffragettes geschrieben hat. Ich kann sie natürlich nicht lesen, da sie aber die Szene im Bild hat, in der eine Suffragette mit dem Schlauch durch die Nase »ernährt« wird, – so bin ich mit Frau C. fertig.

Heute war ich auf dem Tandelmarkt von St. Petersburg und fand ein paar alte Lappen für mein Herz. Meine Abreise ist nun endgiltig für morgen abend festgesetzt, da heute die Konferenz bei der Prinzessin sein wird.

Ich glaube Herr B. hat ein bißchen Angst vor mir, aber ich beruhigte ihn, daß ich nichts anstellen werde.

Ich bat ihn, mir heute noch »die Bekanntschaft« mit »andern Leuten« zu vermitteln. »Welche?« fragte er. »Solche, die weniger Hemmungen haben, als die ich bis jetzt traf.« Aber es scheint, daß ich die Vertreter der russischen Psychologie, die uns so viel zu schaffen machen, auch nicht an der Quelle werde kennen lernen. Wenigstens nicht bei meinem ersten Besuch in St. Petersburg.

Der O.'s habe ich in den zwei homes, die ich sah, viele bemerkt. Ich glaube, daß diese Art keine bleibende Form unsres Genus ist – das wäre auch sehr zu bedauern.

Gestern nachmittag sah ich in der Kunst-Akademie eine Sammel-Ausstellung aus der Zeit der Kaiserin Elisabeth, die bis auf die Ausstellung sehr viel Schönes zeigt. An Bildern wenig, das meinem Laiengeschmack gefällt, aber schönes Silber, besonders große kunstvolle Meßbucheinbände und allerlei Kleinkunst, die meinem schwarzen Trostschrank, genannt das Misttrügerl, gar nicht schlecht zusagen würden...

St. Petersburg, 21. 5. 1912

Liebe Frau N.! Jetzt muß ich trachten, das sachliche Ergebnis meines gestrigen Berichtes bei der Prinzessin von Sachsen-Altenburg festzuhalten. Es waren noch zum Tee anwesend: Frl. S., die Tochter des Vorsitzenden des russischen Nationalkomitees zur Bekämpfung des Mädchenhandels, ein Herr (Pastor?) W., Prof. D., Herr G. und Herr D....

Das Gespräch drehte sich ausschließlich um die Notwendigkeit und die Art der Bekämpfung, anfangs französisch, doch glitt man nach und nach ins Deutsche. Die konfessionellen und vor allem die nationalen Schwierigkeiten kamen zur Sprache, letzteren wurde noch mehr Gewicht beigelegt. Die Möglichkeit und Form der Anstellung eines Agenten wurde lebhaft erörtert, und ich merkte, daß ich nicht vergeblich in Konstantinopel war, da Herr P. diese Idee voll als die seine vertrat, was ihrer Ausführung natürlich förderlicher ist, als wenn sie die meine geblieben wäre. Ueber den Geldpunkt resp. die Beschaffung der Mittel für einen Agenten wurde gar nicht gesprochen. Herrn B.'s Angst nach »dieser« Richtung war also vergeblich. Ich plaidierte wieder für einen Agenten (am liebsten ein Ehepaar), dem man ein kleines Gehalt und »Wildprämien« geben sollte. Auch halte ich es für einerlei, wo man diesen Mann zuerst in Wirksamkeit treten läßt. Freie Eisenbahnfahrt wäre von den Bahnen zu verlangen. Die Schwierigkeit, nicht jemanden zu engagieren, der nicht der befeindeten Seite dient, ist groß! Ein Jude wäre vorzuziehen.

Ferner brachte ich die Wünsche der Warschauer katholischen Damen vor, die große Schwierigkeiten, seitens der russischen Polizei haben, ihre Schutzplakate zu verbreiten. Bei dieser Gelegenheit trat ich für das weinende Mädchen als internationales Plakat ein, das für eine analphabetische Bevölkerung den großen Vorzug der Sinnfälligkeit hat. Sehr interessant war mir, was Herr W. über das hiesige Prostitutionswesen erzählte. Seinen Ausführungen nach müßten es einfach Idealzustände sein! In bestimmter Entfernung von einer Kirche oder einer Schule ist kein Bordell erlaubt, wodurch die öffentlichen Häuser einfach aus dem Weichbilde der Stadt gewichen sind. Sehr schön – aber es gibt so viele Maisons de passe als man will; 20 Hotels sind gar nicht von wirklichen Reisenden benutzt. Also: keine Bordelle im polizeitechnischen Sinne, wie es heißt, aber 3 000 eingeschriebene Mädchen und zehnmal so viel Geheime, deren Gesundheitsattest die Einnahmequelle der untern Polizeiorgane sind und ein Quell der Krankheit für das ganze Volk. Die Untersuchungen sollen immer unter Assistenz weiblicher Personen, vielfach von weiblichen Aerzten geschehn. Es wurde die Anstellung einer Polizeiassistentin besprochen; ein Jugendgericht soll es geben.

Mein Erwähnen der Mitarbeit des Br. R. (grüne Warnungskarte) fand gar kein Interesse, als ich von Lady A. sprach, glaubte ich einen Blick zwischen der Prinzessin und Prof. D. zu bemerken. Es geht natürlich in diesen Kreisen auch nicht alles glatt. Die Selbstverständlichkeit, mit die Händler, Kuppler usw. als Juden bezeichnet und gekannt sind, ist furchtbar.

Es wird uns wenig nützen, daß das russische Komitee und einige andere Menschen in mir eine Jüdin kennen lernen, die die Schande als solche empfindet und dagegen arbeiten möchte. Stillschweigend gelten »die Juden« sicher in ihrer stillschweigenden Duldung als eine Art von Hehlern. Und ich möchte das Wort variieren, daß wirklich, wer nicht gegen die Gemeinheiten in unserer Gemeinschaft ist, für dieselben ist.

Man soll doch nicht denken, daß unsre Gegner nicht wüßten, welche Demoralisierung in den breiten Schichten des jüdischen Volkes Platz greift. Das Aufhören der religiösen Hemmungen fördert sie, und die Führer stecken die Köpfe in den Sand und halten Reden von Simili-Ethik und Solidarität.

Ich wünschte, diese edlen Vertreter des jüdischen Volkes wären gestern an dem Teetisch der russischen Prinzessin gewesen und hätten unter der glatten vornehm-weltgewandten Form empfunden, was ich empfunden habe. Von dem Standpunkte unserer eigenen Heuchelei, Hehlerei und Feigheit gesehn, hat der Austritt aus der Gemeinschaft eine Berechtigung.

Heute früh war ich in der kaiserlichen Bibliothek, die große Schätze enthält; Herr B. zeigte sie mir und erwies sich sehr freundlich.

Es ist beängstigend zu denken, daß bei der Lage des Bibliothekgebäudes, in einem Augenblick losbrechender Volkswut. solche unermeßliche und unersetzliche Schätze vernichtet werden könnten.

So beschließe ich Petersburg, nicht unbefriedigt.

Mit herzlichem Gruß und dem Wunsche für frohe Feiertage Ihre

Bertha Pappenheim.

Als Anregung für Anträge gab ich noch gestern abend: Herstellung einer schwarzen Liste (international), tunlichst mit Photographien, Herstellung eines internationalen Flugblattes unter Zugrundelegung meines Memorandums. Ich werde die Anträge wohl selbst stellen müssen – vielleicht schon am 21. Oktober 1912 in Brüssel, aber es war mir wichtig, hier d.h. bei dem russischen Komitee, Unterstützung zu finden.

Um das Eisen überall noch warm zu finden, und meiner stillen Mission die Fäden hin und her zu führen und zu verflechten, schrieb ich heute früh 4 Briefe. Heute nacht werde ich Zeit haben, die Daumen zu halten.

Die neuen Schnitzler-Novellen müssen sehr interessant sein.

Haben Sie das *Jedermann*-Stück gesehn?

Moskau, 22. 5. 1912 Hotel National

Liebe Frau F.!

Heute ist hier ein Nikolaus-Tag. Man begnügt sich hierzulande nicht mit einem Nikolaus im Winter, man muß auch einen im Sommer haben. Ueberhaupt ist außer heute Schewuoth, beständig Feiertag, was natürlich für die Schulen, die Geschäfte, mit Ausnahme der Schnapsbuden, von großem Nachteil ist. Aller Verkehr stockt mindestens an 2 Tagen der Woche. Die Leute sollen auch schrecklich faul sein. Also heute konnte ich hier gar nichts tun oder sehen, als mit der Trambahn nach Sokolniky fahren, eine große, sehr große Parkanlage mit verschiedenen Restaurants, Musik, vielleicht auch Volksbelustigungen. Ich wurde zweimal, einmal sogar von einer fremden Dame in der Tramway gewarnt, mich nicht von den ganz belebten Wegen zu entfernen, das sei bei dem hiesigen Publikum nicht ratsam. Und tatsächlich sieht die große Menge der feiertäglich schlendernden Spaziergänger nicht sehr vertrauenerweckend aus. Sehr arg finde ich auch eine Sorte nicht ganz städtisch (ohne Hut) und nicht recht bäuerlich gekleideter Mädchen, von großer Dreistigkeit im Ausdruck. War es Zufall, daß ich soviel schwangere Frauen sah, oder ist es eine größere Unbefangenheit und Natürlichkeit, die sie trotz ihres Zustandes spazieren gehn läßt, oder sind sie zu faul und zu ungeschickt, ihre Kleider zu ändern? Natürlich war ich ganz taubstumm, und ein beginnender Regen schickte mich bald in die Stadt, wo ich zwei feiertäglich geschlossene Müffelläden fand. Herr B. gab mir für hier die Adresse zu einer Frau G. und zu einem Herrn N. Letzterer hat erst morgen Nachmittag für mich Zeit, scheidet also aus. Frau G. ist sehr nett, geschiedene Frau, die eben ihre Apothekerinnenprüfung gemacht hat, und mir viel Interessantes erzählt hat. Sie will morgen ein paar Stunden mit mir sein. Eine junge Frau P., die ich im vorigen Jahr in Jerusalem traf, habe ich aus meinem Gedächtnis ausgegraben, – aber sie ist in Kiew.

23.5.

Frau G. erzählte mir unter anderem, daß es seit zwei Monaten den Juden verboten ist, nach vollendetem juristischen Studium bei einem Advokaten eine praktische Zeit zu machen, so daß ihnen dieser Beruf vollständig verschlossen ist.

Ich vergaß noch zu notieren, daß, trotzdem Rußland das Land ist, in dem Frauen schon am längsten studieren, sie zu den »Männeruniversitäten« keinen Zutritt haben. In Petersburg gibt es eine Frauenhochschule (staatlich) und sonst Kurse, private Unternehmen, an deren Frequenz sich eine staatliche Prüfung anschließen muß, um irgend einen praktischen Wert – Anstellung oder Wohnrecht – zu haben. –

Die Kinder von A. sollen physisch sehr schön, aber sonst wenig geraten sein. Ferner notiere ich als Kuriosität, daß die Moschee, die in Petersburg im Bau steht, nicht fertig gebaut werden darf, weil ihre Kuppel und ihre Minarets höher sind als die russischen Kirchen.

In Moskau sind 1 500 000 Einwohner, davon 3000 Juden, lauter wohlhabende Leute, aber »sehr bourgeois«.

Unfaßlich ist, wie die Zeit hier gar nichts bedeutet; ein, zwei und drei Tage länger in einer Stadt zu bleiben, als man meint und zur richtigen Besichtigung eigentlich braucht, ist fast selbstverständlich! Der Portier im Hotel weiß von Eisenbahnzügen soviel wie ich und schickte mich zur Schlafwagengesellschaft, wo für meinen Schalter vielleicht 30 Menschen lammfromm standen. Ich machte nicht mit. Der Hoteldirektor erklärte mir, daß für Wochen hinaus alle Plätze genommen seien, aber, wenn ich den Tag meiner Reise bestimmt hätte, (vielleicht! Samstag oder Sonntag), dann wolle er morgen früh einen Kommissionär an die Bahn schicken, um zu sehen, ob es einen Platz gibt. Bei großer Anfrage würde auch manchmal ein Bis-Zug abgelassen, dessen Fahrtsicherheit mir nicht sehr groß scheint. –

Heute und bis jetzt habe ich nur gemüffelt, – zur Galerie usw. bin ich tatsächlich noch nicht gekommen –, habe aber nichts gekauft, weil die Preise zu hoch sind.

Heute ist es plötzlich Sommer, ich mußte meine Jacke ablegen und trinke nun zur Kühlung Tee. Ob das Teetrinken nicht Durst macht? Ich weiß mir das beständige Teeverlangen meinerseits gar nicht zu erklären, denn ich lasse mich doch sonst nie von solchen Landesunsitten anstecken.

Das Leben hier soll sehr kostspielig sein. Der Gemüsemarkt ist sehr schön befahren, es wird aber direkt auf die Ware sehr unappetitlich gespritzt; Fische sind massenhaft da und stehn vielfach in der Sonne, überhaupt ist es sehr schmutzig hier und alles höchst unhygienisch. Leichenbegängnisse weiß. Wenn alle nötigen Faktoren zu meiner Abreise von hier zusammenstimmen, werde ich telegraphieren.

Herzlichst Ihre Bertha Pappenheim.

Moskau, 24. 5. 1912
Hotel National

Liebe Frau N.!

Wenn ich es zu meinen irreparabeln Dummheiten rechne, meine Arbeit im Frauenverein aufgegeben zu haben, so gehört meine Reise hierher zu den größten Gescheitheiten, die ich beging. Moskau ist schon zum Sehen mit die interessanteste Stadt. Sie hat 40 mal 40 Kirchen, alle mit Kuppeln aus Gold, Silber oder festen Farben, der Kreml und einzelne Straßen sind so eigenartig schön, daß man bei hellem Sonnenschein nur zufrieden sein kann, einen Grund zu haben, immer noch und immer wieder durch die Straßen zu schlendern.

Gestern machte ich die sehr interessante Bekanntschaft der Gräfin Barbara B. Als ich an einem etwas von der Straße zurückgeschobenen Hause läutete, öffnete mir ein Diener. Ich stieg eine Holztreppe mit einem etwas verwurstelten grünen Leinenläufer hinauf und befand mich auf einem schmalen Korridor, der eine große Tiefe des Hauses verriet und der mit unzähligen Reisekoffern verengt ist. Ich wurde in ein großes Zimmer geführt, das mit einem Glasschrank alter Tassen, Bildern, einem Gemisch von Möbeln aus der guten, alten und der schlechten, nicht neuen Zeit, gleich ein wirkliches Kulturmilieu zeigte. Leider auch Photographien an der Wand. Die feste moderne Note, der große Schreibtisch mit dem Telephon. Es gibt kein besseres

Zeichen für den ganz natürlichen Sieg der Frauenbewegung, als das Verschwinden des Damen-schreibtisches. Wo ich, wenn ich warten muß (und ich muß doch immer warten), noch einen Damenschreibtisch oder Möbel mit Schutzüberzügen finde, da sind auch die Frauengehirne noch unentwickelt.

Also gestern ein großer, breiter Schreibtisch, gut dem Licht zugestellt, und Gräfin Barbara B. ließ mich nicht lange warten. Sie spricht nicht deutsch, aber französisch und englisch. Eine sehr einfach und sehr bürgerlich aussehende Frau mit gütigeren Zügen, als die Gräfin P. in Petersburg.

Sie erklärte mir sehr rasch und deutlich, daß sie sich für die Prostitutionsfrage, Frauenfrage, Mädchenschutz usw. zu interessieren keine Zeit habe, da ihre ganze Kraft der Einrichtung und Führung der Moskauer Nachtasyle gewidmet sei.

Die Stadt Moskau läßt jährlich durch ihre Hand 2 Millionen Rubel gehn, und wenn es mich interessiert, dann wolle sie mir heute die Asyle zeigen, sowohl die, die sie eingerichtet, wie die, die sie bekämpft.

Sie können sich denken, wie gerne ich das Whitechapel von Moskau sehn will, und heute Abend um 7 Uhr werde ich Gräfin B. in ihrer Wohnung abholen. Ein kurzer alter Rock wäre nötig, wegen des unvermeidlichen Ungeziefers und sonst gute Nerven. –

Dann kam durch Frau G. angehippt eine Frau Dr. G., die mit mir durch den Kreml ging und von der ich viel, viel hörte; sie ist klug, ist Rigaerin, hat lange in Berlin gewohnt, gehört der Frauenliga für Stimmrecht an, aber es ist etwas in ihr oder an ihr, das mich störte. Sollte sie nicht aufrichtig sein? Darauf kann ich natürlich keine Probe machen. Für mich ist es einerlei. Sie ist die Tochter des Wilnaer Rabbiner (außer Amt). Ihr Bruder scheint großer *JCA*-Mann, aber ich verbarg meine Gefühle. –

Um 7 Uhr wollte ich in die jüdische Restauration fahren (Lurié) Frau G. setzte mich in einen Wagen, der Kutscher setzte mich an einem Hause ab, in dem es mir gar nicht hübsch schien. Nirgends die drei Buchstaben, die mich hätten leiten können, alles unleserlich, teils menschenverlassen, teils unangenehme Exemplare des Genus Mensch, also nahm ich wieder einen Wagen und fuhr ins Hotel zurück.

Heute früh war ich von 10 – ½ 1 Uhr in der Galerie Trétiakoff, die wundervolle Bilder enthält. Bis auf wenige Altarbilder sind die »alten« Bilder nur von 1800 an – aber so schön und kräftig – trotz Biedermeier gar nicht sentimental. Sein Sie froh, daß ich gar nicht versuchen darf, meinen Laienempfindungen feuilletonistischen Ausdruck zu geben. Repin, Wereschtschagin, Kramskoi und noch viele andere Unaussprechliche, Iwan der Schreckliche von Antokolsky und ein Chri-stuskopf, den ich in Petersburg in ganzer Figur in Bronze sah – ein sehr menschlicher Christus und darum für Antokolsky doppelt interessant.

Jetzt gehe ich ins Rumianzew-Museum, und um 4 Uhr will Frau G. wieder im Hotel bei mir sein …

Ihre Bertha Pappenheim.

Moskau, 26. 5. 1912

Liebe Frau H.!

Ich sitze jetzt 11.30 Uhr im Hotel und weiß noch nicht, ob ich um 2 Uhr, um 2.30 Uhr oder gar nicht abreise. Seit einer Stunde ist ein Kommissionär am Bahnhof, um zu versuchen, ein Reisebillet für mich zu bekommen. Daß ich heute wegen großer Hitze lieber in Warschau noch eine Nacht zu bleiben plante, um auch mit den Warschauer Damen noch zu sprechen, scheint nicht mehr zu machen. Denn, wenn ich und mein Gepäck heute glücklich bis Lem-berg aufgegeben bin, wie und wann soll ich in Warschau klar machen, daß »wir« die Fahrt unterbrechen wollen? Natürlich trenne ich mich nicht von meinem Gepäck. Den Begriff der Vergnügungsreise scheint es hier noch nicht zu geben.

Der gestrige Abend war einer der wichtigsten für mich, und wenn ich Schlüsse ziehe, auch wichtig für uns, ich meine damit die in der sozialen Arbeit stehenden Juden.

Ich war natürlich pünktlich um 7 Uhr im Hause der Gräfin B., die mir wiederholt erklär-te, daß sie weder mit der *Frauenliga* (Feministinnen), noch mit dem *Verein für Mädchenschutz*

»sympathisiere«, sachlich sowohl als auch, weil die in den Vereinen arbeitenden Frauen auf einem andern Standpunkt stünden. Später erkannte ich, daß »nicht sympathisieren« bei ihr gleichbedeutend mit zu liberal sein heißt. Nach einigen sehr bestimmten Aeußerungen der Dame, daß sie nur die Menschen respektiere, die zwischen ihrem Leben und ihrer Ueberzeugung keinen Unterschied machen, Aeußerungen, denen ich uneingeschränkt zustimmte, setzten wir uns in ein Auto. Dann sagte ich ihr – was ich eigentlich hätte gleich tun müssen – daß ich Jüdin sei. Sie hatte es schon tags vorher gedacht, weil die Dame, die ihr telephoniert habe – Frau G. – diesen unverkennbaren, schrecklichen jüdischen Tonfall habe. Ihr Gesicht verzerrte sich förmlich, wie in Erinnerung von etwas ganz Ekelhaftem. Und dann erklärte sie mir, daß es unmöglich für Russen sei, die Juden zwischen sich aufzunehmen, sie werden sich nie vermischen, sie sind absolut verschieden.

Ich warf in die heftige Rede ein, es handle sich nicht um ein Vermischen, sondern nur um ein Tolerieren. »Rien, rien«!

Mit den armen Juden, wie sie z.B. in Wohlhynien eng beisammen wohnen und ihre Religion aufrecht halten, da könne man noch Mitleid haben; aber die schon zu Vermögen und Intelligenz gekommen sind, sind Atheisten und Anarchisten. »Ich kennen keinen wohlhabenden Juden, der von einem Ideal – irgendeinem – erfüllt ist, für das er lebt und stirbt und irgend ein Opfer zu bringen imstande wäre. Jeder Jude denkt zuerst an seinen Vorteil. Wir Russen, wir haben unser Ideal, das Volk, der Mouschik[30], für den wir leben, nous faisons tout pour le relêvement de notre peuple.«[31]

»Mais a nous juifs, on ne permet pas de faire la même chose, pour nos correligionaires«.[32] Sie hörte keinen Einwand – mit einer Glut und mit einer Wut sprach sie, die groß und für uns vernichtend war, denn die Gräfin B. ist natürlich ein Typus – eine von Tausenden, die wie sie denken.

Uebrigens fügte sie hinzu, es mache gar nichts aus, mit einer einzelnen Jüdin auch einmal zu tun zu haben. Sei doch sogar der Leiter ihres Nachtasyls, ein Doktor S., ein Jude. Warum? Weil sie keinen russischen farblosen Doktor gefunden habe, den die Regierung bestätigt hätte. S. sei ein guter Arzt, verstehe sein Amt, und sei politisch absolut farblos.

Warschau, 27.

Ferner sagte sie, im Verkehr zwischen Juden und Christen – einerlei, ob Russen, Katholiken oder Protestanten komme man als Christ immer auf einen Punkt, in dem man nicht zusammen weiter gehen könne, denn die Juden haben eine ganz verschiedene Ethik und Aesthetik, wie die Christen.

Ich versuchte zu sagen, daß die christliche Ethik die jüdische sei: »Ce n'a jamais été, jamais, jamais.«[33]

Nach der Seite der Ethik war sie nicht zu überzeugen, was den mangelnden Idealismus betrifft (ich konnte mich doch nur selbst als einen für ein Ideal lebenden Menschen und Jüdin anführen), die mangelnde Aesthetik, die Biegsamkeit und teilweise die Gebogenheit der Rasse zu vielem mußte ich schweigen, weil Gräfin B. recht hatte, und weil sie nur das unter erschwerenden Umständen Gewordene sieht und sehen kann. Wir beide Frauen waren sehr erregt, und wenn wir nicht durch die Hemmungen der Erziehung und Kultur in Zaum gehalten gewesen wären, wenn wir uns irgendwie außerhalb eines sausenden Autos in der Steppe, in der Wüste getroffen hätten als christliches und jüdisches Weib, unser »Verkehr« hätte sich anders gestaltet. Körperlich wäre sie die Siegerin geblieben, vielleicht wird sie es auch sonst bleiben, denn die Feindin hat recht, sie arbeiten pour le relêvêment du peuple, und wir Juden sehn der Demoralisierung unseres Volkes und darum seiner Vernichtung und Auflösung mit freundlicher Fratze zu. –

Gräfin B. brachte mich zuerst zu ihrem Asyl, d.h. dem Gebäude, das sie mit kommunalen Mitteln errichtet hat. Zur Berichtigung muß ich hier anfügen, daß die 2 Millionen Rubel nicht jährlich, sondern einmalig bewilligt waren, daß Gräfin B. aber jeden andern Betrag, den sie verlangen würde oder wird, teils aus kommunalen, teils aus privaten Mitteln haben kann, z.B. zum Bau und zur Führung einer Stelle für Arbeitsvermittlung, die sie einzurichten gedenkt.

Das Nachtasyl der Kommune Moskau ist ein großes 3-stöckiges Gebäude, das in großen heizbaren Sälen auf Holzpritschen allnächtlich 1500 Menschen aufnehmen kann und auch aufnimmt; etwa 300 Frauen und Mädchen, das andere Männer.

Es besteht nämlich in Moskau, und in andern russischen Städten auch, ein großer Zustrom bäuerlicher Elemente, die in der Stadt Arbeit suchen. Diese guten Elemente will man durch die Aufnahme in die Asyle – bis sie Arbeit gefunden haben – von anderen schlechten Elementen in anderen Asylen, von den ausgesprochenen Huligans getrennt halten, damit sie nicht, durch diese ausgeraubt, verführt und angestiftet, gleichfalls solche werden.

In diesen Asylen kostet der Aufenthalt für eine Nacht 5 Kop., es gibt sehr gutes billiges Essen, Tee, Bäder und keinen Alkohol. Aber es geschieht auch gar nichts, um die Menschen erziehlich oder sonst zu beeinflussen. Als wir auf der Treppe standen, sah ich, wie ein Mann sinnlos betrunken von zwei Wärtern die Treppen hinuntergeschleift wurde. »Tun Sie nichts, die Trunksucht zu bekämpfen?« – »Nein, das ist unsere Arbeit nicht.« – »Würden Sie gestatten, daß eine Gesellschaft, deren Aufgabe es ist, in Ihrem Asyl Flugblätter verteilte?« – »Ich hätte nichts dagegen, es könnte vielleicht nützlich sein – aber es geht mich nichts an, ich bin nur für das Asyl da«, sagte die Gräfin.

Dr. S. scheint mit den Leuten sehr gut umzugehen und sehr beliebt zu sein. Er spricht deutsch – comme il est Israelite –, ich hatte keine Veranlassung, mit ihm in einer Sprache zu sprechen, die meine Führerin nicht spricht.

Das ganze Unternehmen machte einen guten Eindruck; die Frauen sind die schlechteren Elemente der Besucher, verkommene Existenzen, Gelegenheits-, nicht Professionsprostituierte. Man bekümmert sich um niemanden, auch nicht um Minderjährige und Kinder!! – Das wäre die Aufgabe anderer Gesellschaften, der einzelnen, individuellen Fürsorge, von der Gräfin B. nichts hält, so wie sie überhaupt von Frauenarbeit, Frauenbewegung, Kongressen, Stimmrechtsbewegung usw. nichts hält!

Ich bemerkte, daß sie selbst doch ein Beweis sei, wie gut eine Frau arbeiten könne. – Das sei eine Ausnahme, eigentlich mache sie Männerarbeit als Mitglied und mit der Kommune. Ich mußte ihr recht geben, und in dem sich mir unwillkürlich aufdrängenden Vergleich mit der Gräfin P. in Petersburg wuchs letztere, als Frau, hoch über Gräfin B. hinaus, da sie doch in ihrem Narodny dom an der Petersburger Bevölkerung ein großes Stück nationaler Erziehungsarbeit vollbringt – vom Kinde angefangen bis zum erwachsenen Mann und an jeder Frau. –

Gräfin B. hat noch ein anderes großes Interesse, nämlich das, dem Volk Theatervorstellungen zu vermitteln. Es gibt einen Verein in Moskau, der sich diese Aufgabe gestellt hat, und zwar muß mit lauter freiwilligen Kräften (bis auf einen angestellten Regisseur) gearbeitet werden, da alle Kosten auf ein Minimum zu beschränken sind. Es ist ungefähr die Idee des Rhein-Mainischen Unternehmens, aber wie mir scheint, mit einem noch viel wirksameren Mittel arbeitend. Die Gesellschaft schickt nicht Schauspieler in die Dörfer, sondern das Stück, den Apparat zur Aufführung – Szene und Kostüme. Der Regisseur geht in ein Dorf, verabredet mit einem Lehrer oder Geistlichen als Leiter die Aufführung und sucht ein Lokal, und aus den Dorfbewohnern selbst die Schauspieler, verteilt die Rollen und reist ab. Nach 3-4 Wochen kommt er wieder, sieht, wieweit das Lernen und Proben gediehen ist, leitet selbst eine Probe und bestimmt nach weiteren 3-4 Wochen die Aufführung, zu der er dann da ist, und bei der das ganze Dorf die Zuschauer bildet.

So sind im vergangenen Jahr 112 Aufführungen in ebenso vielen kleinen Orten veranstaltet worden. Zur Aufführung kommen nur einfache Stücke aus der russischen Geschichte oder Legende. Es gibt nicht viele Stücke, aber doch ausreichend.

An dem Abend, an dem Gräfin B. mich mitgenommen hatte, war es ihr noch wichtig, die Probe für eine solche Theater-Aufführung zu sehen. Es war ein unvollendetes Stück von Puschkin, zu dem man den Schluß angefügt hatte. In einem ganz kleinen Lokal – für Frankfurter Begriffe »unmöglich« – ward probiert. Ein Maler hatte die transportablen Kulissen gemalt, junge Leute hatten inszeniert, Mädchen die Kostüme genäht, und ich denke, die Sache war für ländliche Anforderungen sicher sehr gut, und die Idee, die Leute selbst zu interessieren und zu beschäftigen ist zweifellos unter den verschiedensten Gesichtspunkten besser, als ihnen ein fertiges mittelmäßiges Theater zu servieren.

Wir wollen einmal mit Dr. E. über die Sache reden.

Wir sahen nur einen Akt und fuhren dann zu den Nachtasylen, die Gräfin B. durch ihre Häuser bekämpfen will. Das sind im schlechtesten Viertel gelegene große Häuser, 2 bis 3-stöckig, die Privat-Unternehmen gehören, – sie verdienen 60 Prozent – und an einzelne Wirte verpachtet sind. Diese richten dann die Pferche für Menschen ein, die für 5 Kop. eine Nacht, und wenn sie wollen, den Tag über bleiben können.

Ich kann mir ersparen, Ihnen zu erzählen, was ich sah, ich brauche Sie nur auf Gorki hinzuweisen, ein Name, den meine Führerin, als ich ihn nannte, sicher absichtlich überhörte.

Natürlich sind die Szenen, die Gorki vorführt, einzelne, aber diese trunkenen Männer und Weiber zusammen zu sehen, das Schreien und Lachen und Johlen aus den Fenstern zu hören, die frechen Gestalten an sich anstoßen zu fühlen, diese Luft zu atmen, das Kellerloch zu sehen, wo allnächtlich die bei den Schlägereien Umgekommenen hineingeworfen werden, zu wissen, daß im gegebenen Augenblick auf relativ kleinem Raum 4000 solcher Menschen beisammen sind, die auf einen Wink zu Pogrom-Bestien werden können, – es legte sich wie ein Alp auf meine Brust! –

Als wir aus einem der Häuser traten, lag ein vielleicht 11 jähriges Mädchen in tiefem Schnapsschlaf neben der Schwelle, wir wären im Dunkeln fast auf sie getreten. Ich wünschte, sie wäre nie mehr erwacht. Ich fragte die Gräfin, ob sie sich des Kindes nicht annehmen könne. »No, and even if I would, – it would be too late.«[34]

Gräfin B. war noch so liebenswürdig – es war inzwischen fast 11 Uhr geworden – mich im Auto ans Hotel zu bringen. Ich dankte ihr. Sie sagte, sie würde sich freuen, wenn sie mir hätte dienlich sein können. Ich sagte, daß sie mich um unendlich wichtige Erfahrungen und Eindrücke bereichert habe und daß ich ihr deshalb besonderem Dank verpflichtet sei.

Mein Dank war aufrichtig, trotzdem ich fühlte, daß ich einer Feindin conventionell und höflich die Hand reichte.

Der entsetzliche Gedanke an die 4000 Huligans, die in einer Nacht auf einem Haufen, doch auch für Moskau nur ein Bruchteil des latenten Verbrechertums darstellt, wurde mir in dieser unruhigen Nacht nur dadurch erträglich, daß ich auf der anderen Wagschale einen Tolstoi und einen Wereschtschagin sah und mir klar machte, daß die Schlechtigkeit sterblich und vergänglich ist, und daß uns das Gute und Schöne bleibt.

Wenn wir diesen Trost nicht hätten, müßte uns der Einblick in die Nachtseiten des Lebens erdrücken.

Mit herzlichem Gruß Ihre

Bertha Pappenheim.

Das Findelhaus habe ich nicht gesehen. Es soll eine kleine Stadt sein. Es werden nur normale Entbindungen vorgenommen, andere in Spitäler geschickt. Wie man das in allen Fällen durchführt, weiß ich nicht. Eine Frau, die ein 2. Kind mitstillt, kann, so lange sie es tut, mit ihrem Kinde bleiben. Die Kinder, die ungenannt bleiben, bekommen eine Nummer, später heißen sie oft Pryudsky. Pryud-Asyl. Die meisten Kinder kommen bald nach der Geburt aufs Land, und die Sterblichkeit unter ihnen soll sehr groß sein.

»Man« zeigte die Anstalt nicht gern; es ist schwierig, hineinzukommen, und ich wollte mir keine Ungelegenheiten bereiten, da ich doch reichlich unoffiziell da bin. Ich fragte Gräfin B. nach der Anstalt, sie sagte, daß sie nichts von ihr wisse, als daß man sage, daß sie nicht gut sei, was man ja von allem sage, was von der Regierung geführt oder unterhalten werde. Ob wirklich die Spielkartensteuer zur Erhaltung genügt? Ob die Kaiserin Katherina sich das Haus, das sie aus einem großen Gedanken heraus gründete, so entwickelt dachte? –

Warschau, 28. 5. 1912

Liebe Frau N.!

Den letzten Vormittag in Moskau, den ich sonst überall noch zu einer Besichtigung verwendet hätte, mußte ich mit Fragen und Warten verbringen und mich schließlich doch noch in den

Vor-Zug eilen. Ich dachte, mit einer Platzkarte für »Dannsky« vorgesehen zu sein, der Nacht wegen, mußte aber sehr bald erfahren, daß es kein Damencoupé gab. Mein Zellengenosse – der »sogar« I. Cl. hatte reisen wollen – mußte sich auch fügen. Er versicherte mich, so lange wir à deux waren, daß ich es mir nachts »ruhig« bequem machen könne, da er Familienvater sei. Glücklicherweise stieg nur in Smolensk noch eine weibliche Ehrenwache von gut 2 Zentnern ein, die unser Zellengenosse ruhig das Oberbett erklimmen ließ. Ich kroch natürlich ganz bekleidet auf meine Matratze und sah, wie es bei ihr oben immer mehr wurde, je mehr sie auszog, und wie er unten von dem Umstand, Familienvater zu sein, den äußersten Gebrauch machte! Trotzdem er einen mich quälenden Husten hatte, den ich mir mit 2 Codein-Tabletten stillte, schlief er sehr gut, während ich vor Hitze und Staub die ganze Nacht kein Auge schloß – außer natürlich in den Momenten, in denen es die Schicklichkeit erforderte.

Am anderen Tag erging sich unsere Conversation – natürlich französisch – da er ein Pariser aus dem Elsaß war, aufrecht behagliche Bahnen, denn er kennt die Familie P. in Frankfurt, die T. und S. in Paris, weiß, daß die junge Frau diesen Winter nicht durch einen accident am Badeofen, sondern durch Handschuhe waschen mit Benzin verunglückt sei. Ferner weiß er, daß Mde. S. – unsere Mde. S.? – die Gründerin des temple reforme in der Rue Copernicque gestorben sei! Das wäre doch arg und täte mir sehr leid; persönlich, denn sie ist oder war eine liebe und gute Frau, und sachlich wäre es arg, wegen des internationalen Bundes. Vielleicht können Sie die Sache, natürlich vorsichtig, feststellen.

Für die Identität der Person spricht, daß mir mein Mitreisender erzählte, der Leichnam sei zur Einsegnung in den Tempel gebracht worden! Solche Ungeheuerlichkeiten bringt die radikale Reform. Also rüsten wir uns indessen, auch in Frankfurt solche Blaue Wunder in der allein seligmannischen Synagoge [35] in der Königsteinerstr. zu erleben. Mein Mitreisender erzählte mir dann noch, daß er in Paris bei Entgegennahme seines Passes dagegen protestiert habe, daß die Religion eingetragen werde, infolgedessen sei er Protestant.

Ich hatte ihn natürlich schon in Moskau, bevor sich die Lokomotive in Bewegung setzte, für einen französischen Zwillingsbruder des amerikanischen Herrn H. festgestellt, nur hatte ich so einen leisen Verdacht auf einen Mädchenhändler nach der Analogie in jedem Weibe Helena zu sehen.

Infolgedessen wiederholte ich immer im Geiste die bekannte Stelle unserer Warnung: »Nimm keine Wohnung, keine Stelle, keine Heiratsanträge an, ohne vorherige gründliche Auskunft einzuholen«, und so entkam ich glücklich allen Fährlichkeiten, bis auf rheumatische Schmerzen, die ich aber nicht auf Konto der Reise setzen kann, sondern auf den heftigen Temperatur-Umschlag.

Hier angekommen – sprach ich gleich mit den Frauen M. und T., denen ich mein Kommen telegraphisch mitgeteilt hatte, um die Zusammenarbeit ihres Mädchenschutzbureaus mit der »Landeszentrale« (so versüßte ich ihnen die Pille der russischen Zugehörigkeit) etwas detailliert zu besprechen. Sie begriffen sehr gut, worauf es ankommt, und ich glaube wirklich, daß ich durch Hin- und Herführen der Fäden unserer Sache genützt habe. Ich will nachher nochmals auf die jüdische Geschäftsstelle gehen und mich ein bißchen an der guten Arbeit freuen.

Frau T. erzählte mir mit großem Kummer, daß in diesen Tagen die Warschau-Wilnaer Bahn, die bisher einer Aktiengesellschaft gehört habe, russisch verstaatlicht worden sei, und daß binnen ganz kurzer Zeit an tausend polnische Beamte entlassen und brotlos geworden seien, auch Leute, die nach 30-jähriger Dienstzeit kurz vor ihrer Pensionierung gestanden hatten. Solche Vorgänge riefen natürlich die größte Erbitterung hervor und verschärfen die Gegensätze…

Auch die polnischen Frauen hier werden hoffentlich mit meiner Intervention bei der Prinzessin zufrieden sein.

Ich habe heute nacht Kassa gemacht und glaube im großen und ganzen für meine russische Reise mit einem kleinen Gewinn abschließen zu können.

Morgen fängt dann das galizische Geschäft an, über das ich wieder getrennt weiter berichten werde. –

Lemberg, 30. 5. 1912

Liebe L.!

Gestern abend 8.30 bin ich hier angekommen, nachdem ich schon morgens früh in Granicua aufgeatmet hatte, über die Grenze eines Landes geschritten zu sein, in dem jeder Mensch, nicht nur der Jude aus drei Teilen bestehen soll: Leib, Seele und Paß – wobei Leib und Seele defekter, d.h. weniger in Ordnung zu sein braucht, wie der Paß. Käuflich sind alle drei Bestandteile eines russischen Menschen.

Es tut mir leid, daß ich meiner Mutter in diesen Tagen kein Steinchen[36] bringen kann, aber wie oft habe ich auf dem weiten Wege zwischen Moskau und Lemberg in Gedanken die Reise nach Frankfurt zurückgelegt und kleine Abstecher nach Preßburg nicht unterlassen. – Heute, nachdem ich auf meinen russischen Abstecher zurückblicke, muß ich selbst sagen, daß er doch körperlich und in gewissem Sinne auch geistig eine Anstrengung bedeutet hat; daß ich sie gut bewältigt habe, ist sicher mit deshalb, weil ich eben »von guten Eltern her« bin.

Also das Wichtigste: Die Eremitage soll geschlossen sein, weil große Abgänge aus den Sammlungen bemerkt worden sind. Vielleicht werden auch tatsächlich Umbauten gemacht oder Neueinrichtungen, die das Stehlen schwerer machen. Aber da an dem Verschwinden vieler wertvoller Objekte hochgestellte Personen mitschuldig sein sollen, so werden Vorrichtungen einfacher Einbruchs- und Diebssicherheit nichts nützen.

Das Rumanzew-Museum in Moskau ist kein Genuß. Vielleicht habe ich schon einmal irgendwo aufgeschrieben, daß ich dort war. Doch glaube ich nicht die Wichtigkeit erzählt zu haben, daß ich auf meiner Rückreise in Warschau an der Bahn wieder zufällig den *JCA*-Minister F. traf und zwar in einem für mich unangenehmen Moment, da ich meine Fahrt unterbrechen mußte und keinem Beamten klar machen konnte, was ich eigentlich wollte. Herr F., an den ich mich wandte, sagte mir, ich solle nur den Stationsvorstand suchen! Grattez le russe[37] – aber in dem Fall kam der Pollak und nicht der Tartare zum Vorschein und für mich die Sicherheit, daß man in Petersburg, trotz gegenteiliger Versicherung, Herrn F. schon gesagt haben wird, daß ich im Waisenhaus nicht alles gut fand. Natürlich ist bei der Sache die Möglichkeit einer Verbesserung des Waisenhauses wichtiger, denn die Anstalt soll sich noch hinauf entwickeln, F. und Pappenheim haben den Höhepunkt ihrer Entwicklung schon erreicht. Daß ich in Warschau durch die Schuld eines alkoholfreundlichen Trägers den Zug versäumte, hatte zur Folge, daß ich eine Nacht von 11.45 bis 9 Uhr in der Bahn zubrachte, aber auch, daß ich ein paar Stunden bei Frau M. war und dort einen Rechtsanwalt B. und seine Frau kennen lernte. Wir hatten lebhafte Debatten, aber sein höflicher Wunsch, ich möchte nochmals den Zug versäumen, deckte sich nicht mit meinem Verlangen weiterzukommen.

Hier wurde ich mit der mich riesig freuenden Ueberraschung einer jüdischen Bahnhofsmission, die seit vergangenen Sonntag existiert, empfangen. Die christlichen Frauen hatten gar nichts für uns getan. Natürlich ist die betreffende Missionarin – sie war früher Lehrerin – noch gar nicht orientiert, aber sie hat doch schon vielerlei zu tun gehabt. Für 16 Stunden Tagesdienst bekommt sie 30 Gulden. Aber der Verein weiß noch nicht, woher das Geld kommen wird. Die Herren Männer wollen es nicht geben, und die Frauen haben es nicht. Frau L. will sich an die *Wiener Alliance* wenden. Soeben sprach ich Frau H. aus Lodz. Sonja B. war bei ihr; sie hatte gehört, daß ich da war; sie schien ihren Mutterschmerzen entgegenzugehen und hat ihre Adresse absolut nicht angeben wollen.

Frau H. hat nicht nach dem Vater des zu erwartenden Kindes gefragt, »denn in Lodz gilt der Code Napoléon«[38], aber ich glaube nun doch erst recht, daß der ganze Fall Sonja in L. schlecht behandelt wurde. Sie soll sehr hübsch und gut gekleidet gewesen sein.

Ich schließe diesen Brief in dem angenehmen Bewußtsein, ihn voll Zuversicht und einfach der Post anvertrauen zu können. Im hiesigen Land könnte er nur verschlampt werden. Es sollen heute hier Studentendemonstrationen sein, aber ich habe nichts davon gesehen.

Mit vielen, vielen herzlichen, herzlichen Grüßen Ihre

Bertha.

Ich hörte heute, daß ein polnischer Arzt Dr. H. in Heidelberg aus der Zusammensetzung des Blutes, die Blutsverwandtschaft von Menschen und Familien nachweisen will. Das wäre doch eine schöne Art – natürlich dem Code Napoléon entgegen, die Vaterschaft bei irgend einem Kinde nachzuweisen. Lassen Sie sich doch einmal von Dr. F. die Geschichte auseinandersetzen, und wenn ich über 100 Jahr wiederkomme, bilden Sie mich. Auch dramatisch ließe sich ein solcher Nachweis gut verwenden und wäre neuer und origineller als das Muttermal in Himbeerform auf der linken Hüfte.

Lemberg, 1. 6. 1912

Liebe Frau C!

Seitdem die russische Schonzeit für Briefe für mich vorbei ist, habe ich schon recht unerfreuliche Nachrichten und Protokolle, die nur das große Gute haben, daß ich »protokollarisch« sehe, wer im Vereinsleben den Charakter nicht verloren hat. Nur glaube ich, daß, wessen Charakter durch Vereinsleben und Politik verdorben wird – nicht viel zu verderben hatte. –

Heute fiel mir noch ein, daß ich einen kleinen Nachtrag von Moskau zu notieren habe, der sehr charakteristisch ist. Während meiner Anwesenheit dort war gerade eine Komiteesitzung für einen Frauenkongreß 1913 in Moskau. Frau G. (Jüdin) telephonierte mir im Auftrage des Komitees, ich sollte zur Zeit einen Vortrag über Mädchenhandel halten. Ich sagte, daß das nicht ginge, da ich doch offiziell als Jüdin weder in Moskau sein, noch an einem Kongreß teilnehmen könnte. Frau G. sagte: »Das wissen die christlichen Damen, aber sie lassen Sie bitten, Ihren Vortrag zu schicken, damit er ins Russische übersetzt und von einer Christin vorgelesen werden kann«. Wenn eine Jüdin eine solche Botschaft übernimmt, dann macht sie sich natürlich – auch bei den Russen verächtlich.

Gestern bekam ich unter anderem auch einen sehr liebenswürdigen Brief von Claude Montefiore, in dem er sein Bedauern ausspricht, mich nicht in Frankfurt getroffen zu haben. Persönlich bedauere ich es, denn nachdem ich schon so oft sein Gast in seinem Palast war, hätte ich ihn gern einmal als meinen Gast in meiner Hütte empfangen, aber sachlich ist es besser so. Er ist sicher in Frankfurt auf schmeichelnden, kosenden Wellen dahin geglitten, und man hat ihm gesagt, was gut zu hören ist. Ich hätte das Idyll vielleicht gestört. Er schreibt zwar, daß er für die »galizische Angelegenheit« vielleicht wieder nach Frankfurt kommt. Aber ich weiß gar nicht, was er damit meint, will auch nichts wissen – nicht was und nicht wann er etwas meinen kann. Er könnte sonst vielleicht in meinem Gehirn die Idee entstehen, daß es Gewissenssache für mich wäre unter Umständen einer Konferenz – wenn M. Cl. M. eine solche meint – anzuwohnen. Ich disponiere lieber anders.

Aus dem großen Trara seiner Zeit der »Selbsthilfe« im Lande ist gar nichts geworden. Vor länger als einem Jahr eine Sitzung – seither nichts mehr. Ich habe Herrn von H. besucht, d.h. ihm eine Karte gebracht, auf die er nicht reagierte. Es ist aber immerhin möglich, daß man ihm das kleine Stückchen Papier gar nicht gegeben hat.

Besonders angenehm hier ist es für mich, daß Herr Pilichowsky[39] hier ist. Er hat einige Portraits zu machen von einer Sorte Menschen, die es ganz begreiflich machen, daß er sich gern mit mir zum Mittagessen oder Nachtmahl verabredet. Eine furchtbare Folie für mich – aber eine Folie. Erinnern Sie sich noch an Herrn Leop. Katscher, den Herr Hallgarten[40] auf mich hetzte – ihm verdanke ich die Bekanntschaft des Ehepaars Pilichowsky. Denken Sie nur wie nett: Mann und Frau haben in der hiesigen Kunstausstellung je ein großes Bild ausgestellt, die einträchtig nebeneinander hängen.

Pilichowsky: das *Schma Israel*[41] am Jomkipur[42]. Pilichowskys Frauen, die von einem Begräbnis nach Hause kommend an einem leeren Bett klagen. Beides packende Sujets, aber ich kann diese großen Leinwanden nicht leiden. Ich glaube, daß die modernen Maler nicht kleinfigürlich malen, vor allem nicht zeichnen können, und halte die Plakatmalerei für ein Armutszeugnis. Außerdem sind die großen Bilder ein Hindernis, sie zu verkaufen. Die bürgerlichen Wohnungen werden immer kleiner und teurer, jeder Besenschrank hat seinen ausgetiftelten Platz. Wer kann heute noch Bilder kaufen, – deren Dimensionen einen nachts fürchten machen können. P. sagte:

»Große Gedanken verlangen oft große Kompositionen.« Ich bleibe bei meinem kleinen Christus von Dürer in Darmstadt, der ist mir gerade groß und klein genug. Aber Sie können sich gar nicht denken, wie angenehm es mir ist, mit Leuten beisammen zu sein, die vom Mädchenhandel so wenig wissen, aber dafür anderes. Und doch will P. unter Umständen helfen, einen Agenten zu suchen – für Warschau – so wir Geld hätten, ihn zu bezahlen!

Bevor ich meinen Brief schließe, füge ich noch die amusierliche Notiz bei, daß morgen 10 Uhr früh ein Journalist kommen will, um mich zu sprechen; Mitarbeiter eines klerikalpolnischen Blattes. Was kann er von mir wollen?

Mit herzlichen Grüßen an alle Abonnentinnen Ihre
Bertha Pappenheim

    Brody, 4. 6. 1912
    Hotel Europe

Liebe Frau N.!

Ich habe Sie gestern auf meiner Karte falsch berichtet: »Der alte Gott« lebt nicht mehr, das Hotel heißt Europe und wird von Frau S. aus Zloczow bewirtschaftet. Die Details der »Bewirtschaftung« erzähle ich Ihnen lieber mündlich.

Nachdem ich gestern um 5 Uhr ungefähr angekommen war und, da außer einer barfüßigen Magd niemand anwesend war, ich mein Zimmer erst eine halbe Stunde lang erwarten mußte, machte ich mich doch noch auf den Weg, meine Adressen abzulaufen.

Frau H. – nicht zu Hause; ich mußte eine meiner wenigen Visitenkarten hergeben. Dann zu Frau E.B., »Advokatensgattin«, Format Flügelmann der Gardekürassiere und Vertrauensperson der Lemberger Liga. Sie tut »prinzipiell nur« das, was man von ihr verlangt, – kennt die Brodyer Frauen nicht, denn sie kann nicht mit ihnen verkehren, ist Wienerin, sagt aber ihren Mädchennamen nicht, und übersetzt aus dem Polnischen.

Von ihr hörte ich nur, daß es hier eine große Federn-Industrie – Vorbereitung des Rohmaterials – gibt, in der viele Hunderte von jüdischen Mädchen beschäftigt werden. Mehr weiß die Advokatensgattin, die 20 Jahre hier wohnt, nicht. Trotzdem es inzwischen 7.30 Uhr geworden war, ging Frau E.B. mit Gemahl noch mit mir in einen Federnbetrieb, wo die Arbeiterinnen noch im Dunkeln saßen und irgend etwas manipulierten. Der herantretende Chef belog mich nach allen Richtungen, – bezüglich Lohn, Arbeitszeit usw. – und ich werde heute richtige Angaben zu bekommen versuchen. Der Verdienst schwankt zwischen 2-6 Gulden, 4-12 Kr. die Woche. Nur soviel weiß ich, daß »Federmädel« hier ein Schimpf ist. Dann suchte und machte ich noch auf einem mit alten Bäumen bestandenen Square die Bekanntschaft des alten Herrn B., Präsident der Kultusgemeinde und Präsident der Handelskammer und Vertreter der *Br. Hirsch-Schulen* usw. usw. Wir fanden uns alsbald in dem Bedauern über den Rückgang des altjüdischen Familienlebens, er klagte, daß der moderne Geist alles Gute ruiniere, ich suchte ihm zu erklären, daß nur das Mißverstandene schädlich sei. Dann sagte er mir, es sei eben ein Prozeß »wegen Pornographie« gewesen. »Was zerreißt man sich in so einem Prozeß? Sehen Sie sich die Damen an in ihren modernen Kleidern – da haben Sie Pornographie ohne Prozeß«. Ich kann nur sagen, daß der alte Herr recht hat. Die Uebertreibung der Mode mit den engen Röcken ist unter den polnischen Jüdinnen bis zur Widerlichkeit angenommen, und das Straßenbild soll nur eine schwache Andeutung der tatsächlichen Verhältnisse sein: über die Verhältnisse leben, Verfall und Zerfall in allen Schichten des jüdischen Volkes. Im Hause Schmutz, auf den Gesichtern Schminke. Die Einkäufe an Schminke, Puder und Parfüm sollen unglaublich sein vom Federmädel bis zur angeblich bessern Dame.

    5.6.

Vorgestern traf ich noch Frau Dr. H. aus Breslau, Tochter des Herrn B. und Frau eines der Lehrer am Rabbinerseminar. Sie bemächtigte sich alsbald meiner, behauptete mich schon zu kennen, und das war zusammen eine große Erleichterung für mich, denn sie ging mit mir, und ihre Ort- und Personal-Kenntnis förderten mich.

Ich besuchte Frau H. L., die mit ihrem Mann seit 30 Jahren in der Brodyer Wohltätigkeit lebt.

Brody war nämlich einst eine freie Handelsstadt und war damals sehr reich. Aus der guten Zeit stammen noch viele Vereine, die nur mit großer Mühe zur Zeit aufrecht gehalten werden. Ich erinnere mich, noch vor 10 Jahren hier gewesen zu sein und einiges – wie das Waisenhaus – gesehen zu haben. Gerade dieses Haus hat absolut keine Fortschritte gemacht; die Kinder, besonders die Mädchen, werden einfach aufbewahrt und ernährt. In gewissem Sinne ist das viel, aber längst nicht genug. Eine junge Leiterin, Frl. E., sprach ich schon vor 10 Jahren. Ich will sie mit H. K. in Tarnopol bekannt machen, damit sie dort die Art des Betriebes als 3. Frauenvereinsverwässerung kennen lernt. Dann sah ich die in Vergrößerung begriffene »Bursa«, das ist ein Schülerheim, auf das Herr L. sehr stolz ist, aber ich fürchte, daß dort vieles nicht ist, wie es sein soll.

30 junge Leute, Gymnasiasten, unter einer Aufsicht, die keine ist!

Dann besuchte ich Frau K. L. Allen legte ich die Gründung einer Mädchen- und Frauenschutzliga ans Herz. Die alten Herren bestritten die Zustände, bis so im Gespräch und durch Nachfrage die Tatsache der sittlichen Verrohung der Juden in der Stadt von allen Leitern bestätigt wurde. Es gibt eine jüdische Volksschule mit 1 200 Kindern (halb Knaben, halb Mädchen; nicht das Individuum ist gemischt, wie das halb und halb vermuten läßt!!). Es gibt nur 4 Klassen mit 2 Abteilungen und 16 Lehrern. Jedes Kind hat mit 12 Jahren die Schule beendet und muß Arbeit suchen oder auf der Straße herumlungern. Ich sprach den Polizeiarzt Dr. T. Er glaubt, daß es nur ganz wenig eingeschriebene Prostituierte gibt, aber viele Hundert geheime, vielleicht an tausend. Er meint, daß die »Federmädels« gar nicht so viele dazu liefern, wie die jüdischen Dienstmädchen. Es gibt wenig Bordelle, aber Hotels und andere Unterschlupfstellen der Prostitution.

Die Polizei hält von Zeit zu Zeit Razzias ab, was dann nachts gefunden wird, wird gesundheitlich untersucht, ins Spital gebracht oder sonst wie administrativ behandelt. So eine Razzia ist natürlich eine gute Ernte für die Polizei.

Abgesehen von der großen Verbreitung der Geschlechtskrankheiten ist die Tuberkulose unter den Juden auch sehr verbreitet. Wichtig in diesem Zusammenhang ist für Brody die Bearbeitung von Borsten und Federn, die als Rohmaterial zollfrei von Rußland kommen. Da der Arbeitslohn hier viel niedriger ist als im Westen, werden die ersten Arbeiten hier gemacht: sortieren, kämmen, binden usw. Eine große Bedeutung als Hausindustrie ist die Herstellung der Zigarrenspitzen und Zahnstocher. Das Brennen der ersten, ein eigentümliches Verfahren über einem mit Oel geschmierten auf einem Spirituslämpchen erhitzten kleinen Blech ist durch den Qualm besonders schädlich. Aber das Einatmen bei dem Sortieren der Borsten und Federn, das Pflücken und Schleißen ist geradezu verheerend. Auch Epidemien und andere Krankheiten als Tuberkulose werden durch die Federn und Borsten verschleppt.

Ich sprach mit einem der organisierten Arbeiter und fragte ihn, ob es denn keine Schutzvorrichtungen gäbe, und ob sie und die Federmädels sie nicht anwenden würden. Er sagte, daß sie sie gern anwenden würden, daß sie aber zu teuer sind. Ich denke, man müßte etwas anderes, Leichteres erfinden können. Vielleicht einen Maulkorb aus Draht mit Filterzeug drüber. Ich übergebe die Notwendigkeit, etwas ausfindig zu machen – Neues oder Vorhandenes – meinen Abonnenten, vielleicht kann die Weibliche Fürsorge etwas zur Einführung eines kleinen billigen Schutzapparates tun. –

Trotzdem mir von allen Seiten die Notwendigkeit einer Organisation, die sich mit Mädchenschutz und -bildung beschäftigen würde, zuerkannt wurde, wollte jede Person, mit der ich sprach, die Initiative auf die andere schieben. Und wieder erging die Aufforderung an mich, einige Wochen oder Monate in Brody zu bleiben, wie ich es auch in Lodz und Wilna sollte.

Sehr wichtig und interessant war mir, daß das Volk, d. h. kleine Leute, die ich in Geschäften oder Marktständen ansprach und von meinen Warnungskarten (polnisch oder jüdisch) erzählte, für alles ein lebhaftes Interesse und gesundes Verständnis bewiesen. Daraus geht hervor, daß, wenn eine Auskunftstelle eingerichtet würde, die Bevölkerung sehr rasch den ausgiebigsten

Gebrauch von derselben machen würde. Die Bekämpfung der Tuberkulose ist für Brody von brennender Notwendigkeit!...

Erläuternd muß ich dazu bemerken, daß ich die beiden Mädchen S. und K. auf dem Markt kennen lernte, als ich Bauerbänder zu einem russischen Kostüm kaufte. Sie gefielen mir, ich bat sie, mich abends im Hotel zu besuchen, wir schwatzten von allerlei, was mir wichtig erschien und sie verließen mich ganz beglückt und sicher als Sprachrohre meiner Wünsche. Ich muß aber sagen, daß ich auch ein sonderbares Glücksgefühl hatte, nachdem die Mädchen mich verlassen hatten.

Frl. E. werde ich mit dem Tarnopoler Waisenhaus sicher auch gut beeinflussen.

Dann habe ich noch das für Brody Wichtigste zu notieren, in einem Besuch bei Frau L. I. S. Herr S. soll der reichste Mann der Stadt sein. Seine Frau eine Engländerin. Sie bewohnen das Gut Brody, das früher dem Herrn von H. gehörte, aber von dem jetzigen Besitzer in allen Teilen hinaufbewirtschaftet worden ist. Die Leute sind Protestanten und – da sie einer Minorität angehören – vielleicht auch aus Anständigkeit – keine Antisemiten.

Frau H. hatte mir den Namen genannt, die Eingeborenen waren zweifelhaft über den Erfolg meiner Mission, aber ich nahm doch heute früh einen Wagen und fuhr zum »Schloß«. Ich kam gerade im Augenblick, als Frau S., eine junge, gesund und sympathisch aussehende Dame vom Reiten nach Hause kam. Ich erklärte ihr – natürlich wieder auf sie zugeschnitten – meine Mission, machte ihr Lust, internationale Kongresse zu besuchen durch die Arbeit, Leben und Interesse in ihre schöne Abgeschiedenheit zu bringen, und ich glaube, sie wird nun für Brody den Anfang zur Arbeit machen! Ich ließ sie selbst an das englische Komitee an Coote schreiben, an das Deutsche Nationalkomitee, empfahl noch die Damen L. und L. und B. – alles andere muß sich dann von einheimischer Kraft entwickeln. Aber ich habe Hoffnung – teils rechne ich auf die Kraft, teils aber auch auf die Schwächen der Menschen. Dann wollte ich nach Zloczaw fahren, bekam aber heute früh ein Telegramm, es zu unterlassen, und fuhr direkt nach Tarnopol...

Ich schließe diesen Brody-Bericht und freue mich, heute abend in einem sauberen Haus zu sein und endlich ohne Risiko baden zu können.

Viele, wenn auch ein bißchen müde Grüße Ihre
Bertha Pappenheim.

Tarnopol, 6. 6. 1912
Liebe Frau J.!

Hier wohne ich im Waisenhaus, und wenn mir meine Tochter H. K. nebbich nicht so fehlen würde, hätte ich wirklich ein paar sehr frohe Tage. Wie im Frauenverein ist es, und wieder ist mir das Unrecht klar, das ich an mir begangen habe, die Kinderarbeit aufzugeben, denn ich sehe doch, wie der Segen durch die erzogenen Zöglinge weiter wirkt. Frau F. hat mit ihrer Stiftung wirklich etwas Großes und Vorbildliches geleistet. Daß man ihr in der Stadt um ihrer unverstandenen Arbeit willen oft das Leben sauer macht – ist mir nichts Neues. Man wird nun bald noch 5 Kinder mehr aufnehmen. Ob H. gleich ihren Urlaub in Deutschland verbringt? Es wäre praktisch, da sie doch die große Reise machte. Eine sehr nette, warmherzige Frau ist Frau Dr. O., die tüchtig im Vorstand und auch direkt im Hause hilft. Eine wunderbare Ueberraschung war mir heute die Veränderung, die Herr Dr. O. hier im Spital zuwege gebracht hat. Wer das Haus, wie ich, vor 10 Jahren und noch vor 5 Jahren gesehen hat, muß diesen Mann bewundern, freilich die Gemeinde versteht ihn nicht, findet die Anschaffung einer Totenbahre, eines Krankenstuhles, Wäsche, Spucknäpfe etc. etc. überflüssig, das Pflanzen von Bäumen, die Instandhaltung des Gartens lächerlich, und man macht ihm das Leben sauer. Aber Dr. O. läßt sich nicht irre machen, er tut, was er kann, und hofft nur, daß wir ihm eine Oberin verschaffen können. Wenn Schwester Johanna nicht in D. bleiben will, weil man ihr dort das Leben zu sauer macht, ohne daß sie voran kommt, dann soll sie eben nach Tarnopol gehen.

Ich kann gar nicht sagen, welche Freude ich habe, wenn ich die Dinge, für die ich seit einem Jahrzehnt kämpfe, nach und nach sich einbürgern sehe. Das macht mir auch wieder Mut, das, was ich für nötig halte, immer wieder zu verlangen.

So hier die Liga zur Bekämpfung des Mädchenhandels, die von den jüdischen Kreisen abgelehnt, vielleicht von den christlichen aufgenommen werden wird. Ich werde morgen die Namen der Besuche, die ich machte, notieren.

Sehr interessant war mir, hier eine junge Frau V, Tochter des Kunstschreiners und Wursthändlers G. aus Frankfurt, zu sprechen. Die Hinaufentwicklungsfähigkeit der osteuropäischen Juden ist bewunderungswürdig. Und ich muß sagen, daß Herr P. doch etwas Gutes geleistet hat. Zwar den alten G. geht es noch immer nicht selbständig gut, aber sie gehen jetzt nach Antwerpen zu ihren Kindern und vielleicht erbt ein Enkelchen die Anlage des Großvaters, und erhebt sich aus dem Humus! –

7.6.

Ich hörte hier allerlei Unglaubliches über die Corruption der hiesigen Juden, die so weit geht, daß die Selbständigkeit der jüdischen Gemeinde aufgehoben werden mußte, und ein von der Regierung bestimmter Mann (ein Herr H., 74 Jahre alt) mit 2 Gehilfen die Gemeindeangelegenheiten – natürlich nur die nötigsten – führt! Aber auch der politische Gemeinderat (halb jüdisch) wurde aufgelöst wegen Corruption, an der die Juden noch mehr beteiligt waren als die Christen, und ein Regierungsvertreter führt die Gemeindegeschäfte. Der Kampf zwischen Chassidim, Zionisten und liberalen Juden ist groß. – Ob es mir gelingen wird, noch etwas für eine Liga zu tun, weiß ich nicht, aber ich bemühte mich auch für einen jüdischen Volkskindergarten und war deshalb bei einem orthodoxen Mann, N. T., der mir sehr gut gefallen hat, und der vielleicht aus seinem Kreis von reichen Chassidim und deren Frauen und Töchtern den Kindergarten gründen wird. Ich wollte auch gestern spät abend zum Wunderrebbe nach Jezierna fahren, aber da er Montag und Donnerstag den ganzen Tag fastet, sonst, außer Samstag, nur den halben, so gibt er Donnerstag Abend keine Audienzen. Er soll ein sehr gescheiter und anständiger Mann sein, der sein Wunder nur als eine »Beratung« auffaßt...

Von christlichen Damen besuchte ich Frau R. und die Frau des Bezirkshauptmanns, Frau N. Beide Frauen haben mit Haus und Kindern zu tun und polnisch weiblicher Fürsorge im St. Vincenz-Verein und lehnten es ab, sich mit einer allgemeinen Liga zu befassen.

Durch Zufall hörte ich von dem Vorhandensein eines anständigen (!) jüdischen Polizei-Agenten. Ich ließ ihn zu mir bitten und befragte ihn, ob er nicht, wenn er doch Polizei-Beamter sei, gegen entsprechende Prämie für irgendeinen auswärtigen Verein sein spezielles Augenmerk auf Mädchenhändler richten würde. (Das käme doch den englischen und meinen Plänen entgegen, und man hätte nicht die Kosten und die Verantwortung eines ganzen Menschen.)

Herr Aran S., K. K. Polizei-Agent, lehnte ab mit dem Bemerken, daß er nur »seiner Regierung« zu dienen habe und sonst nichts annehmen dürfe. Ueberhaupt sei er politischer Agent – also Spitzel. Ich ließ den Faden aber noch nicht los und fragte, welchen Weg man gehen müsse, um ihm zu ermöglichen, der Bekämpfung des Mädchenhandels zu dienen – natürlich gegen Prämie – und da sagte er, daß die K.K. Bezirkshauptmannschaft Tarnopol von Lemberg aus den Auftrag bekommen müsse, Herrn S. zu beauftragen. – Ich werde also trachten, den Weg von Lemberg aus gangbar zu machen – die Prämien muß natürlich London oder sonst jemand übernehmen. Außerdem werde ich noch an die *Jewish Association* schreiben, daß sie von London durch das österreichische Konsulat Einfluß nimmt. Vielleicht geht es so, denn so ein Versuch wäre billiger als jeder andere.

Wenn ich nur Zeit hätte, alle diese Nebenbriefe noch zu schreiben.

Lemberg, 8. 6. 1912

Liebes Müllerchen!

Was sagen Sie zum Mädchenklub in Berlin? Das ist doch mit großstädtischer Fixigkeit gearbeitet. In ein paar Stunden bin ich auf dem Wege nach Drohobycz, zu welcher Reise ich der Hitze wegen einen Spätabendzug gewählt habe.

Heute vormittag war ich 2 Stunden im städtischen Museum und Galerie. Letztere ist nicht sehr erbaulich, aber es gibt in der Allerleisammlung allerlei, das recht gut in meinen Privatbesitz passen würde, so z. B. ein Kirchengewand, ganz in Nadelspitze Gold und Silber genäht.

Eine andere Decke mit Applikationen, die wir nachmachen müssen. Ueberhaupt, wenn ich die Köchin habe, die photographieren kann, und das Stubenmädchen für Zeichnen, Stenographie und Schreibmaschine, dann wird sich mein Leben im Hause konzentrieren und ganz anderen Dingen gewidmet sein als bisher.

Heute vormittag machte ich die Bekanntschaft der hiesigen Galerieleiterin, Frl. D. – Malerin, Frauenrechtlerin, Freundin der verstorbenen Dichterin Konognitzka. Ein grauer interessanter Männerkopf, aber sehr sympathisch. Komisch war, daß sie von mir so – vielleicht enttäuscht war, denn sie hatte eine große, starke, schwarze Person erwartet und eine kleine, dünne weiße kennen gelernt. Sie hat eine Bekannte, die vielleicht polnische Spitzen abzugeben hat, – ein Grund, wieder nach Lemberg zu kommen.

Mit herzlichem Gruß Ihre
Bertha Pappenheim.

Lemberg, 9. 6. 1912
Liebe Frau N.!

Ueber Podwolocyska ist das Folgende zu merken. P. ist eine vielbenützte Grenzstation zwischen Rußland und Galizien. Die Lemberger Liga hat dort einige Vertrauenspersonen, jüdische und christliche, die ich eigentlich zu einem Komitee vereinen sollte, das in dem Städtchen irgendwie seine Tätigkeit entfalten sollte.

Ich besuchte zuerst Frau Dr. A. und hörte und merkte alsbald, daß auf die Damen, die tatsächlich mit ihren eigenen Angelegenheiten vollaufbeschäftigt sind, nach keiner Richtung zu rechnen sei. Ich überlegte mit Frau Dr. A., welche der maßgebenden Persönlichkeiten des Ortes ich zuerst aufsuchen sollte, und ging schließlich zum Bürgermeister Dr. D. Aus seinen Mitteilungen erfuhr ich, daß in P. natürlich Mädchenhandel getrieben werde. Die Mädchen, die von der russischen Seite kommen, versäumen gewöhnlich unter irgendeinem Vorwand den Zug, d.h. man macht, daß sie ihn versäumen, beim Geldwechseln oder sonstwo. Sehr oft sind Bahnbeamte selbst diejenigen, die aus der Situation der Mädchen Nutzen ziehen, und im ganzen ist die Lage so, daß niemand da ist, der sich der Ware annimmt.

Auf meine Frage nach der Arbeit des *JCA*-Grenzkomitees sagte mir Dr. D., daß er selbst *JCA*-Vertreter sei und bei den Auswanderern, die fast alle ohne Pässe über die Grenze kommen müssen und dabei auf die Hilfe von Elementen angewiesen sind, die nichts zu verlieren haben und nur auf den gemeinsten Nutzen ausgehen, die Erfahrung gemacht habe, daß »die besten«, die man den Auswanderern zur Hilfe bestellt habe, die armen Menschen am meisten betrogen hatten. Es wäre natürlich Sache der *JCA*, ein richtig funktionierendes Bureau mit einem verantwortlichen Beamten dort zu haben, nicht einen freiwilligen Helfer, der in Amt und Beruf sich um die Dinge gar nicht ausreichend bekümmern kann – aber so was tut die alte Tante *JCA* nicht. Sie begnügt sich, ein Grenzkomitee zu haben – im Jahresbericht. Aus meiner Unterredung mit dem Bürgermeister – der übrigens einen sehr guten Eindruck macht – scheint es mir ganz unnötig, in der Stadt P. eine Liga zu haben, da sich alle Vorgänge am Bahnhof selbst abspielen. Also Bahnhofsmission. Eine solche von freiwilligen Hilfskräften zu organisieren ist unmöglich. Die von den Mädchenhändlern und Kupplern benutzten Züge, sind natürlich vorwiegend die Nachtzüge, auch Tageszüge – deren in Podwolocyska täglich ungefähr 20 verkehren.

Ich besprach also die Frage einer beruflichen Bahnhofmission, für die eine geeignete Person sehr schwer zu finden sein wird. Dennoch kam ich mit Dr. D. zu folgender Abmachung: Er sucht eine geeignete Person, die probeweise für 2-4 Monate mit einem Gehalt von 60 Kronen angestellt wird. Nach Ablauf dieser Zeit und aus den Berichten wird sich ergeben, ob sie imstande war, irgend etwas zu leisten.

Dr. D. sagte mir aber, daß eine solche Beamtin nur dann etwas leisten könne, wenn sie tatsächlich von den Polizeiorganen unterstützt wird, sonst ist alles eine Komödie. Um nach dieser Richtung etwas zu erreichen, muß von Lemberg ein strenger Auftrag dafür kommen, und den sollte ich erwirken.

Was nun die Geldfrage betrifft so konnte ich bei meinen Abmachungen natürlich nicht abwarten, bis sich das Londoner Zentralkomitee oder das Berliner Zweigkomitee mit all seinen

Fragen und Bedenken geäußert hätten, – ich mußte über diese leidige Frage hinaus disponieren und tat es auch, um nicht wieder alles ungeklärt und in der Schwebe zu lassen. Ich hoffe, daß London seinen guten Willen zu praktischer Arbeit beweisen und die relativ kleinen Mittel auf meinen Antrag nachbewilligen wird. Vorsichtshalber habe ich aber Herrn B. der mir persönlich einmal Mk. 200,– für diesen Zweck zusagte, an sein Versprechen erinnern lassen und den Rest wird dann vielleicht die Fürsorge geben können. Aber richtig wäre dieser Weg nicht.

Nachdem ich nun mit Dr. D. alles Nötige vorbesprochen hatte (den Polizeikommissar zu besuchen hielt er nicht für nötig), fand ich es überflüssig in Petersburg noch andere Besuche zu machen, und um keine Zeit zu versäumen, telegraphierte ich an Frau L. für Samstag Nachmittag it dem Lemberger Polizeidirektor eine Verabredung einzuleiten, und bestimmte meine Abreise auf den anderen Morgen mit einem ganz frühen Zuge.

Abends ging ich dann noch mit Frau D. A. nach dem vom Bürgermeister ganz neu angelegten Stadtgarten, von dem man über das kleine Flüßchen Zbrusch, das die natürliche Grenze zwischen den beiden Ländern bildet, in greifbarer Nähe in den russischen Ort Wolocyska sehen kann – von weitem mit blau getünchten Häuschen, zwischen Grün gebettet, liegt das Dorf sehr malerisch da, in Wirklichkeit soll es ein schmutziger unwirtlicher Aufenthalt sein, Schmugglerstation und im Augenblick der Spannung zwischen Oesterreich und Rußland, auch durch Spion- und Spitzelwesen besonders unangenehm. In Podwolocyska selbst soll großer Antisemitismus herrschen; die polnischen Beamten sollen die Juden förmlich boykottieren; verschärft sind diese Verhältnisse durch das Auftreten und das Verhalten der Zionisten. Der Zufall machte es, daß ich den verflossenen zionistischen Reichstagskandidaten Dr. R. als Freund des Malers P. in Lemberg kennen lernte. Ein Glück, daß er bei seiner Kandidatur durchgefallen ist. Alle seine Qualitäten zugegeben – aber wie kann man einen Menschen vor die Front schicken wollen als Volksvertreter, der weder deutsch noch polnisch sprechen kann!

In Lemberg ging ich gleich mit Frau L. auf die Polizeidirektion; leider konnte ich den Direktor Dr. R., den ich vom Wiener Kongreß her persönlich kenne, nicht sprechen, sondern nur einen Kommissar S.

Er war 12 Jahre in Podwolocyska, und schildert die Verhältnisse dort insofern anders, als er natürlich behauptet, der Bahnhof selbst sei durch die Polizei vorzüglich beobachtet (?), aber über die »kleine Grenze«, den Landweg ohne Eisenbahn, werde voraussichtlich Mädchenhandel betrieben. Daraus geht hervor, daß er an beiden Stellen floriert, wenn auch in verschiedenen Formen. Er sagt, daß die Mädchen bei Tag oder bei Nacht unter irgend einem Vorwand über die Grenze kommen, gar nicht nach Podwolocyska gehen, sondern in Maximow oder einer der anderen kleinen Eisenbahnstationen aussteigen und nach Tarnopol fahren, wo die Schiffs- und andere Agenturen sind. Er hält eine Bahnhofsmissionarin für weniger erfolgreich als eine Beamtin, die in Wolocyska sein müßte, außerdem rät er, sie von russischer Seite empfehlen zu lassen, damit man russischerseits nicht meint, sie sei eine österreichische Spionin für Rußland.

Die von Dr. D. verlangte verschärfte Anweisung an das Polizeikommissariat Podwolocyska will er geben, und ich will es versuchen durch Petersburg, resp. die Prinzessin von Sachsen-Altenburg, vielleicht eine vom Warschauer jüdischen Komitee empfohlene neutrale Person, eine Verordnung für Wolocyska zu erreichen. Ob das alles ausführbar ist, so wie die Dispositionen theoretisch und logisch ineinandergreifen, ist eine Frage. Denn wenn man es nicht mit corrumpierten Menschen zu tun hätte, für die jede Verordnung Papier ist dann hätten die Zustände eben nicht so werden können.

Ich bin nur neugierig, wie die Personal- und die Geldfrage gelöst wird, daran hängt ja der für meinen Begriff moralisch unablehnbare Versuch ab.

Der Kommissar S. gab mir noch einige wertvolle Winke für die Abfassung meiner Anträge für Brüssel.

Wie Sie sehen, muß man die Sachlage an Ort und Stelle zu ergründen suchen, wenn man wirklich etwas tun will, und deshalb war es gut, daß ich die Reise nach dem schönen Ort Podwolocyska nicht scheute.

Dr. D. ist Teppichsammler; er erinnerte sich noch meiner von der Uebernahme der russischen Kinder, ich seiner natürlich nicht mehr, denn wenn ich an diesen wirklich tragischen Moment zurückdenke, dann habe ich nur ein großes Menschen- und Kindergewirr in der Erinnerung und nicht einzelne Individuen.

Hier in Drohobycz sind wirklich durch die inneren Judenzänkereien 27 Menschen getötet worden. Wahlbetrug wird ohne weiteres zugegeben – »das ist doch überall so«, heißt es zur Entschuldigung.

Mit herzlichem Gruß für alle Abonnenten Ihre
Bertha Pappenheim.

Stanislau, 12.6.1912

Liebe Frau N.!

Je mehr Uebung im Hören und Sehen ich durch die eigene Art und die besonderen Ziele meiner Reiserei gewinne, desto interessanter wird sie mir. Für Galizien kann ich nun schon im Laufe von 10 Jahren gewisse Aenderungen konstatieren, wenigstens für die größeren Städte: man baut 3 und 4stöckige Häuser, man spricht von Wasserleitungen, viele Menschen haben goldplombierte Zähne, die Kinder der armen Leute wollen Stiefel, die Kinder der reichen gehen barfuß oder in Sandalen, man spricht mehr und besseres Polnisch unter den Juden – lauter Fortschritte, aber das sittliche und ethische Niveau ist überall im Rückgang begriffen. Ich habe gestern Dr.H. diese Bemerkung gemacht, und er konnte mir nur beipflichten. In der letzten Zeit sind in Brody, Tarnopol, Stanislau und wahrscheinlich noch anderwärts viele und viele freudlose Bankrotte vorgekommen. Aber man nimmt es mit diesen Dingen hier nicht genau. Ein Mann, der falsche Wechsel gemacht hat, kann sogar Mitglied der Kultusgemeinde bleiben. Diese edle Nachsicht wird auf eventuelle Gegenseitigkeit geübt und um Gewalt über die Nebenmenschen zu behalten! –

Kolomea, 13.6.

Trotzdem ich heute schon telegraphisch mit Frau H. im Verkehr gestanden habe, will ich mir selbst nicht vorgreifen und berichte über die Kindergärten, wobei ich sagen muß, daß der zerknitterte Zustand dieses Blattes keine Assimilation an das Land bedeutet, sondern nur, daß der Brief seit gestern in meiner Mappe steckt und dadurch arg mitgenommen wurde.

Also der Kindergarten in Stanislau ist aus Indolenz eingegangen. Das edle Frl. L., Polin und Zionistin, ist Magistratsbeamtin geworden, hat sich im Kindergarten nur solange aufgehalten, als sie ein Dach brauchte, und ist dann gegangen. Es wußte niemand von der Auflösung der Anstalt, denn es hatte sich niemand darum bekümmert.

Kolomea

Ich fuhr nach Wolcyniez, dem Gute des Dr.H., und er versprach – wenn Wien eine Subvention gibt – und wenn Frankfurt und Berlin wieder subventionieren, wieder einen neuen Versuch zu machen. Ich sprach dann von einer Möglichkeit Qu., sagte aber nichts Bestimmtes zu. Die alte Frau H. hat eine kleine ländliche Haushaltungsschule für 6-8 Mädchen, für die braucht sie zu Oktober eine Wirtschafterin. Wir werden indessen durch die Stellenvermittlung in Breslau anfragen und suchen können. Wollen Sie anfragen lassen? Solche Exemplare gibt es im Norden (Posen, Schlesien) eher als bei uns im Süden oder Mitteldeutschland. (Ich bitte meine Geographie anzuerkennen.) Ich kann mir nicht helfen, aber ich glaube von jeher nicht so recht an X. und ihren tief verankerten guten Willen, sonst müßte manches besser sein. Schwester Martha ist zwar besserer Meinung von den X.'s und kennt sie näher. Wie wäre es aber möglich, daß in Stanislau eine junge Frau N., eine Russin lebt, die sich danach sehnt, sozial zu arbeiten, die den Kindergarten beleben und führen will, und die Verwandten haben noch nicht einmal von ihrer Leistung gesprochen. Fast könnte man glauben, daß sie zu hübsch, zu klug, vielleicht auch zu vermögend ist, um zur Khille-Konkurrenz zugelassen zu werden.

Czernowitz

In Kolomea hat sich die Kindergartenfrage – vielleicht auch für Stanislau – insofern geändert, als Frl. S.R. mich mit ihrer Mitteilung überraschte, daß sie keineswegs mehr einen Winter in Kolomea bleiben wolle. Ich mußte ihre Gründe – die strenge Kälte, im Hinblick auf ihren Plan, Schwester werden zu wollen – billigen, und kurz entschlossen hielt ich es für richtiger, alles zu tun, die vorzüglich eingefahrene Anstalt in Kolemea lieber durch Frl. Qu. zu erhalten, als sie für eine unsichere Neugründung in Stanislau zu reservieren.

Es wurde eine Sitzung einberufen und meine Vorschläge und Engagementsbedingungen angenommen. Die Details werde ich in diesen Tagen an die Fürsorge schreiben.

Im Moment der Abreise habe ich gestern in Kolomea noch beschlossen, wieder auf der Rückreise für ein paar Stunden hinzukommen. An Leuten, mit denen ich dort sprach, verzeichne ich als wichtig für die Arbeit: Frau H., Dr. L. und Frau F. ...

Mit herzlichen Grüßen für alle Ihre

Bertha Pappenheim.

Czernowitz, 15.6.1912

Liebe Frau H.!

Was meine Arbeit betrifft, so finde ich es wirklich selbst verwunderlich, daß ich nun schon 10 Jahre – ich glaube, daß es so lange ist – unterwegs bin. Auch die Liga hier, die nicht lebte und nicht starb, und die heute auch noch kein gesichertes Dasein führt, habe ich vor 8 Jahren schon angefacht! Die Beamtin, Frau M., erzählt mir, daß beständig viel zu tun sei, aber Herr S. klagt, daß er ohne Hilfe, ohne Mittel, körperlich sehr elend, sehr oft den Mut verliere.

Auch bei einem Bankdirektor habe ich in aller Form geschnorrt; es ist nämlich hier Sitte, daß Banken an Vereine Geld geben.

So beschloß ich denn den vielgenannten und vielgeschmähten Abgeordneten S. in Wien aufzusuchen und ihn etwas mehr für die Sache zu interessieren. Natürlich werde ich auch wieder vom Kindergarten reden, denn er ist noch immer eine brennende Notwendigkeit. Für die Liste der Schutzadressen gewann ich die Frau W., deren soziales Verständnis Sie daran ermessen können, daß sie mir zur Gründung eines Volkskindergartens den Einwand machte: »Das wird nicht gehen, das Elend ist so groß, daß sich zu viele Kinder melden würden.«

Dann ging ich zu Frau H., die mir sehr gut gefallen hat. Sie hat ihren einzigen Sohn verloren, hat bis gestern – es war also Zufall oder Fügung, daß ich sie überhaupt traf – auf einem Landgut gelebt, hat gar nichts zu tun, scheint intelligent – vielleicht wird sie sich sozialen Dingen widmen. Vorerst hat sie freilich keinen Schimmer davon. Ihr Mann ist Mitglieder einer vor kurzem hier gegründeten B. B.-Loge[43], und ich legte beiden den Kindergarten wärmstens ans Herz.

Dann sprach ich Prof. K., Universitätsprofessor und Führer der Zionisten, Todfeind von S. Wie schon öfter, sprachen wir über den Zionismus als Landplage. Er gibt zu, daß es hierzulande eine ungeheuerliche Gesellschaft von niedrigen Instinkten ist, die angeblich ein Ideal hat. Er, K., hat es, aber ich glaube, daß es ihm schon recht mieß vor der Sache ist, und ich glaube, daß es einem ernsten Mann, Professor der Universität, nicht zur Ehre gereicht, sich mit diesem Teil der jüdischen Bevölkerung identifizieren zu müssen, mit Straßenkot beworfen zu werden und gleiches Geschütz zu führen. Wenn er es noch einmal zu tun hätte, würde er – so meine ich – den Ehrgeiz, Reichstagsabgeordneter zu werden, in die Tasche stecken. Ich verheimliche ihm nicht, daß ich die Absicht habe, S. in Wien aufzusuchen. Ich gehöre keiner Partei an und würde es lieber sehen, wenn ein Kindergarten von der Gemeinde und der Loge gegründet würde als von den Zionisten, weil er gesicherter wäre. Nicht, daß ich S. und Genossen für ethisch besonders hochstehend halte.

W. zeigte mir dann voll Stolz den Platz, auf dem das jüdische Volkshaus, die Toynbee-Hall gebaut wird, d.h. es werden erst die ersten Erdarbeiten gemacht, und zwar wird ungehörigerweise am Samstag gearbeitet. Ein winziges Läubchen und Gärtchen hat man als Kindergarten bestimmt, und die Lage ganz weit vom armen Judenviertel ist absolut ungeeignet. Ich kann also diesem Kindergarten, wenn er zustande käme, kein gutes Prognostikon stellen. Natürlich habe ich mit W. auch viel über Palästina gesprochen – aber wieso soll er auf einmal alle nötigen

Details sozialer Klein- und Großarbeit verstehen, weil er vor 3 Jahren in den Reichstag kandidiert hat? – Auf sein Befragen nach einigen Details aus Palästina, sagte ich ihm nur drei: die Kindergärten sind eine pädagogische Lüge und sie zerstören die Familie, sie sind überflüssig; der Bezalel verkauft auf einer Ausstellung mehr Teppiche, als die kleine Zahl von Arbeitern herstellen kann – d. h. woher kommen sie? welche Teppiche verkauft man? eine Nur-Männerfarm, Kinereth (?), ist wirtschaftlich und moralisch ungesund und verwerflich: wirtschaftlich, weil man ohne Frau keine produktive oder rentable Kolonisation und Landwirtschaft betreiben kann, und moralisch, weil die auf der Farm lebenden jungen Russen sexuell weder abstinent leben wollen, noch sollen, noch können, also tragen sie die Prostitution unter die in Palästina ansässigen Frauen, oder sie nehmen andere schlechte Lebensgewohnheiten an.

Ich glaube, er war sehr erstaunt über diese meine Mitteilungen über Palästina. Ich habe sie an dieser Stelle wiederholt für den Fall, daß sie irgendwie entstellt oder verdeckt wiedergegeben werden sollten. Sie bemerken, wie vorsichtig ich geworden bin.

Eine Aufforderung, in der neuen Toynbee-Hall einen Vortrag zu halten, habe ich dankend abgelehnt. Denken Sie, wenn im *Volksrat* stünde: »die hochgemute Rednerin hat vor einer mindestens 300-köpfigen Volksmasse einen tiefgründigen Vortrag gehalten, für den ihr mit einem donnernden Hoch in den 4 Landessprachen: deitsch, jiddischdeitsch – dorch die Nos und aus'm Schlof gedankt wurde!«

Ich schließe diesen Brief wieder in Kolomea, von wo ich morgen vormittag auf das *JCA* Lehrgut Slobutka lesnia fahren will und Nachmittag weiter nach Tarnow – also immer näher Wien zu ...

Herzlichst Ihre
Bertha Pappenheim.

Wien, 18. 6. 1912

Liebe Frau F.!

Aber ich darf noch nicht von Wien berichten, weiß überhaupt nicht, ob ich noch weiter »berichte«, sondern muß einfach noch von Kolomea weiter erzählen. D.h. Kolomea ist diesmal Slobutka lesnia, das Lehrgut der *JCA*. Ich hatte eigentlich nicht die Absicht gehabt, dahin zu fahren, weil Herr O. mir einen ein bißchen sonderbaren Brief geschrieben hatte, aber ich betrachtete es als eine Art »Schickung«, daß Frau Dr. F. mich im Momente der Abreise nach Czernowitz sehr bat, mit ihr und einem Dr. W. (Gymnasiallehrer) nach Slobutka zu fahren, um dort vorzubereiten und zu bitten, daß man einige Gymnasialschüler als Ferienkolonisten aufs Gut nehmen dürfe. Die Entscheidung dafür liegt natürlich in Paris. Also wir fuhren, durch einen Achsenbruch verspätet, aber es war doch eine nette Fahrt. Aber ich muß selbst sagen, daß es mir nicht richtig scheint, diese zwei Sorten Buben zusammen zu bringen. Die hochgestochenen Gymnasiasten werden sicher mit nichts zufrieden sein und die »Bauern« aufhetzen. Zum Glück ist kein Platz, und damit wird die Sache erledigt sein. Ueber das Lehrgut selbst einen Bericht zu schreiben, erspare ich mir und lege meinen Brief an Herrn O. in Paris bei, der sehr knapp alles sagt, was ich überhaupt zu notieren habe. Außerdem noch die Kopie eines Briefes an K., der mich noch mit in seine Privat-Wohnung nahm, wo einige Zionisten waren und ich froh war, baldigst entfliehen zu können.

Zwischen Kolomea und Tarnow übernachtete ich wieder in L., wo ich Frau K. nur sehr kurz sah; ich war schon zu Bett, als sie kam, nachdem ich sie versäumt hatte. Sie ist leider sehr fahrig in ihrer Arbeit geworden, weil sie zu viel übernimmt, vielleicht auch aus Nervosität, die in diesem Fall nur zu begreiflich ist.

Es begegneten mir überall die Briefe von Hannover wegen der Vertrauensweiber-Liste[44] das hat mir Freude gemacht.

In Tarnow fuhr ich von der Bahn direkt in den Kindergarten, wo an Stelle des Frl. K. von früher Frl. K. waltet. Sie hat mir nicht gefallen. Entthronte Königin. Sie ist Lehrerin und findet es sehr unter ihrer Würde, die Kinder zu waschen und zu kämmen usw. Aber es gibt eben keine Auswahl an polnischen Kindergärtnerinnen, und Körperpflege können und wollen sie alle nicht besorgen.

Durch die unermüdliche Energie der Frau Dr. R. ist der Kindergarten gut. Der Verein hat eine entfernte Aussicht, durch ein Geschenk zu einem guten Lokal in einem eigenen Haus zu kommen, aber vorerst ist noch alles unverändert in einem kleinen elenden Häuschen. Ich möchte nur bis dahin auch eine gute wirkliche Kindergärtnerin für Tarnow »pflanzen«. Aber was ich sonst von den anderen Kindergärten hörte, ist mir sehr leid: in Jaslo (unter Leitung B.), 95 Kinder, es wird nicht gebadet und gar nichts Hygienisches mit den Kindern gemacht, sie werden sogar in der Mittagszeit zum Essen nach Hause geschickt! Man kann sich denken, welche Unpünktlichkeit und Disziplinlosigkeit da einreißt. In Ch. bleiben die Kinder, die zwischen 8-9.30 ad libitum kommen, nur bis 1 Uhr, natürlich kein Bad, keine Kopf-Haarpflege. Krakau: Kinder »besserer Leute« von 10-1 Uhr, kein Bad, nichts – nur hebräischer Unterricht, zionistische Leitung! – Das ist Scheinarbeit. Ich habe heute von hier schon an die beiden Abgeordneten G. und S. geschrieben; ich muß sie sprechen.

Inzwischen weiß ich auch, daß die Frankfurter Konferenz sich mit kleinen Wohnungen befassen wird; es ist vielleicht sehr interessant zu wissen, daß G., der das Gesetz einbrachte und dafür sorgte, daß in Krakau zuerst ein Komplex kleiner Wohnungen gebaut wurde, an diesem Unternehmen finanziell interessiert ist!!! – Nur für Krakau ist er es. Es soll aber sonst ein sehr ordentlicher Mensch sein, der »sogar« die Frau heiratete, mit der er vor der Ehe 5 Kinder hatte! Frau L. hält viel von ihm – andere weniger. Von S. hält niemand etwas, trotzdem er in Czernowitz allmächtig sein soll. –

Ich glaube, ich werde es von nun an so machen – habe ich etwas zu notieren, dann gibt es einen Rundreisebrief, mit dem Vermerk »R. B.«, daß es einer ist, und sonst glaube ich, die Serie für diesmal schließen zu können.

Jetzt bereite ich mich schon auf die Fragen vor: »Nun, haben Sie auf Ihrer Reise Erfolge gehabt?« Eine Frage, die ich mir in der Stille meines Kämmerleins selbst vorlege und nicht zu beantworten wage.

Ihrer Aller herzlich grüßende
Bertha Pappenheim.

Die weibliche Großstadtjugend

Die Erscheinung, daß manche Städte, teils durch ihre geographische Lage, teils aus anderen äußeren und inneren Gründen, zu so mächtigen Wohnzentren anwachsen, daß sie als »Großstadt« einen besonderen Typus von Gemeinwesen darstellen, hat die Bewohner solcher Kulturzentralen vor ganz bestimmte und in gewissem Sinne neue Aufgaben gestellt.

Hauptsächlich ist es die Industrialisierung der Produktion, die mit ihrer Umgestaltung des Wirtschaftslebens Wunder vollbracht und Werte geschaffen hat, von denen man vor einem Jahrhundert noch nichts hätte träumen können. Nur wirkt ihre aufbauende und schöpferische Kraft heute noch vorwiegend nach der technisch-materiellen Richtung. Sie zeigt aber auch ein mächtig destruktives Element, das sich oft gerade dem Besten und Feinsten im menschlichen Gefühls- und Geistesleben feindlich entgegenstellt.

Es ist nicht lange her, seit man sich bei der stolzen Beobachtung der Umwertung aller Werte auf das bedauerliche Unterschätzen und das Verschwinden von Werten besinnt, für die ein Ersatz niemals gefunden werden kann.

Einer der interessantesten und wichtigsten Gradmesser, an dem man das Sinken und Steigen von Lebenswerten ablesen kann, ist die Entwicklung, die man die Jugend nehmen sieht.

Es kann am heutigen Abend, so wie er der Jugendpflege gewidmet ist, nur in gedrängter Kürze und dadurch vielleicht etwas einseitig und sprunghaft auf die wichtigsten Momente hingedeutet werden, die in der Vielgestaltigkeit des Großstadtlebens das Schicksal der Jugend des kostbarsten Besitzes eines Volkes – zu beeinflussen imstande sind.

Um nicht zu falscher Auffassung zu kommen, müssen wir die Jugend von heute dahin zurückverfolgen, wo die Wurzeln aller Volkskraft liegen, in die Familie. Die einschneidenden Veränderungen, die die moderne Zeit gebracht hat, verursachen einen gewissen Zerfall des Familienlebens, und zwar nicht nur in der proletarischen Schicht der Großstadtbevölkerung, sondern auch in den Kreisen des Kleinbürgertums und ebenso, wenn auch in anderen Formen als dort, in den Kreisen des gesicherten Besitzstandes.

Die auffälligste Ursache dafür ist, daß die Hauptträger der Familiengemeinschaft – Vater und Mutter – eine gegen früher veränderte Stellung und Verteilung der Lasten im Haushalt erfahren haben. Wichtig ist dabei, daß die Arbeitsstätte des Familienoberhauptes sich nicht mehr wie in früherer Zeit ganz in der Nähe der Familienwohnung befindet. Die Fabrik, die Werkstätte, der Laden, das Büro liegen heute weit entfernt, und oft führt der Erwerb den Familienvater sogar außerhalb des Stadtbezirks und bedingt dessen wochen- oder monatelange Abwesenheit vom Hause. Wo der Vater fehlt, fehlt die Grundlage für wichtigste Verflechtungen im Zusammenleben des Alltags. Des Vaters Einfluß auf das Leben der Kinder wird dann auf ein Minimum herabgesetzt, und seine Autorität scheidet schon aus einfachem Zeitmangel aus.

Und die Mutter? Die Frau in den Kreisen, an die wir heute vorwiegend zu denken haben, muß beim Broterwerb für die Familie helfen; sie muß Raubbau an ihrer Kraft treiben und behält als Mutter viel zu wenig Zeit für den Haushalt und die Pflege und Erziehung der Kinder.

Wir sehen darum mit einer gewissen Befriedigung das Unnatürliche selbstverständlich werden, sehen, wie sich das »soziale Gewissen« der im Nebenamt Geborenen annehmen muß. Mit täglich wachsendem Verständnis und bereitwilliger Geschäftigkeit versucht man die sozialen Waisenkinder durch die erste Zeit ihres Lebens zu geleiten: aus der Entbindungsanstalt in die Krippe, durch die Säuglingsfürsorge in den Kindergarten, von dort in die Schule mit dem Kinderhort, dem Mußspiel, der Schulküche, der Flickschule usw. Hier bricht die Fürsorge und das Interesse für die Kinder meist ab! Wir sehen unzählige Kinder, denen das Elternhaus fehlt, als Haltekinder, d.h. als lebende Erwerbsmittel in fremde Familien hineingesetzt. Rühmliche Ausnahmen gern zugegeben, im allgemeinen aber kann man sagen, daß das Leben dieser Kinder mit dem häufigen Wechsel der Pflegestellen, in dem jede ersparte Windel, jedes nicht gegessene Stück Brot, jeder nicht getrunkene Tropfen Milch einen Vorteil für die Pflegemutter bedeutet, eine traurige Vorbereitung für die Zeit ist, in der die Jugendlichen das Interesse der Volkserzieher erregen.

Trotz aller fürsorglichen Bemühungen gibt es Tausende von Menschenkindern, denen das wahre Heim im Leben fehlt: Haus und Küche, Familientisch und Kinderstube als kräftige Erziehungsmittel; gemütliches Zuhausegefühl, selbstverständliches Geben und Nehmen in frohen und ernsten Stunden fehlt ihnen und damit etwas, wofür es seiner ganzen Wesenheit nach keinen Ersatz gibt; das ursprünglich Ethische der menschlichen Beziehungen in der Familie und das kraftvoll Persönliche in dem Kreise, dessen Mittelpunkt sie bildet.

Strömungen, die so mächtig sind, daß sie die Grundlagen von Gemeinwesen zu verändern vermögen, können selbstverständlich nicht ausgeschaltet werden. Wenn wir also unter ihrem alljährlich eine Armee von Kindern die Schwelle überschreiten sehen, jenseits deren sie uns bald mit einem seltsamen Gemisch aus Selbständigkeit und Unreife, Ansprüchen, Lebenshunger und Genügsamkeit als »Großstadtjugend« entgegen treten, dann erkennt man neue Probleme und Aufgaben, welche die vernunftmäßig praktischen, sowie die moralisch ethischen Seiten des Volkslebens gleich lebhaft angehen.

Diese Disharmonie zwischen äußerer Selbständigkeit und innerer Unreife tritt meiner Beobachtung nach bei Mädchen – denen meine Ausführungen vorwiegend zu gelten haben – früher auf als bei Knaben.

Je nach den verschiedenen Gesellschaftsschichten äußert sich diese Disharmonie verschieden. Die Verantwortung, die Eltern aus den besitzenden Kreisen ihren Töchtern schuldig sind, ist natürlich eine größere, als die der Eltern, deren Kraft im Ringen um des Lebens Notdurft schon vollauf in Anspruch genommen ist.

Die innere Disharmonie des Großstadtbackfisches, der jungen Sportfreundin, der Amateur-Studentin oder Künstlerin, oder die Eheaspirantin sans phrase ist anders aufzufassen, als die Disharmonie der kaum dem Kindesalter entwachsenen Mädchen aus dem Volke, denen ein früher Konkurrenzkampf Zeit und Recht nimmt, ein Stück Eigenleben zu führen, sich »auszuleben« im besten Sinne, nicht so wie das gefährliche Schlagwort von denen verstanden wird, denen Pietät, Respekt und Selbstzucht fehlen.

In den Kreisen nun, in denen die Eltern oder deren Vertreter nicht die volle Verantwortung für die Erziehung und Entwicklung von Kindern trifft, ist bedauerlicherweise die Notwendigkeit, den Mädchen eine ausreichende Lehrzeit zuzubilligen, noch nicht allgemein genug anerkannt; das wichtige hauswirtschaftliche Können wird unterschätzt. Die Mädchen müssen möglichst schnell am liebsten gleich nach der Schule, Geld verdienen. Das kann bei ungelernter Arbeit nicht viel sein, und auch die gelernte Arbeit wird bei weiblichen Arbeitern schlechter bezahlt als bei männlichen Kollegen, die nicht mehr leisten.

Die ersten wenigen Mark also, die ein junges Ding verdient, die aber bei der Kostspieligkeit der Lebenshaltung in engen Verhältnissen sehr viel bedeuten, führen, je nach der Lage der Dinge, die junge Fabrikarbeiterin, das Lehr- und Laufmädchen, die angehende Verkäuferin, oder das kleine Dienstmädchen entweder schon aus dem Elternhaus hinaus, oder sie verschaffen ihr als »Verdienern« ein Übergewicht im Haushalt, das ihrem Alter nicht zukommt und ihrer ganzen Entwicklung sehr unbekömmlich ist. Dazu sind gerade in dieser ersten Zeit der vollen Freiheit die Mädchen körperlich und geistig sehr vielen Schwankungen unterworfen, die einer sorgsamen, individuellen Behandlung und Beaufsichtigung bedürfen – die aber vollständig fehlen.

Sich durchsetzen, vorwärts kommen, Milieukrankheiten – körperliche und geistige – überstehen, das ist die Losung der jungen Großstadtmädchen, die auf eigene Kraft angewiesen und bei aller Unreife auf ihre Selbständigkeit gestellt sind.

Auf der Basis der mißverstandenen Selbständigkeit sehen wir nun die jungen Mädchen mit Ansprüchen, Lebenshunger und zugleich einer Art von Genügsamkeit in jähem Widerstreit beherrscht.

Die Ansprüche an Äußerlichkeiten wachsen im selben Verhältnis, als die jungen Menschen zu Besitz und Genuß täglich und stündlich angereizt werden.

Die Herstellung von Luxus in allen Formen, die Berührung mit Gegenständen verfeinerter Kultur, das Auswählen, Anprobieren, Anpreisen, Erfinden derselben kann nicht spurlos an empfänglichen jungen Sinnen vorübergehen, kann sie nicht wunschlos lassen und drängt sie, sich wenigstens mit wohlfeilen Mitteln, die aber für sie immerhin eine große Ausgabe bedeuten, so auszustaffieren, wie es ihnen nötig erscheint, um wenigstens scheinbar einen erhöhten Besitzstand darzustellen. Dagegen wie genügsam, wie traurig und unvernünftig genügsam finden wir die Mädchen dann in ihrer Wohnung, in ihrer Nahrung, in ihren geistigen, ihren geselligen Bedürfnissen!

Und ernst sehen sie aus, die Großstadtblüten, wenn man sie morgens und abends gleich müde, mit blassen Gesichtern unter den phantastischen Hüten auf der Straße oder in der Straßenbahn sieht, traurig ernst, wenn sie nicht gerade überlaut mit der Freundin oder dem Freunde kichern und lachen. Was müssen sie aber, auch nicht alles hören und sehen und erleben, wenn sie, kaum den Kinderschuhen entwachsen, sich in eine Umgebung hineingeworfen finden, die keinerlei Rücksicht kennt. Angespannt an der Nähmaschine, an der Schreibmaschine, als Verkaufsmaschine oder sonst wie immer und immer nur Kraft abgeben! – Wäre da der Leichtsinn nicht, wie könnte die Jugend so viel Ernstes, Schweres aushalten. Und man ist leichtsinnig – zum Glück und zum schweren Schaden.

Hier wäre, wenn ich mehr als die Disposition zu einem Vortrag geben dürfte, das wichtige Kapitel einzufügen, daß das Großstadtmädchen in ihrem natürlichen geschlechtlichen Lebensdrang teils als Verführte, teils als Verführerin schildert; auch hier mangelndes Gleichgewicht zwischen Wollen und Können, Mangel an Einsicht, die gesundere Lebensfreudigkeit zu finden, Mangel an Kraft, sich auf das Rechte zu besinnen, Mängel, die, wenn sie eines Tages feiner gestimmten Naturen zum Bewußtsein kommen, zu furchtbarer Tragik führen können. Und über all dem Mangel an Harmonie zwischen dem seelischen Wachstum und den äußeren Verhältnissen der weiblichen Großstadtjugend liegt etwas, das zu denen, die sich viel mit den jungen Mädchen beschäftigen, die diese unfertigen Menschen lieb haben, laut und deutlich spricht. Es ist das eine unbewußte, rührende, sichere Erwartung, daß einmal etwas kommen könne, etwas kommen müsse, das sie aus der gleichmachenden Flut des Alltags herausheben, ihnen ein Eigenes, ein Persönliches bringen werde. Sie erwarten es sehnlich und sicher aus keinem anderen Grunde, als weil sie jung sind!

Viele Fehler, mancher Fehltritt, solche, die gut zu machen sind und solche, die nie mehr ungeschehen gemacht werden können, erklären sich aus diesem unklaren und doch so berechtigten Wunsche nach einem Eigenleben in irgend einer Form.

An dieser zarten Stelle des Innenleben ist es, wo die Jugendpflege einzusetzen hat, zart, doch bewußt. Von hier kann geholfen, geleitet, gepflanzt und gepflegt werden, was Gutes in den Mädchen steckt, und es steckt unendlich viel Gutes in ihnen; von hier kann am Individuum gut gemacht und aufgerichtet werden, was die schwere Walze des Großstadtlebens an Persönlichkeitswerten auf den Boden drückt und zerstören will.

Um dieser Kulturaufgabe gerecht zu werden, bedarf es der Mittel und der Gelegenheit, die aus praktischen Gründen von Staat und Kommune bereit gestellt werden müssen, es bedarf aber noch mehr: der liebevollen persönlichen Vertiefung in das Einzelleben junger Menschenkinder, einer Kleinarbeit von höchster Bedeutung, und sie alle zu dieser heiligen Kleinarbeit aufzufordern, das ist der Zweck der heutigen Veranstaltung.

Das Interesse der Juden an der Bekämpfung des Mädchenhandels

Die Aufgabe, als Frau und Jüdin an einem Kongreß zur Bekämpfung des Mädchenhandels teilzunehmen, ist eine doppelt schwere.

Die Geschlechtsklaverei, die käufliche Hingabe des Weibes solidarisch als eine Entehrung der ganzen Frauenwelt aufzufassen, alles, was diese Sklaverei herbeiführt und erleichtert, fördert oder gutheißt, zu verdammen, ist eine ethische Forderung, die sich in den Kreisen der zum Selbstbewußtsein erwachenden Frauenwelt immer kräftiger Bahn bricht.

Diese Forderung gewinnt an praktischer Bedeutung angesichts des Überhandnehmens der Zerstörungserscheinungen an Werten des Volkswohles und der Volksgesundheit durch die freie Willkür polygamen Geschlechtsverkehrs und die Sanktionierung der doppelten Moral durch die unaufgeklärte öffentliche Meinung.

Aber die Natur anerkennt nicht die Ungerechtigkeit der doppelten Moral: der männliche Prostituierte ist moralisch und physisch ebenso ein Krankheitsträger wie die weibliche Prostituierte, nur noch gefährlicher als diese, weil er gesellschaftlich noch so wohlgelitten ist und weil er unwissende, ahnungslose Frauen und unschuldige Kinder frei verderben kann.

Diese Erwägungen bilden mit vielen anderen innerhalb der Bekämpfung des Mädchenhandels einen Gedankenkomplex von erhabener Wichtigkeit, in dessen Auffassung und Beurteilung sich tatsächlich die Frauen aller Nationen und Konfessionen verstehen und im Kampfe für die gleichen Ideale treffen.

Kein Unterschied ist im Empfinden der Jüdin und der Christin, wenn auf Kongressen Fragen solcher Allgemeingültigkeit das Verhandlungsthema bilden. Ein Wort, ein Blick und das Gefühl der Solidarität stärkt und verbindet die Reihen der Frauen.

Anders wird es, wenn die Frage der Teilnahme der Juden am Mädchenhandel laut oder leise, deutlich ausgesprochen oder nur im Unterton berührt, aus den Reden klingt.

In solchen Momenten steigt mir die Schamröte ins Gesicht, und es ist, als öffne sich eine Kluft zwischen mir und den Frauen der beiden christlichen Bekenntnisse, denn wie soll ich es ihnen und den christlichen Männern, wie soll man es überhaupt Freunden, Gegnern, Feinden erklären, daß bei uns Juden – deren Gesetz höchste individuelle und soziale Moral heischt – Mädchen die Ware des Weltmarktes bilden und eine ungeheuer große Zahl der Händler und Händlerinnen, Zwischenhändler und Agenten Juden und Jüdinnen sind!?
Wer kann die osteuropäische Golus-Verelendung[45] und ihre sittliche Verwahrlosung erklären? Wer kann sie verstehen, der sie nicht kennt und fühlt in ihrer jammervollen Vielfältigkeit?

Wie ist es aber auch andererseits zu erklären und zu begreifen, daß die westeuropäischen und die amerikanischen Juden, die seit einem Jahrzehnt wissen, welche Schmach unserem Volk anhaftet, Juden, die sich so gerne Kulturjuden nennen, gebildete Menschen, deren sittliches Empfinden nicht durch Hunger verroht ist, – deren Selbstachtung nicht unter Ausnahmegesetzen geschwunden ist, – deren moralische Kraft nicht von der Knute zerschlagen ist, – daß diese Juden fast ausnahmslos indolent sind bei der Bekämpfung des Mädchenhandels.

Auch dieses Bewußtsein muß uns den Kongreßteilnehmern gegenüber mit Beschämung erfüllen.

»Schöne Reden« und »gute Berichte« zählen nicht, wo es der Anspannung ethischen Wollens, praktischer Energie und vor allem der Bereitstellung großer Geldmittel bedürfte. Und so habe ich denn wieder mit schwerem Herzen die Fahrt nach London zum V. Internationalen Kongreß zur Bekämpfung des Mädchenhandels angetreten.

Die Tagesordnung bot von vornherein wenig Interessantes und nichts Neues, und bis auf einen Punkt (question 4 and 5) keine Veranlassung, für uns Juden eine besondere Stellungnahme vorzusehen.

Um so beunruhigender wirkte es, als der Chief-Rabbi in seiner Begrüßungsansprache, die er auf Einladung des Internationalen Bureaus gleich den Geistlichen der anderen Bekenntnisse halten sollte, hart zugespitzt den Russen die allbekannte Tatsache vorhielt, daß »der gelbe Zettel«

der Jüdin in Rußland ein Wohnrecht verschafft, das sie als Frau von ehrbarem Lebenswandel außerhalb des Ansiedlungsrayons nicht erwerben kann.

Ich bedauerte es nicht, daß diese russische Ungeheuerlichkeit auf dem Kongresse wieder ausgesprochen wurde. Es hätte aber in der Diskussion geschehen müssen; an unrechter Stelle schadete die Äußerung mindestens so viel wie sie nützte – vor allem demjenigen, der sie getan.

Die wichtigen Fragen 4 und 5, die seitens des Antragstellers bewußt die vielbetonte interkonfessionelle Gerechtigkeit der Kongresse verletzten, lauteten:

»Welche Maßnahmen können ergriffen werden, um – eventuell mit Hilfe der Regierungen – für Ausländerinnen schlechten Charakters die Rücksendung nach der Heimat (repatriation) herbeizuführen und zu erleichtern?« und »eine Methode zu finden, die Prozedur der Rücksendung zu erleichtern.«

Diesen Antrag hatte das Internationale Bureau schon auf der Brüsseler Vorkonferenz (1912)zur Besprechung gebracht, und ich mußte mich dort schon gegen ihn wenden.

Er ist als eine Folge der großen Anzahl von »Ausländerinnen schlechten Charakters« (zum großen Teil Jüdinnen) anzusehen, die die Straßen Londons durchziehen und die der Nachfrage der Millionenstadt nach Prostitutionsmaterial ein entsprechend großes Kontingent von Angebot entgegenbringen.

Wenn die Angelegenheit nicht so ernst und traurig wäre, könnte man Alexander Cootes schutzzöllnerische Anstrengungen belächeln, denn die Londoner Männerwelt würde durch die Ausführung der von ihm vorgeschlagenen Maßnahmen nicht »sittlicher« werden, es würden nur andere Rekruten vorrücken. Es ist auch nicht anzunehmen, daß Mr. Coote so naiv ist, mit einer Polizeimaßregel die Frage des »social evil« für London lösen zu wollen; er will sicher nur einen Teil der Ausländerfrage fassen, und zwar unter dem kleidsamen Mäntelchen christlicher Humanität.

Der in Frage stehende Antrag ist von zwei Seiten anzugreifen. Zuerst von der allgemeinen, die es als eine Härte empfinden läßt, irgendeine des unsittlichen Lebenswandels überführte, oder auch nur verdächtige weibliche Person mit dem Stigma der Prostitution an die Grenze ihres Heimatlandes abzuschieben. Abgesehen davon, daß mit solchen Gummiparagraphen die Denunziation förmlich aufgerufen wird, ist es für die der Heimat entfremdeten, der dortigen Sprache oft nicht mehr kundigen Mädchen und Frauen fast unmöglich, sich »zu Hause« wieder aufzurichten, wenn sie einmal auswärts den Boden unter den Füßen verloren haben.

Es wären ideale Zustände, die es aber nirgends gibt, wenn man generell auf die Bereitwilligkeit der Familien und Gemeinden rechnen könnte, verlorene Töchter, deren Rehabilitierung auch meist noch Geld kostet, einfach mit offenen Armen aufzunehmen.

Für die jüdischen Mädchen, bei denen es sich vorwiegend um polnische, russische und rumänische handelt, liegt es so, daß die russische und rumänische Jüdin nie »repatriiert« werden kann, denn sie kann nach den bekannten politischen und Paßverhältnissen nie die Grenze ihres Geburtslandes überschreiten.

Cootes Antrag, auf die jüdischen »Ausländerinnen schlechten Charakters« angewendet, würde also nicht nur bedeuten, daß sie aus dem Lande, das sie los sein will, ausgewiesen werden (Ausweisung wäre in diesem Fall noch die humanere Maßregel), sondern daß sie polizeilich an die russische oder rumänische Grenze gebracht, dort Freiwild würden.

Daß ein solcher Vorschlag je internationales Gesetz oder Übereinkommen werde, dagegen mußte ich als Frau und Jüdin lebhaften Protest erheben; ich mußte der Versammlung klarmachen, welche Tragweite und Bedeutung die question 4 und 5 hatte, die der Antragsteller so weich, so milde, so human zu begründen wußte! Und ich wurde darin von Claude Montefiore aufs wärmste unterstützt.

Trotzdem gelangte der Antrag zur Abstimmung und zur Annahme, allerdings in der unten angeführten unklaren, verworrenen, unausführbaren Form, so daß er praktisch als wirkungslos zu bezeichnen ist.

Diese Tatsache, die zwar den Sieg einer gerechten Sache bedeutet, hatte einen eigentümlich nachteiligen Einfluß auf Mr. Alexander Cootes Gedächtnis. Ich hatte nämlich für die internationale Verständigung und um ein brauchbares Instrument für Propaganda und Aufklärungsarbeit zu schaffen, ein Flugblatt verfaßt, daß der Kongreß den verschiedenen Nationalkomitees je in ihrer Sprache zur Verbreitung empfehlen sollte. Da geschah es denn, daß Mr. Coote vergaß, daß ihm das Flugblatt vor dem Kongreß in 11 Sprachen vorgelegt worden war, – daß er vergaß, daß das *Deutsche Nationalkomitee* die Annahme des Flugblattes empfohlen hatte; und er vergaß, daß Geheimrat Maretzky der Versammlung ordnungsgemäß einen bezüglichen Antrag schriftlich vorgelegt hatte.

Das Schriftstück fehlte.

Question 16 »Propaganda und Flugblatt« wurde und war vergessen und kam nicht zur Abstimmung, also auch nicht zur Annahme, was natürlich die tatsächliche Verbreitung und vielsprachliche Benutzung des Flugblattes als internationales Instrument nicht zu verhindern braucht.

Das dritte und letzte Moment, in dem auf dem Kongreß offiziell jüdische Interessen zur Sprache kamen, war, als Claude G. Montefiore als »Speaker« Veranlassung nahm, seiner religiösen Überzeugung Ausdruck zu geben und in vornehmster Form unsere jüdische Aufgabe unter den Völkern hervorzuheben.

Es war wohltuend und erhebend, was er sagte und wie er sprach. – –

Der nächste Kongreß zur Bekämpfung des Mädchenhandels soll in Petersburg stattfinden.

Unoffiziell bot der Kongreß noch manche Gelegenheit, in diesem kleinen Ausschnitt und Spiegelbild der Welt über unsere Stellung in derselben Studien und Betrachtungen zu machen. Bei allen Nationen war das Vorhandensein eines gewissen latenten Antisemitismus zu verspüren.

Das Verhalten einzelner Personen, die den Mut hatten, der unbeliebten Minorität ihre Menschenrechte uneingeschränkt zuzugestehen, wirkte um so erfreulicher, und manches herzliche Wort in einer Privatunterhaltung klang wie eine Entschuldigung für gehässige Gesinnung, die andernorts verhohlen und unverhohlen zutage getreten war.

Aber der Kongreß bot auch Gelegenheit zum Zusammenrücken und zur Verständigung der wenigen jüdischen Delegierten und Teilnehmer, und wieder ist Mr. Montefiore zu nennen, dessen Gastlichkeit die Möglichkeit freier Aussprache bereitete.

In einer besonders zusammenberufenen kleinen Versammlung wurde von mancher Lokal- und Detailarbeit gesprochen. Einig waren wir uns in der Erkenntnis der absoluten Notwendigkeit ernster planmäßiger, großzügiger Bekämpfung des Mädchenhandels von jüdischer Seite.

Als Vorsitzende des *deutschen Jüdischen Frauenbundes* unterbreitete ich der Versammlung fünf Vorschläge für praktisches Vorgehen, das uns nach meiner Meinung allein noch das Recht gibt, an künftigen internationalen und interkonfessionellen Beratungen freimütig teilzunehmen.

Es ist eine Geldfrage.

Entwurf eines Internationalen Flugblattes

1. Männer und Frauen aller Nationen und Konfessionen müssen wissen, daß es einen Mädchenhandel gibt. Das ist eine erwerbsmäßige Ausnützung weiblicher Personen durch Anwerbung, Vermittlung und Überlassung zur Prostitution, entweder in polizeilich anerkannten Bordellen oder in anderen Häusern und Lokalen, die der bezahlten Unzucht dienen, wenn sie auch im »polizeitechnischen Sinne« nicht als öffentliche Häuser bezeichnet werden (Varietés, Cafés, Chantants, Bars, Hotels, Maisons de passe, Bäder etc.)
2. Männer und Frauen aller Nationen und Konfessionen müssen wissen, daß, um den ungeheueren Bedarf der Männer in den Bordellen und anderen Prostitutionsbetrieben an lebender Ware zu decken, tausende und abertausende mittelloser unwissender, leichtsinniger und leichtgläubiger Mädchen ständig durch List und Vorspiegelungen aller Art in Abhängigkeit von Kupplern, Mädchenhändlern (beiderlei Geschlechts) und Zuhältern geraten und mit allen Mitteln der Gewalt, durch Rohheit und Verbrechen der moralischen und physischen Vernichtung preisgegeben werden.
3. Männer und Frauen aller Nationen und Konfessionen müssen wissen, daß Verelendung, Unwissenheit, mangelnder Erwerb, schlechte Lohn- und Wohnverhältnisse, gewisse Formen angeborenen Schwachsinns, durch keine religiöse und allgemeine Erziehung gehemmter sexueller Leichtsinn die Hauptursachen sind, die den Mädchenhändlern die Opfer in die Hände treiben.
4. Männer und Frauen aller Nationen und Konfessionen müssen wissen, daß der Alkoholgenuß sowohl für die männlichen Konsumenten wie für die weibliche Ware das verheerendste Reizmittel ist.
5. Männer und Frauen aller Nationen und Konfessionen müssen wissen, daß es notwendig und möglich ist, jeder einzelnen Ursache des Mädchenhandels im sozialen Leben Gegenwirkungen zu bereiten: durch politische und sozialpolitische, durch administrative und gesetzgeberische Maßnahmen, durch das Wachrütteln des sozialen Gewissens, die Beeinflussung der öffentlichen Meinung, durch Verbreitung von allgemeiner Volksbildung, durch Aufklärung über die Verbreitung und Bedeutung der venerischen Krankheiten und deren verderbliche Folgen für den Einzelmenschen, die Familie und den Staat.
6. Männer und Frauen aller Nationen und Konfessionen müssen wissen, daß es großzügiger, weitausgreifender Maßnahmen bedarf, um Verbrecherbanden unschädlich zu machen, die unter Ausnützung menschlicher Schwächen und sozialer Unzulänglichkeiten, die das Gewerbe der Unzucht fördern, in der ganzen Welt ihr Unwesen treiben.
   Hierher gehören: nachdrücklichstes Verlangen nach gesetzlichem Frauen-, Mädchen-

   und Kinderschutz, internationale, legislative und administrative Vereinbarungen in der Auffassung, Behandlung und Bestrafung der Mädchenhändler, sowie aller Vergehen, die mit demselben in Zusammenhang stehen. Anstellung von Agenten zum Aufsuchen und Nachgehen der Mädchenhändler und Händlerinnen, Bahnhofshilfen, Einrichtung von Schutzhäusern, Arbeitsvermittlung, Auskunftsstellen, Verbreitung von aufklärenden und warnenden Schriften etc. etc.
7. Männer und Frauen aller Nationen und Konfessionen müssen wissen, daß es schon viele Organisationen gibt, die sich mit der Bekämpfung des Mädchenhandels befassen, daß ihnen aber noch die Macht und die Mittel fehlen, ihrer großen Aufgabe gerecht zu werden.
8. Männer und Frauen aller Nationen und Konfessionen müssen wissen, daß die Bekämpfung des Mädchenhandels eine religiöse, patriotische und im höchsten Sinne menschliche Pflicht ist, die ohne jede Sentimentalität betrachtet, die größte praktische Bedeutung hat.
9. Männer und Frauen aller Nationen und Konfessionen müssen wissen, daß der Mädchenhandel durch seine Förderung des Prostitutions-Unwesens und als Propaganda der doppelten Moral zur Verrohung der Sitten und zur Vergeudung der besten Volkskräfte führt.

10. Männer und Frauen aller Nationen und Konfessionen sollen hierdurch aufgefordert werden, jeder an seiner Stelle nach Maßgabe seiner Kräfte, Fähigkeiten und Mittel, in ehrlichem Wollen und kräftigem zielbewußten Vorgehen die Schande der Geschlechtssklaverei und des Mädchenhandels bekämpfen zu helfen zur Ehre und zur Wohlfahrt der Menschheit!

Sie werden durch Zeitungen erfahren, dass es keinen Mädchenhandel gibt, andererseits hört man, dass wir ihm alle Tage begegnen können, nur ist er nicht direkt nachweisbar. Der Mädchenhandel ist eine so komplizierte Form der Unterstützung unmoralischer Taten, unmoralischer Gesinnung, ja sogar der Unterstützung von Verbrechen, er ist eine solche Komplikation von Dingen in den einzelnen Menschen, dass wir gar keine absolut richtige Bezeichnung dafür finden können.

Es gibt keine Frau auf der Erde, die es nicht als eine ihrer wichtigsten Aufgaben empfinden wird, zu erreichen, dass die Hingabe des Körpers einer Frau aufhöre, als etwas Selbstverständliches zu gelten, und die nicht alles tun würde, um diese Hingabe eines Menschen für Geld zu verhindern oder zu vermindern. Wir können in die Materie nur dann eindringen, wenn wir außer dem Begriff des Mädchenhandels auch noch den Begriff hinzufügen, der uns Frauen immer entgegengehalten wird, wenn es sich um Prostitution handelt, den Begriff der freiwilligen Hingabe; die Opfer, die wir als Opfer bezeichnen, seien freiwillig. Ich bitte Sie, diesen Begriff der Freiwilligkeit zu kontrollieren – ob diejenigen, die man der Freiwilligkeit auf diesem Wege zeiht, wissen, was das Ende ist, der Abschluß, die Folge ihrer Handlung. Wenn wir ihren Lebenslauf kennen, ihre Jugend, ihre Psyche, dann werden wir verstehen, was sie so weit brachte, Prostituierte zu werden, dann werden wir in vielen Fällen zugeben müssen, dass von einer Freiwilligkeit im Sinne eines freien Entschlusses nicht die Rede sein kann.

Die Mädchen sind leichtsinnig, arm, oft nicht imstande, irgend einen Beruf auszuüben, von zu Haus aus nicht dazu angehalten, sich in einen bestimmten Kreis hineinzufinden: sie haben nur das Streben, herauszukommen, vielleicht auch einen natürlichen Trieb, irgend jemandem anzugehören. Den ganzen Lebenslauf eines solchen unerfahrenen Mädchens können wir nicht übersehen. Und deswegen bitte ich Sie, sich klar zu machen, dass das Wort »Mädchenhandel« eigentlich nicht richtig ist. Handeln kann man mit einem Huhn oder mit Stiefeln. Es ist eben nicht ein Verkauf in dieser Form. Wir müssen uns fragen, welches sind die entsetzlichen Möglichkeiten, die junge Mädchen dem Dirnentum zuführen?

Ich möchte Sie bitten, sich darüber klar zu werden. Ohne Bordelle keine Prostituierten, ohne Bordell kein Mädchenhandel. Ohne die Bekämpfung der Prostitution keine Bekämpfung des Mädchenhandels. Ich bitte Sie, mir nicht zu sagen, Prostitution gab es immer, und sie daher nicht bekämpfen zu wollen. Warum sagen Sie nicht dasselbe, wenn Ihnen eine Uhr gestohlen wurde, dass es ja auch Diebe immer gegeben hat: warum sie also verurteilen? Weshalb sagt man dann, Prostitution hätte es immer gegeben?

Die christliche Gesellschaft ist geneigt, zu sagen, dass der Mädchenhandel eine jüdische Erscheinung sei. Wir müssen das energisch zurückweisen. Wir hören die Westjuden oft sagen, dass der Mädchenhandel eine Sache des Ostens sei; bei uns gäbe es das nicht, es sei eben eine Sache des Ostens. Ich glaube, es gibt nichts, was nur einen Teil der Juden angeht und den anderen Teil nicht. Wir müssen die Dinge sehen, wie sie sind. Was ich heute sage, habe ich schon vor zwanzig Jahren gesagt. Nicht das ist traurig, dass ich es schon vor zwanzig Jahren gesagt habe, sondern dass ich es heute wieder sagen muss. Denn ein Mensch mag sagen, was er will; er mag es in die Welt hinausrufen, wenn es nicht gehört wird, wenn es niemand aufnimmt, dringt es trotzdem nicht weiter. Der Vorwurf, dass man ein und dasselbe immer wieder sagen muss, ist ein Vorwurf für die Westjuden, weil sie den Ostjuden nicht geholfen haben. Wenn wir nun das Wort »Mädchenhandel« beibehalten wollen, so möchte ich doch sagen, dass wir beim Mädchenhandel wie bei jedem anderen Handel drei Begriffe unterscheiden wollen: Händler, Ware und Konsumenten.

Wir Juden sollen, wo immer Juden beisammenwohnen, wo immer jüdische Menschen zusammentreten, den Wunsch haben, uns gegenseitig zu erziehen. Wir sollen aufpassen, ob nicht unerlaubte Dinge geschehen: die Schädlinge sollen vor das Forum der Gerechtigkeit gebracht werden, damit die Anständigen mit den Unanständigen nicht auf einen Haufen gekehrt werden. Wenn sich niemand findet, der es angiebt, so machen wir uns zu Mitwissern und Helfern.

Die Frauen sollen nicht ängstlich sein und fürchten, Ungehörigkeit aufzudecken, und jeden, der sie begeht, der Gerechtigkeit auszuliefern. Leute innerhalb unserer Gemeinschaft, die sich ungehörig benehmen, sollten von uns an den Pranger gestellt werden. Ich möchte den Herren Rabbinern sagen, dass sie solche Menschen nicht zur Thora aufrufen: wir sollten unsere Kinder nicht in Familien heiraten lassen, die in dieser Richtung ungesund sind – das ist unsere Pflicht und Schuldigkeit.

Sprechen wir von der Ware. Ware sind die Mädchen, die jungen Dinger: dass sie alt werden, teilen sie mit allen anderen; zuerst sind sie hübsch, dann vielleicht sehr bald garstig. Ohne aufgeklärt zu sein, vielleicht ihre Kenntnis nur aus Romanen schöpfend, treiben sie Verlockungen aller Art hinaus ins Leben. Sie gehen zuerst mit einem, und wenn sie der eine sitzen lässt, schämen sie sich und gehen mit einem anderen. Sie bekommen vielleicht in Kind, und das sind noch die besseren unter ihnen. Ein Berg von Pflichten liegt vor uns; wir müssen unsere Augen und Ohren überall haben. Wir müssen aufpassen, wo die Schuld liegt. Wenn es junge Mädchen gibt, die für ein Paar Florstrümpfe oder für einen Kinobesuch ihr Leben verkaufen, so müssen wir anfangen, ihrem Leben neuen Inhalt zu geben. Wir müssen uns fragen: Ist es richtig, dass die Tochter der Besitzenden diese Dinge im Überfluß hat, sie zur Schau trägt und dadurch den Neid der Aermeren erregt? Kann das junge Mädchen nicht mit seinem Vater oder Schwager ins Kaffeehaus gehen, dann geht es eben mit einem anderen. Wir müssen es den Frauen der eigenen Familie erst klar machen, was Lebensfreude ist. Wir haben unser Leben so einzurichten, dass diejenigen, die nicht so gebildet sind und keine höheren Interessen haben, nicht auf Schritt und Tritt den Wunsch empfinden, es auch so zu haben wie wir. Wie wir für die eigene Tochter sorgen, wie wir sie selbst zu schützen suchen, so müssen wir die Töchter anderer schützen.

Der Konsument im Mädchenhandel ist natürlich der Mann. Wenn der Mann nicht da wäre, der den Konsum wünscht, der ihn zu brauchen angiebt, dann würde es sein wie mit aller anderen Ware auch; sie würde sitzen bleiben. Dasselbe Gesetz von Angebot und Nachfrage gilt auch hier wie auf allen anderen Gebieten des Handels.

Es ist unsere Pflicht, unseren Söhnen und Männern und allen Männern, mit denen wir zu tun haben, zu verstehen zu geben, dass sie vor jungen Menschen Respekt haben müssen und dass die Konsumenten zu boykottieren sind. Ich bin überzeugt, dass viele von Ihnen lachen werden; es sind diejenigen, die sich eine gewissermaßen gewohnheitsmäßige Frivolität der Auffassung über diese Dinge angeeignet haben. Sie müssen aber versuchen, sich von dieser Frivolität zu befreien. Wenn wir erst auf diesem Wege heruntergerutscht sind, herauf kommen wir nicht wieder so schnell.

Wir sind hier zur praktischen Arbeit. Wir kämpfen für die gleiche Moral von Mann und Frau. Wir haben für Aufklärung in sittlicher Hinsicht zu sorgen. Im Osten noch mehr als im Westen, wo dies durch die Zeitungen geschieht. Vor allem muss das erschlaffende Familienleben neu belebt werden.

Es gibt eine jüdische Sittlichkeit und diese haben die Juden zur Welt gebracht. Diese Mission haben wir zu erfüllen; wenn wir aufstehen und wenn wir uns niederlegen, müssen wir daran denken; wir wollen die Sprache der ganzen Welt sprechen, um allen Menschen diese Mission bringen zu können. Mit unserem ganzen Herzen, mit unserer ganzen Seele und mit unserem Vermögen. Wehe denen, deren Gewissen schläft!

Jüdische Teilnehmer am Weltkongreß gegen Unsittlichkeit

Anwesend:

>   Mr. Claude Montefiore, London.
>   Mr. S. Cohen, London.
>   Fräulein Bertha Pappenheim, Frankfurt a. M.
>   Frau Henriette May, Berlin.
>   Frau Ludwika Sygelbory, Warschau.
>   Frau Silberminz, Warschau.
>   Frau Therese Wajchmann, Lodz.
>   Frau Hopfenblum, Warschau.
>   Fräulein Eisemann, Frankfurt a.M.

Mr. Cohen begrüßt die Anwesenden im Namen von Mr. Montefiore und gibt seiner Freude Ausdruck, daß hier Menschen versammelt sind, mit denen er schon lange und regelmäßig in gemeinsamer Arbeit verbunden ist. Er bittet dann Fräulein Pappenheim, auf deren Veranlassung man zusammengekommen war, das Wort zur Begründung der Zusammenkunft zu nehmen.

Fräulein Pappenheim sagt, sie habe sehr bedauert, daß wir Juden auf dem Kongreß nicht als Juden vertreten seien. Wir arbeiten zwar in den Nationalkomitees unserer Länder, ohne aber auf dem Kongreß als verantwortliche Vertreter jüdischer Stellen zu gelten, trotzdem der ganze Kongreß weiß, welch' starken Prozentsatz bei Händler, Ware und Konsumenten die Judenschaft stellt. Unser Wille zur Mitarbeit ist noch nie bewiesen worden. Die jüdischen Geistlichen beherrschen das Material weder nach der sozialen, hygienischen, noch nach der pädagogischen Seite. Keiner hat die stille Arbeit getan, hat die jahrzehntelange Erfahrung hinter sich, wie viele evangelische und katholische Geistliche es durch soziale Fürsorge, Beobachtung und Seelsorge haben. Da wir keine geistliche Vertretung in der Arbeit haben und auch nicht so rasch haben können, müssen wir ein Organ schaffen, dessen Pflicht es ist, tüchtig zu werden und wachsam zu sein, um in der ganzen Welt sachkundig daran zu arbeiten, daß dieser Schandfleck am Judentum verschwinde. Diese kleine Versammlung soll ein Anfang dazu sein. Wir können gern zugeben, daß in einzelnen Orten lokale Mädchenschutzarbeit gut gemacht wird. Wir wissen, daß man sich in Lodz, Warschau, Berlin, Frankfurt, London, Triest und anderen Städten bemüht. Wir dürfen aber nicht damit zufrieden sein, denn Mädchenschutz ist noch keine Bekämpfung des Mädchenhandels. Die Zusammenarbeit, die gegenseitige Stärkung fehlt. Wo ist die Stelle, wo wir die allgemeinen Erfahrungen und Beobachtungen sammeln, sichten, prüfen und zusammenfassen? Die Auffindung von Händlern kann in vielen Fällen nur von den Juden selbst gemacht werden, und es muß die Gepflogenheit schwinden, daß man verdächtige Personen nicht zur Anzeige bringt. Bisher begnügte man sich damit, Händler von einem Ort auszuweisen, von Land zu Land ziehen zu lassen, wo sie ihr Unwesen natürlich weiter betreiben können. Wir haben über unsere Schande keine Literatur, keine vorgebildeten Lehrer, keine mit der Materie vertrauten Geistlichen oder Sozialarbeiterinnen. Auch hier muß heilige Kleinarbeit einsetzen und uns das Recht verschaffen, in diesen Dingen öffentlich mitzureden. Wir müssen gemeinsame Richtlinien für die Arbeit aufstellen, und wir müssen uns für die Arbeit stark machen. Die Rednerin erinnerte noch an die Bordelle von Pera, deren Insassen zu 40 Prozent Jüdinnen sein sollen.

Frau Silberminz aus Warschau berichtet über das große Entgegenkommen der Ministerien in ihrem Land, über die Prozesse gegen Frauenhändler, klagt aber noch darüber, wie viel »Ware« gerade von Polen und Galizien nach Argentinien geht. Sie gibt zu, daß man bei der Bahnhofsmission das jüdische Komitee nicht zugelassen habe, und sie beklagt sich ferner darüber, daß sie von Paris oder Wien auf Briefe und Anfragen niemals Antworten bekomme, während London und Berlin sehr gut arbeiten, und sie stellt die Frage, was zu tun sei.

Mr. Montefiore sieht im Augenblick große Schwierigkeiten voraus und bittet noch um weitere Aussprache.

Frau Wajchmann, Lodz erwähnt kurz die Lodzer Arbeit und weist auf die Mädchen hin, die nach Argentinien kommen. In Buenos Aires werden weibliche Reisende jedes Schiffes empfangen und betreut. Wir dürfen also hier nichts generell gegen die Regierungen sagen.

Mstr. Montefiore möchte nunmehr 3 Punkte festlegen:

1. Bezüglich der nicht richtigen Stellung auf dem Kongreß möchte er erwidern: Jeder weiß von ihm, daß er Jude ist und als Vertreter der jüdischen Interessen gekannt und geachtet wird.
2. Zur Frage der Seelsorge kann man im Augenblick bei den amtierenden Geistlichen wenig ändern und wenig erwarten.
3. Frl. Pappenheim möchte mit positiven Vorschlägen nunmehr an uns herantreten. Man habe bisher in Argentinien gute Arbeit geleistet, jetzt sei Brasilien in Bearbeitung.

Frau Wajchmann gibt noch einmal Kenntnis von den Verhältnissen, wie sie ihr aus der Arbeit nahe gekommen sind, zumal Polen, Rußland, Galizien die Hauptware für Freudenhäuser schicke. Auf moralische Propaganda ist wenig Hoffnung zu setzen, zumal bei ihnen die kommunistische Propaganda überhand nimmt, die die Familienbande noch mehr lockert. Wir müßten den Mädchen ein menschenwürdiges Dasein schaffen können, um sie zu halten. Ihr Waisenheim leidet z.B. darunter, daß für die Entlassenen bei der großen Wohnungsnot keine Unterkunftsmöglichkeit existiert, und sie bittet ebenfalls Frl. Pappenheim um positive Vorschläge.

Fräulein Pappenheim meint vorerst, daß, wenn wir Juden nicht auf dem heutigen Kongreß gewesen wären, sicher der Ton ein anderer gewesen wäre. Auch das ist ein Beweis für die Notwendigkeit unserer Arbeit. Frl. P. schlägt dann vor ein internationales jüdisches Komitee zur Bekämpfung des Mädchenhandels mit dem Sitz London zu gründen.

Ein Komitee, das in Aktion zu treten hat, das nicht nur auf dem Papier steht. Bei der Welthilfskonferenz in Karlsbad ist nichts vom Mädchenhandel, nichts vom Kinderschutz gesagt. Trotzdem muß man an die Welthilfskonferenz wieder herantreten, obgleich Anträge, die der *Jüdische Frauenbund* an sie gerichtet hat, nicht beantwortet worden sind. Man muß aber alle Organe benutzen, die vorhanden sind. Ferner ist die Gewinnung von sachverständigen Aerzten, Frauen, Rabbinern für diese Arbeit in der ganzen Welt notwendig. Es ist eine Aufgabe der Juden in der Diaspora, die Missionare der alten jüdischen Ethik zu sein. Nach Gründung des internationalen jüdischen Komitees müsse dieses sich an den *Völkerbund* wenden.

Mr. Cohen erinnert an seine Zugehörigkeit zum *Völkerbund*.

Mr. Montefiore hält eine Zusammenkunft in London für wünschenswert, fürchtet aber zu geringe Beteiligung.

Fräulein Pappenheim meint, der Kongreß könne auch in Warschau sein oder an anderer Stelle; es müßten aber nur die Leute kommen, die die Arbeit kennen, oder solche, die sie tun wollen. Die Arbeit selbst kann im Zusammenhang mit den interkonfessionellen Nationalkomitees der einzelnen Länder vor sich gehen. Die eigentliche Arbeit muß ins Ursprungsland und ins Zielland gelegt werden. Sie fordert dann:

1. Ausarbeitung einer Schrift, die in dem Aufruf enden muß, daß in der Bekämpfung des Mädchenhandels eine soziale und ethische Pflicht zu erfüllen ist. Diese Schrift muß weiteste internationale Verbreitung auch bei kleinen Organisationen und Einzelpersonen finden und Fragen enthalten, wie sich die einzelnen Organisationen zu einer Mitarbeit stellen und was sie in ihren Ländern evtl. schon auf diesem Gebiete leisten.
2. Besprechung der Vertreter der Länder, dabei Ausschaltung jeden Streits über Richtungen im Judentum, wie *Agudah* (Weltorganisation aller thoratreuen[46] Juden zur Pflege und Vertretung ihrer religiösen Interessen), Zionismus, *Misraelis* (Vereinigung von Zionisten zur Verwirklichung trad. jüd. Gesetze) usw.

Mr. Montefiore sagt bereitwilligst zu, diese Schrift zu verfassen. Er erbittet nur allseitig sachliches Material.

Frau Ziegelberg aus Warschau will den sehr verständnisvollen dortigen Oberrabbiner zu der Arbeit mit heranziehen.

Fräulein Pappenheim erinnert noch daran, daß der in Wien geplante *Weltbund jüdischer Frauen* nicht zustande gekommen ist, und Mr. Montefiore gibt mit als Grund an, daß die jüdischen Frauen Englands und Amerikas nicht internationalen jüdischen Verbindungen zustimmen wollten.

Mit allseitigem Einverständnis und der Hoffnung, daß die Schrift der Anfang zur Begründung eines internationalen jüdischen Komitees zur Bekämpfung des Mädchenhandels sein möge, schließt die Sitzung.

International-jüdische Frauen- Mädchen- und Kinderschutzarbeit

Wir dürfen uns mit dem Vorhandensein von Berichten aller Art nicht genügen lassen. Es müssen Wege gefunden werden, das Material von Expertenkommissionen, nationalen und internationalen, zur Durchsicht und zur Überprüfung an Ort und Stelle zu gewissenhafter Bearbeitung und als Hinweise auf Arbeitsmethoden zu verlangen.

In der praktischen Arbeit werden wir das Material, das wir zusammenzuholen haben, so verwenden müssen, daß wir rücksichtslos und unnachsichtig jüdischem Verbrechertum in allen Winkeln nachgehen (Spielklubs etc.). Die feige und unwürdige Scheu und Angst vor Polizei und Gerichten ist aufzuheben und unsere etwas ängstliche Stellung zu Behörden und offiziellen Stellen ist grundsätzlich zu revidieren.

Zur Durchführung einer verantwortlichen, planmäßigen, international-jüdischen Frauen-, Mädchen- und Kinderschutzarbeit (Bekämpfung des Mädchenhandels) bedarf es für den Anfang mindestens vier untereinander verbundener Komitees in Polen, auf dem Balkan (Konstantinopel, Kairo) und in Südamerika, die territorial und lokal ihre Wege zur Aufdeckung der Vorgänge in der Unterwelt suchen müssen.

Die Zusammensetzung dieser Komitees mit Männern und Frauen aus allen Kreisen kann nur das Land selbst aus seiner Personalkenntnis entscheiden.

Als Wichtigstes und Unabweisliches fordere ich aber die Einsetzung eines ständigen international-jüdischen Aktionskomitees für die Vertretung der Interessen und zum Schutz von Frauen, Kindern und Jugendlichen beiderlei Geschlechts.

Das Fehlen einer solchen Stelle scheint mir der stärkste Grund dafür, daß wir noch nie zu dem Gefühl der international-jüdischen Verantwortlichkeit einem angeblich international-jüdischen Übel gegenüber gekommen sind.

Ich würde wünschen, daß die Bildung und Einberufung dieses international-jüdischen Aktionskomitees von der *Jewish Association for the Protection of Girls and Women*, London, ausginge und im Austausch von Anregungen und Wünschen im lebendigsten Zusammenhang mit Herrn Cohen beim Völkerbund stehen müßte.

Diesem Komitee würde es auch obliegen, die Prüfung des Materials für alle Berichte, Presseäußerungen und sonstige Veröffentlichungen zu verlangen.

So haben die Rabbiner der Welt ihren Anteil an der Bekämpfung des Mädchenhandels und den einschlägigen Materien (Anzeigepflicht, stille Chuppah, Befreiung der Agunaus[47], Überwindung der Polizeischeu)

Die Lehrer haben in der Schule und in den Familien ein großes aufklärendes und erziehendes Wirkungsfeld.

Die Ärzte müssen auf die Abolition und die Bedeutung der sozialhygienischen Aufgaben hinweisen (Frühehe, Gesundheitszeugnisse vor der Ehe usw.)

Die Emigrationsorganisationen und Arbeiterfürsorgestellen haben ihr Augenmerk auf die Schleichwege der illegalen Wanderung der Grenzüberschreitungen zuzuwenden und gewisse Listen zu führen.

Die Frauenorganisationen haben dafür zu sorgen, daß in Berufs-, Erziehungs- und Schutzfragen die Länder unentwickelter Kultur gefördert werden.

Die Juristen müssen die Lage der Staatenlosen individuell von Fall zu Fall (generell wird es mit der Zeit vom Völkerbund erwartet) vertreten. Ausweisungen, Repatriierung sind im Einzelfall menschlich gut zu lösen.

Ein Zentralbureau für internationalen Kinderschutz ist einzurichten (Weltsammelvormundschaft), damit für jüdische Kinder die Deklaration von Genf kein Hohn bleibe.

Die Presse aller religiösen und politischen Richtungen ist als ein unentbehrlicher Faktor in den Plan einzubeziehen.

All das ist nur möglich und wirksam, wenn eine internationale jüdische Stelle als Aktionszentrum besteht!

Dieses Komitee müßte sich zum Träger seiner Aufgabe machen, einer Mission, die so viel-gestaltig ist wie der Komplex von Vergehen und Verbrechen, Korruption und Degeneration, Ungerechtigkeit und Übelwollen, Armut und sozialem Zusammenbruch es ist, den wir mit dem Wort Mädchenhandel oft irreführend zu bezeichnen gewohnt sind.

In Deutschland können wir Frauen uns mit einer gut ausgebauten Gefährdetenfürsorge be-gnügen.

Für das deutsche Judentum steht die sozial-ethische Verantwortung für Vorgänge im Leben der Gesamtjudenschaft im Vordergrunde.

Gibt es einen Mädchenhandel?

Mädchenhandel. Gibt es einen Mädchenhandel? Was bedeutet das Wort: sozial, juristisch, polizeitechnisch? Was vom Standpunkte des Frauenschutzes, was als Kennwort oft betonter sozial-ethischer Aufgaben, was den Verkündern des Menschenrechts und der gleichen Moral der Geschlechter?

Es gibt seit etwa 25 Jahren große internationale und nationale Organisationen und konfessionelle Verbände, die sich für eine Bekämpfung des Mädchenhandels zusammengeschlossen haben, Männer und Frauen, von denen nicht anzunehmen ist, daß sie sich nur aus Sentimentalität oder Wichtigtuerei eine Aufgabe konstruierten (materielle Vorteile stellt sie nicht in Aussicht).

Aber ebensolange werden Stimmen anderer laut, die die Bestrebungen der Organisationen belächeln, als einen Kampf gegen Windmühlen bezeichnen und erklären, daß es einen Mädchenhandel nicht gibt. Dieser auffällige Gegensatz findet seine Erklärung leicht darin, daß die Vertreter der beiden Meinungen aneinander vorbeireden, weil sie beide unter Mädchenhandel etwas anderes verstanden wissen wollen und dem Wort von ihrem Standpunkt aus eine Auslegung geben, die seinen Begriff nicht ganz deckt.

Wer Gründe hat und gelten läßt, die dem Alkoholgenuß Vorschub leisten, die den Opiumgenuß (mit anderen Rauschgiften) nicht ungern dulden, und die den hemmungslosen, unverantwortlichen Geschlechtsgenuß auch zu einer leicht und billig käuflichen Lebensfreude erklärt wissen wollen, – die sehen in der Prostitution von Männern und Frauen nur eine fröhliche »Lebensbejahung«. Für sie sind die Frauen nur Gegenstand der Befriedigung der Wünsche der Männer, und müssen folgerichtig Zuhälter, Kuppler(innen) und Bordellhälter(innen) Leute sein, die in der menschlichen Gesellschaft einen Beruf, eine Mission zu erfüllen haben, die man in dessen Ausübung nicht stören sollte, denen man durch ihre Bekämpfung das Leben nicht aussichtslos schwer machen dürfte!

Die Vertreter der anderen Richtung wissen wohl, daß »die Prostitution als soziales Übel nicht abzuschaffen ist« so wenig wie Diebstahl, Hehlerei, Betrug, Raub und Mord. Aber obwohl diese, das Einzel- wie das Gemeinschaftsleben bedrohenden Erscheinungen bestanden haben, soweit die Menschenkunde zurückreicht, hat man stets getrachtet, die Träger dieser Erscheinungen als Schädlinge zu kennzeichnen, zu bekämpfen, sie teilweise oder doch streckenweise unschädlich zu machen.

Wer also glaubt und weiß, daß Prostitutionsbetriebe, in welchem Rahmen und Ausmaß immer, schädlich sind, wer den Anreiz zum wilden Geschlechtsverkehr, alle Auswüchse und Perversitäten innerhalb derselben mit allen Mitteln einschränken möchte, der wird seine Wege und Machenschaften nicht »als eine internationale Befriedigung eines internationalen Bedürfnisses« mit großer Seelenruhe gelten lassen und das Wort Mädchenhandel als moralsauer dafür ablehnen. Er wird das Beitreiben, Anwerben, Verschieben, Zuschieben von Frauenkörpern gegen Entgelt, Abgaben und Vermittlungsgebühren als das bezeichnen, was es ist – einen wüsten Handel.

Diejenigen, deren Weltanschauung es gestattet, aus religiösen, sozialen, ethischen, pädagogischen und hygienischen Gründen diesen Handel all dem entgegenzusetzen zu finden, was man sonst als ideale Ziele aufzustellen pflegt, werden dessen stillschweigende Duldung als Heuchelei empfinden – sowie die Vertreter des Freihandels die gegenteilige Meinung ebenso bezeichnen! Eine nicht unwichtige umstrittene Frage in diesen Gedankengängen ist die psychologische »Freiwilligkeit« des Zuzugs der Ware, die vielleicht eine einzigartige Erscheinung in der Freiwilligkeit der jungen Fremdenlegionäre findet, die auch nicht wissen, welchem Ziel, welchem Schicksal sie sich »freiwillig« anwerben und zuführen lassen. – Diese Bemerkungen, mit denen ich die vorliegenden Briefe einleite, haben nicht den Zweck, die Materie dessen, was man Mädchenhandel nennen kann, auch nur ungefähr zu umreißen. Sie sollen nur die Wichtigkeit, sich mit ihr zu beschäftigen, feststellen und diese zugeben, auch wie nötig es ist, daß die Organisationen und Bünde sich in der Richtung ihrer Aufgabe stark bemühen und ebenso unterstützt werden. Das Gemeinsame festgelegt, was durch eine Kommission beim Völkerbund einwandfrei unterstrichen ist, ergeben sich für die Nationen und Konfessionen spezielle Gesichtspunkte; für die

Juden bekommen sie dadurch eine besondere Note, daß die jüdischen Frauen und Mädchen teils durch Komplikationen (Staatenlosigkeit, schwierige Ehegesetze), teils durch feindselige Einstellung ihrer Aufenthaltsländer (Antisemitismus) in der Unterwelt des Prostitutionsverkehrs eine Art Freiwild bilden, eine Stellung, die durch die Repatriierungsgesetze für die heimatlosen und entwurzelten Geschöpfe noch schlimmer wird. Es gibt für den Juden keine Kirche, keinen Staat, die bis zum letzten die Verpflichtung haben, die jüdischen Mädchen zu schützen; sie sind immer von Auffassungen, Auslegungen, Wohl- und Übelwollen einer zufälligen Umwelt abhängig. Aber auch die Juden, die in einer Atmosphäre leben, so fern von jeder Berührung mit asozialen, verbrecherischen Elementen, daß sie an deren Existenz nicht glauben wollen, auch diese sind von der, die Welt durchschleichenden Behauptung berührt, daß der Mädchenhandel »ein jüdisches Gewerbe« sei. Auch diese Juden haben das höchste Interesse daran, zu dieser Behauptung eine sichere Stellungnahme zu finden, entweder in dem Sinne, sie als feindselig übertrieben nachzuweisen und abzuweisen, oder in dem Sinne, daß sie als Gemeinschaft ihr Desinteressement an der ganzen Angelegenheit erklären, oder daß sie die Wahrheit suchen und freimütig zugeben und abhelfen wollen, was den Einzelnen zwar schmerzlich erregen muß, woraus aber keine generelle Beleidigung gesponnen werden darf. –

Kleine, tastende Versuche, in den Ostländern ein lebendiges Interesse für die Fragen intensiven Mädchen- und Kinderschutzes zu erwecken, haben sich schon vor dem Kriege als Sysiphus-Arbeit erwiesen. Ich vertrete nun die Meinung, daß man, der neuen Zeit angepaßt, andere Wege suchen muß, den Verflechtungen »Mädchenhandel« nachzugehen.

Für uns Juden habe ich in Wort und Schrift den mir einzig gangbar scheinenden Weg vorgeschlagen und ihn begründet. Doch glaube ich, daß auch die gesamte Welt-Öffentlichkeit das stärkste Interesse daran hat, daß das Material beim Völkerbund nicht in Geheimakten verstaut bleibe, sondern daß praktische Erkenntnisse daraus geschöpft werden.

Im Oktober 1930 wird in Warschau wieder ein Internationaler Kongreß zur Bekämpfung des Mädchenhandels stattfinden, und ich hoffe, daß diese Versammlung so vorbereitet sein wird, daß sie einstimmig die Bearbeitung des Völkerbundmaterials als eine Kulturverpflichtung der Nationen und Konfessionen verlangt. –

Aus dem inneren Zusammenhang der Aufgaben der Bekämpfung des Mädchenhandels mit der Notwendigkeit eines internationalen jüdischen Kinderschutzes als Weltsammelvormundschaft, soll die Mitteilung über diesen Plan als ein Annex der Briefe, den Weg zur Erfüllung und Durchführung suchen. Als ausführende Organe und Organisationen kämen m. E. zunächst der *Joint* und die *Jewish Agency* in Frage.

Isenburg, den 28.8.1929.

Aus einem Brief Bertha Pappenheims aus Genf
vom 12. Okt. 1928

Als ich ankam, fand ich einen Brief vor, der mich für 10 Uhr in das Büro *(Völkerbund)* bat. Ich will versuchen, den Gang der Unterredung festzuhalten: Ich sagte, daß es noch immer Juden gibt, die das Vorhandensein eines Mädchenhandels nicht glauben wollen, andere, die es glauben, aber noch niemand hätte die Kraft und den Mut aufgebracht, etwas Wirkliches dagegen zu tun. Dann sprach ich von dem Bericht, und man schien erst zu glauben, daß ich gekommen sei, um wegen des Berichtes zu klagen. Ich erklärte aber, daß der Bericht zwar belastend für uns Juden sei, aber nicht anders und nicht stärker, als wir längst belastet sind, und daß ich der beanstandeten anekdotenhaften Rabbinerfrau nicht die geringste Bedeutung beimesse, weil jedermann die Unwahrheit dieser Geschichte daraus erkennen könne, als Frauen und gar Rabbinersfrauen nie religiöse Funktionen zu erfüllen haben. Ferner erklärte ich, daß der Bericht nur dann etwas bedeuten würde, wenn man ihn zum Ausgangspunkt praktischer Arbeit machen würde, wozu der Einblick in das Material nötig sei.

Man sagte mir dann, daß von jüdischer Seite (Mr. Cohen und Montefiore) schon Einblick verlangt worden sei, daß aber ..., der Vorsitzende des *Völkerbundes*, es zweimal strikt abgelehnt habe, da Amerika und Rumänien (Frankreich?) dasselbe verlangt haben. Man erklärte mir, ganz meiner Ansicht zu sein und ... wiederholt in unserem Sinne gesprochen zu haben, aber endgültig abgewiesen worden zu sein. Für die genannten Länder sei die Erlaubnis gegeben worden, daß auf bestimmte Fragen, die aus dem Bericht herausgegriffen würden – Fragen nach Häusern, Straßen etc. an offizielle Stellen (Behörden, Polizei usw.) –, Auskunft gegeben würde, aber ein allgemeiner Einblick würde nicht gestattet. Die Experten-Kommission selbst habe dagegen Verwahrung eingelegt, weil es für sie eine Gefahr bedeuten würde, wenn die Händler, Zuhälter etc. exponiert würden. (Daraus kann man sehen, welche Macht diese Unterweltsleute haben.)

Ich erklärte, daß es sich m.E. für uns Juden vorerst gar nicht um solche Einzelheiten handelt, besonders schon deshalb nicht, weil die Studienkommission weder geographisch noch in bezug auf die Erhebungen und ihre Zusammenhänge den jüdischen Verhältnissen Rechnung getragen habe, und auch weil die Juden nirgends anerkannte Ansprüche auf die spezielle Behandlung ihrer Angelegenheiten machen können. Unser Interesse an dem Material ist ein ganz anderes, viel allgemeineres als das der Länder und Nationen, und deshalb können unsere Wünsche und Anträge zur Einblicknahme nicht denen der Länder, Nationen oder Konfessionen, die eine Vertretung in ihren Kirchen haben, gleichgestellt werden. Ich erklärte aber auch, daß für die ganze Welt der Bericht nur dann Sinn und Wert habe, wenn er allgemein zur Diskussion gestellt und zum Ausgangspunkt praktischer Maßnahmen genommen würde. Wenn das nicht baldigst geschieht, dann wird der Bericht ein historisches Dokument oder ein literarisches Produkt, aber nimmer eine soziale Tat. Man verstand sehr gut, was ich meinte, stimmte mir bei und verstand auch, daß, wenn man uns Juden nicht Weg und Möglichkeit gibt, nach der Lage, in der wir leben – keine Nation, kein Staat, keine Kirche, keine juristische Organisation zwischen den anderen –, den Mädchenhandel zu bekämpfen, man uns keinen Vorwurf daraus machen darf, wenn wir es nicht tun. Natürlich müssen wir selbst erst die Wege suchen. Auch das gab man zu, daß, je intensiver die Länder und ihre Regierungen, die Behörden etc., die ihnen zugehörigen Frauen, Mädchen und Kinder, schützt, um so mehr stürzt sich das Verbrechertum auf die jüdische Ware, die einerseits ungeschützt ist, andererseits an Marktwert steigt!

Das Resultat einer etwa zweistündigen Unterredung war, daß ich versuchen soll, einige wenige führende Personen (Individuels) zu veranlassen, an das Sekretariat des *Völkerbundes* einen Brief zu schreiben, in dem man bittet,

1. entweder Einsicht in das Material zu gestatten (was voraussichtlich abgelehnt wird), oder
2. zu bitten, von der Kommission des *Völkerbundes* einen Auszug aus dem Material machen zu lassen, der dann einen zu ernennenden kleinen jüdischen Vertrauenskommission in Genf vorgelegt werden und zur Weiterbehandlung übergeben werden könnte.

Ich machte Notizen über Form und Inhalt eines solchen Briefes, über evtl. Unterschriften usw. und erhielt das Versprechen, daß das, was man zur Unterstützung und Förderung der Sache tun könne, geschehen würde.

Berlin, den 9. November 1928

Sehr geehrter Herr ...

Der *Jüdische Frauenbund* hat beschlossen, die von Fräulein Bertha Pappenheim seit Jahrzehnten verfolgten Bemühungen zur Bekämpfung des Mädchenhandels unter den Juden aufzunehmen.

Der Ihnen sicherlich bekannte Bericht der Sachverständigen-Kommission des *Völkerbundes* und der Wunsch, die Materie nach allen Richtungen endlich klarer übersehen zu können, veranlaßten Fräulein Pappenheim, inoffiziell in Genf Fühlung zu nehmen.

In Verfolg dieser Fühlungnahme sind wir zu dem Beschluß gekommen, daß an den *Völkerbund* ein Brief gerichtet werden müsse, dessen vorgesehenen Text Sie in der Anlage finden.

Dieser Brief an den *Völkerbund* soll nach dafür maßgeblichen Beratungen weder von uns noch von einer kleinen Anzahl international anerkannter jüdischer Persönlichkeiten verschiedener Länder unterschrieben werden.

Wir glauben, daß dieser Schritt sachlich von größter Wichtigkeit werden kann, indem er Möglichkeiten auf eine erfolgreiche Arbeit in der Richtung der Bekämpfung des Mädchenhandels eröffnet. In jedem Fall aber wird der Brief in der Geschichte der jüdisch-sozialen Arbeit ein für die Juden bedeutsames Dokument bleiben.

Sobald wir Ihre Zusage, die wir umgehend erbitten, in Händen haben, werden wir das Original-Dokument zuerst an Herrn Dr. Claude Montefiore zur Unterzeichnung senden und dann in alphabetischer Reihenfolge bei allen Unterzeichnern kursieren lassen.

In ausgezeichneter Hochachtung

Bettina Brenner, Vorsitzende des *Jüdischen Frauenbundes* von Deutschland.

Diesen Brief erhielten:

Mr. Claude Montefiore, London
Rabbiner Dr. Leo Baeck, Berlin
Professor Dr. Albert Einstein, Berlin
Dr. Hertz, London, Chiefrabbi von England
Dr. Levy, Paris, Grand-Rabin von Frankreich
Herr Dr. C. Melchior, Hamburg
Dr. Leo Motzkin, Paris
Professor Simonsen, Kopenhagen
Professor M. Sobernheim, Berlin, Legationsrat am Ausw. Amt
Frl. Bertha Pappenheim
Herr Max Warburg, Hamburg

Entwurf des Briefes
An den Herrn Generalsekretär des Völkerbundes, Sir Eric Drummond, Genf.

Die unterzeichneten Personen, die an dem gegenwärtigen Stande der Frage der Bekämpfung des Mädchenhandels lebhaft interessiert sind, bitten

um die Erlaubnis, durch einen oder mehrere Delegierte in das Material der Sachverständigen des Völkerbundes betr. den Mädchen- und Kinderhandel Einsicht nehmen zu dürfen, um daraus die Beteiligung von Juden am Mädchenhandel zu ermitteln.

Sollte die Erlaubnis zur Einsichtnahme nicht erreichbar sein, so erbitten die Unterzeichneten, daß ein Bericht, soweit er den Anteil der Juden am Mädchenhandel betrifft, aus diesem Material vorbereitet und einem kleinen Komitee vertrauenswürdiger Juden in Genf zugänglich gemacht wird.

Nur wenn einem der beiden Wünsche Folge geleistet wird, wäre es uns Juden möglich, festzustellen, in welchem Umfange eine Beteiligung von Juden am Mädchenhandel vorliegt, und nur dann könnte Verantwortlichkeit und Gewissenspflicht der Gemeinden, Rabbiner, Lehrer und der großen jüdischen Organisationen in allen Ländern in vollem Ausmaß wachgerufen werden.

Wir erbitten dies nicht, um an dem Bericht des Völkerbundes nach irgendeiner Richtung Kritik zu üben, sondern lediglich um der jüdischen Gemeinschaft zu ermöglichen, den Kampf gegen den Mädchenhandel nachdrücklichst aufzunehmen.

Erst wenn uns dadurch ein Weg eröffnet wird, sind wir in der Lage, nicht nur unsere Schuldigkeit zu tun, sondern auch voll an der Lösung eines Weltproblems mitzuarbeiten.

Wir glauben, dies verlangen zu müssen, weil die Situation der Juden sich von der der Nationen, Länder und Kirchen so wesentlich unterscheidet, daß die speziellen jüdischen Aufgaben nur von Juden selbst mit Aussicht auf Erfolg bearbeitet werden können.

Gefährdeten-Fürsorge

Es gibt zwei Möglichkeiten, vom Arbeitskreis zu sprechen. Die eine Möglichkeit wäre, Sie mit dem Wort »Arbeitskreis« als Tatsache zu überfallen. Ihnen zu sagen, was dieser Arbeitskreis soll, ohne zu bedenken, ob die Einstellung der hier Anwesenden so weit ist, daß wir uns mit Schlagworten verstehen können. Die zweite Möglichkeit wäre, ganz weit auszuholen. Mir wäre die zweite Möglichkeit die liebere. Es gibt für das, was Gefährdung, was Fürsorge, was Gefährdeten-Fürsorge, was Arbeitskreis bedeutet, ganz getrennte, bestimmende Gedankengänge. Es wäre zu erklären, was uns Veranlassung gab, neben anderen Stellen noch einen »Arbeitskreis für Gefährdeten-Fürsorge« zu schaffen. Ich könnte Ihnen vieles erzählen. Was ich in 40 Jahren sozialer Arbeit lebendig haben werden sehen, und was ich nicht habe werden sehen. Es wird aber nicht möglich sein, so weit auszuholen, wie es eigentlich wünschenswert wäre.

Wir wollen uns als erstes fragen: Was bedeutet Gefährdung? Versteht man dieses Wort so eng, so bedeutet es die Gefahr einer sexuell-sittlichen Entgleisung. Versteht man es weit, so ist darunter zu verstehen, jedes Abweichen von dem Wege, den das Gesetz, wie wir es jüdisch überliefert bekommen und weitergegeben haben, als Basis des Verhaltens fordert. Wenn wir Juden heute starker Anfeindung ausgesetzt sind, so ist das, weil auch bei uns die Reinheit der Sitten und die Gesetze der Sittlichkeit übertreten und umgangen werden. Ich betrachte jedes Außerachtlassen von Dingen, die zum Intakthalten der sittlichen Persönlichkeit notwendig sind, als unsittlich. Wenn wir heute hören, daß Menschen geschäftlich den Gesetzen zuwiderhandeln, so müssen wir sagen, auch das ist unsittlich; nicht nur die Dirne, die Frau, die ihren Mann betrügt, verdient dieses Wort. Die Juden, die sich irgendeiner Richtung nicht den allerhöchsten Ansprüchen sittlichen Lebens fügen, sind – nach meiner Auffassung – gefährdet und gefährdend: Nachsicht wäre hier von Übel. Es ist sehr schwer, nicht zu gefährden, wenn wir das große Gesetz, das vom Ner tomid, vom ewigen Licht ausgehen soll, als bindend anerkennen: wie leicht läßt man es außer acht.

In der Fürsorge haben wir es – das wissen wir alle – mit Menschen zu tun, die schwach sind, – wie wir alle mehr oder weniger auch. Das erfordert Nachsicht. Nachsicht in der Praxis, aber nicht in der Gesinnung. Keine Nachsicht haben dürfen wir gegen die gesunde Jugend und gegen uns selbst. Für uns muß das ewige Gesetz gelten, man nenne es Gewissen oder Tradition, man darf es nicht umgehen und umschreiben.

Wer sich unterfängt, Jugend führen zu wollen, muß den Weg der Strenge gegen sich selbst und der Nachsicht gegen andere gehen. Es ist heute furchtbar schwer, anderen das Ner tomid anzustecken, aber das ist unsere Pflicht. Heute glaube jeder Jude, die Berechtigung zu haben, sich selbst einen Weg zu weisen, sich nicht mehr wie früher einen Weg zu weisen, sich nicht mehr wie früher sittlicher Vorschrift zu fügen. Wenn man, wie ich vor 40 Jahren noch – unbewußt – übergossen vom Geist des elterlichen Hauses, geschützt durch den Jichus, soziale Arbeit begonnen hat, dann liegt es einem wie ein furchtbarer Schrecken auf der Seele, daß auch die Juden in den letzten Jahrzehnten von dieser Linie, die ihnen gewiesen war, abgewichen sind, auch auf sexuellem Gebiet. Ich habe das noch erlebt in deutschen jüdischen Gemeinden und mit noch größerem Schrecken im Ausland: In Ost und West. Das kann eine einzelne Frau nicht beheben – aber man hat dieser Frau nicht geglaubt. Man hat es ihr abgestritten, daß auch in der jüdischen Gemeinschaft uneheliche Mütter und Kinder vorhanden sind. Es hat damals viel bedeutet, das auszusprechen, und es war schwer, die Frauen zu bestimmen, daß wir uns zusammenschließen müssen, um diese Dinge abzustellen. Heute sind diese Gedankengänge in der gesamten Kulturwelt lebendig; sie sind gesamt-menschlich, aber diese Ideen und Forderungen strengster Sittlichkeit in die Welt getragen zu haben, war – das wollen wir nie vergessen – jüdisch.

Wir haben im *Jüdischen Frauenbund* immer wieder versucht, auf die Entgleisungen in unserer Gemeinschaft hinzuweisen und gleichzeitig auch immer wieder nachzuweisen, wie die große Linie geht, die wir einhalten müssen. Was müssen wir tun, um uns, soweit wir diese göttliche Linie fühlen, darüber klar zu werden und unsere Empfindung auf die zu übertragen, die den

Weg nicht sehen oder nicht die Stärke und Fähigkeit haben, ihn zu gehen? Ich glaube, daß dieses Bemühen religiös genannt werden muß: mit rituellem Leben hat es nichts zu tun.

Wir wissen alle, daß die heutige Jugend es vielfach ablehnt, diesen Weg zu gehen. Fürsorge-Institutionen können sich begreiflicherweise nicht mit allen Formen des Abgleitens befassen. Es gibt für jeden Menschen eine Privatsphäre, die zu schonen ist und gibt andererseits Momente, die uns gerade bei jungen Menschen veranlassen, in ihr Leben einzugreifen. In der Gefährdeten-Fürsorge wollen wir sie bewahren, wollen in einer Zeit, da ihnen die Gefährdung noch nicht bewußt ist, an sie und für sie denken. Wenn wir keine Möglichkeiten sehen, heute allen das »Du sollst« beizubringen; – man mag dieses Wort religiös oder philosophisch auffassen – dann ist es nicht zu verwundern, wenn wir immer wieder Menschen unserer Gemeinschaft verlieren. Ich sehe eine Ursache für das Zusammenschrumpfen der Judenschaft auch darin, daß sie nicht mehr den Gedanken des ethischen sich Aufrechterhaltenwollens in die Tat umzusetzen vermag.

Ich hätte gewünscht, daß die Gefährdeten-Fürsorge als Arbeit fortwährend und uneinge-schränkt dem *Jüd. Frauenbund* erhalten worden wäre. Die Entwicklung kam anders – vielleicht liegt auch darin ein Gesetz. Heute empfinde ich es als Umweg, daß auch anderen Organisatio-nen, die nicht so konzentriert und einmütig diese Arbeit tun, Gefährdeten-Fürsorge machen. Außerordentlich bedauerlich ist es aber, daß einzelne Personen, denen die Gefährdungs-Erschei-nungen auch immer wieder begegnen, nicht alle ihre Kraft einsetzen, sie einzudämmen.

Wir müssen uns in einer solchen Stunde fragen: wie verhalten wir – oft altmodisch genann-ten – Menschen uns zu den modernen Gedankengängen, die heute die Jugend, die Fürsorge-rinnen etc. beschäftigen? Aus Gründen der Hygiene, der sexuellen Moral? Wenn wir auf dem Standpunkt stehen, daß wir dieses Recht nicht haben, dann wollen wir alle Gefährdeten-Fürsor-ge lassen. Sehen wir es aber als unsere Pflicht an, die Jugend vor Gefährdung zu behüten, – den einzelnen jungen Mensch, die jüdische Familie, die jüdische Gemeinschaft – dann erwachsen uns außerordentliche Pflichten. Ein Zwischending gibt es nicht. Hier ist eine Entscheidung, eine große Klarheit nötig. Sind wir durchdrungen von einer Mission der Juden und des Juden-tums zwischen den Völkern, so ist es unsere Pflicht, für Gesundheit der jüdischen Gemeinschaft an Geist und Körper zu sorgen. Wir können eine Kontinuität des Geistes nur anerkennen und verlangen, wenn wir die Kontinuität des Körperlichen, die Fortpflanzung auch als Wertvolles anerkennen. Dieser jüdische Gedanke gab uns Frauen die Kraft, einen Kreis, einen Arbeits-kreis zu bilden, der in Liebe alle umfängt, die schwach sind und sie auf den einen Weg zu führen sucht, an dessen Ende das Ner tomid brennt. Das ist die Aufgabe eines Arbeitskreises für Gefährdeten-Fürsorge; sie verpflichtet jeden einzelnen. Es darf nicht sein, daß wir von hier auseinandergehen und Danke Schön! sagen und alles herrlich fanden.

Wir alle stehen auf der Basis des lebendigen Lebens. Für die große Linie sind jedoch auch die Details sehr wichtig. Ich will nur eine Frage hier aufwerfen: Wie soll man sich den jungen Menschen gegenüber verhalten, die abgewichen sind? Wir können nur die eine Antwort finden, daß wir uns helfend und schützend vor diese einzelnen Personen zu stellen haben. Es handelt sich bei diesem Abgleiten durchaus nicht nur um die Mädchen. Dieselben Entgleisungen mit anderen Wirkungen und Rückwirkungen finden sich auch bei der männlichen Jugend. Aber fälschlicherweise beschäftigt man sich meist nur mit den Mädchen und stigmatisiert sie. Es ist sehr beschämend für die Männer, daß sie sich nur mit den »gefährdeten Frauen« befassen, als ob die Frau allein imstande wäre, diese Entgleisungen zu begehen. Ist es nicht genau so beschämend für die jüdische Gemeinschaft, daß auch ihre Männer nicht stark geblieben sind? Wir wissen ganz genau um die von der Natur gewollte Zweiteilung. Man hat heute Vormittag vom Geheimnis in jedem Menschen gesprochen und von naturwissenschaftlicher Seite ist uns gesagt worden, das sei nicht richtig. So materialistisch wollen wir nicht sein, daß wir dieses Unbenennbare, dieses Geheimnis beiseite schieben wollen. Wir können auf dieses große Ge-heimnis nicht verzichten, denn es kann außerordentlich beglückend sein, immer wieder – nach einem großen Kummer, bei schweren Entscheidungen – ein Geheimnis zu fühlen. Dies allein gibt uns die Kraft, das Leben zu ertragen und Nachsicht zu üben gegen die, die es nicht wissen und vielleicht nie wissen können. Es stellt uns auch die Aufgabe, uns zu verbinden, im Sinne dessen, was unsterblich ist.

Es ist sehr schwer auszudrücken, was ich in dieser erdgegebenen Aufgabe eines Arbeitskreises für Gefährdeten-Fürsorge als das Übererdgegebene empfinde und verständlich machen möchte. Man kann darüber nicht immer sprechen und nicht mit jedem. Es überkommt einen, man ruft die Gleichgesinnten zusammen und spürt dann diesen ganz merkwürdigen starken verbindenden Strom. Darum ein Arbeitskreis. Kreis heißt zusammenstehen, er hat keinen Anfang und kein Ende.

An Feiertägliches und Feierliches kommt man selten, aber jeder Tag bringt kleine praktische Pflichten. An jedem Tag können wir erfahren, beobachten, fühlen, daß wir Juden etwas zu tun haben. Der Weg wird Ziel, und das Ziel wird Weg.

Bedauerlicherweise hat sich die jüdische Fürsorgetätigkeit nicht so entwickelt, wie es wünschenswert gewesen wäre. Es ist das Traurige am Altwerden, wenn man sieht, daß das, was man sich gewünscht hat, durch sonderbare Abwandlungen zum Gegenteil geworden ist. Man hat z.B. gesehen, daß die Wohlfahrtsarbeit nicht allein freiwillig zu leisten ist. Man hat die herkömmliche, als Mizwoh aufgefaßte Wohltätigkeit, diese Berufung an die ganze Gemeinschaft, umzubilden versucht in eine disziplinierte Wohlfahrtspflege. Ich selbst habe danach gerufen und muß nun sehen, daß dieses herrliche Sichgeben und Nehmen aufgehört hat und einer Rationalisierung gewichen ist. Daß Fürsorgearbeit nicht mehr Berufung, sondern ein Beruf, an vielen Stellen sogar ein Geschäft geworden ist, das ist eine furchtbare Beobachtung, etwas was so weit abliegt vom Wege zum Ner tomid, daß man nur mit Schaudern daran denken kann. Wenn wir Frauen nicht wieder alles hergeben: Gut und Blut, Geist und Verstand, dann wird die Materialisierung der Wohlfahrtsarbeit nicht aufzuhalten sein, dieser jüdischen Aufgabe, die nur in höchster Geistigkeit und Liebe getan werden kann.

Der Arbeitskreis soll ein Zusammenstehen von Männern und Frauen (beamteten und nicht beamteten) bedeuten, die im höchsten Sinne bereit sind, den einzig richtigen Weg zu gehen. Die der Jugend sagen, es gibt Momente, wo Du stillehalten mußt, denn Du bist nicht nur einer, Du gehörst dem Ganzen.

Heute sind in der jüdischen Gemeinschaft Verfall und Degeneration genau so eingetreten, wie bei der Umwelt. Wenn wir als jüdische Gemeinschaft bleiben wollen – und ich meine, wir sollten bleiben wollen, um des Weges, des unerreichbaren Zieles, um des Geheimnisses willen – dann müssen wir denen helfen, die am Wege bleiben. Sie sollen und brauchen nicht am Wege bleiben.

Aus unserer täglichen Arbeit wissen wir, wie ungenügend und unzulänglich wir sind. Es fehlt nicht nur an Geld, sondern auch an der Bereitschaft, zu helfen, an der Bereitschaft, zusammenzustehen. Wir sind nicht mehr eins. Wir haben am Sinai gemeinsam das Gesetz empfangen, aber heute geht jeder, jede Organisation für sich. In solchen Augenblicken bedaure ich, daß wir keine Kirche, keine religiöse Autorität haben. Wo ist bei uns jemand, der etwas sagt oder zu sagen hat, – sagen sie es, weil sie auf diesem als richtig erkannten Wege vorausgehen oder weil sie glauben, besser zu sein? Wir haben keine Disziplin, sind alle so gescheit, und es entsteht ein zerrupftes, zerpflücktes, uneinheitliches Leben, das einem – ich gehöre dazu – bis in die Seele zuwider ist.

Seien Sie nicht zufrieden mit sich selbst und mit Ihrem Nachbar. Richten Sie sich nach der merkwürdigen Stimme, die wir Gewissen nennen, von der ich glaube und weiß, daß jeder sie hat. Von da aus müssen wir Gefährdeten-Fürsorge machen.

Seit 4 Wochen weiß ich und muß es an dieser Stelle sagen, daß man 2 jüdische Kinder verschenkt hat, an Christen verschenkt, und daß 2 andere jüdische Kinder von ihren Müttern beiseite geschafft worden sind. 2 jüdische – uneheliche – Mütter unter 20 Jahren haben ihre Kinder geboren und getötet. War wirklich keine Möglichkeit da, diese Kinder zu erhalten? Wenn das möglich sein kann, daß kein Geld, kein Vertrauen, kein Wille da ist, dann bedarf es unserer ganzen unerhörten Liebe, um so etwas wieder unmöglich zu machen.

Der Arbeitskreis hat die Aufgabe, technisch und innerlich solchen Auffassungen und Geschehnissen eine Mauer entgegenzusetzen. Daß wir heute in der jüdischen Gemeinschaft Kindesmörderinnen haben, bedeutet eine tiefe Schmach für uns alle.

Es gibt Dinge, in denen das gesunde Gefühl der Frauen maßgebend sein soll und wieder maßgebend werden muß, aber nicht wir Alten, sondern die Jungen sollen es machen. Sagen Sie es in den Gemeinden, daß wir das bißchen Geld, das wir heute noch haben, nicht in die Verwaltung stecken dürfen, sondern daß es der lebendigen Arbeit gehört.

Die Details der Gefährdeten-Fürsorge, die unser Arbeitskreis und jeder an seiner Stelle zu tun hat, sind so trocken und einfach. Aber doch haben Sie im letzten Ende mit zu tun, was meine Ausführungen Ihnen sagen wollten. Jeder ist dafür verantwortlich, auch der Lehrer, die Rabbiner, aber besonders wir Frauen. Wir haben sonst nicht das Recht, in jüdischen, gemeindlichen Dingen mitzusprechen. Wir dürfen nicht ruhig sein, bis wir den Weg, an dessen Ende das Ner tomid brennt, wiedergefunden haben.

Der Warschauer Internationale Kongreß zur Bekämpfung des Mädchenhandels

An den Vorstand des Jüd. Frauenbundes, z.Hd. von Frau Bettina Brenner, Leipzig.

Es scheint mir nicht nur für die im J.F.B. organisierten Frauen, sondern für die jüdische Welt im allgemeinen wichtig, zu erfahren, wie sich der VIII. Internationale Kongreß zur Bekämpfung des Mädchenhandels in Warschau dargeboten hat. Ich berichte deshalb.

Um zuerst von dem Rahmen der Veranstaltung zu sprechen, ist zu erzählen, daß die bekannte polnische Gastlichkeit sich in liebenswürdiger Weise gezeigt hat. Die Gastlichkeit des polnischen Nationalkomitees, die besonders durch die »Dames Chauvinesses« (Stiftsdamen) in dem Stiftungshaus der Gräfin *Potocka* Formen so feiner, persönlicher Kultur trug, ließ alle begeisterten Worte des Dankes in den drei Kongreßsprachen nur eben das ausdrücken, was alle Teilnehmer empfanden. Auch große Empfänge in prächtigen, kunstgeschmückten Räumen brachte die offizielle Note, die solchen Zusammenkünften eigen ist, ihre äußere Wirkung, wenn auch nicht ihre innere Bedeutung zu unterstreichen.

Vom allgemeinen Standpunkte gesehen, bewegten sich die Verhandlungen in den bekannten, herkömmlichen Geleisen von Frauen- und Kinderschutz: Paßfragen, Repatriierung von Prostituierten, Schutzalter, Auslandsstellungen für Mädchen, besonders als Artistinnen usw.

Neu aufgenommen war der nicht fernliegende Gedanke der Bekämpfung des Zuhälterwesens, der nach den Wegen und Umwegen, die einer Resolution vorgeschrieben sind, noch vieler Jahre bedürfen wird, um seine Keimfähigkeit zu beweisen!

Auch die Abolition der Reglementierung, die Aufhebung der Bordelle, diese Grundforderung jeglicher ernst gewollten Bekämpfung des Mädchenhandels, ist nach vieljährigen Kämpfen noch nicht in allen Ländern anerkannt. Es war nur ein winziger Ansatz einer etwas lebhafteren Bewegung in der Versammlung, als Prof. *Uhde* (Graz) mit dem ihm eigenen Pathos eine Entschließung verlangte, demzufolge der Völkerbundskommission für Frauen- und Kinderschutz kein Antrag empfohlen werden sollte, der nicht mit der abolitionistischen Linie übereinstimmt. Aber auch dieser Wunsch, der im Augenblick, da er ausgesprochen wurde, nur von ideologischer Bedeutung war, konnte sich durch die Stellung der lateinischen Länder (die wie der Osten, der Balkan u.a. nicht ohne Bordelle auskommen zu können glauben) und durch die ängstliche Haltung einiger Nationalkomitees in der Abstimmung nicht einmal zu einer warmen Einstimmigkeit, zu einer Resolution verdichten.

Mit diesen wenigen, uninteressanten Worten wäre der Kongreß im allgemeinen genügend charakterisiert, und indem ich noch beifüge, daß der nächste Kongreß in Berlin stattfinden soll, wäre der Bericht erschöpft, wenn nicht gerade von diesem Kongreß für die jüdische Welt mehr und anderes zu erwarten gewesen wäre.

Wenn ich nun in diesem Zusammenhang den in unserem Frauenkreise zum Kennwort gewordenen Begriff der Sysiphus-Arbeit gebrauche, so wissen Sie, daß ich damit die Stellung der Juden im Mädchenhandel und zu seiner Bekämpfung meine.

Fußnoten

1.   Gabriele Reuter, Aus guter Familie. Leidensgeschichte eines Mädchens. Roman. S. Fischer Verlag, Berlin 1895. Im selben Jahr wie Sigmund Freud/Josef Breuers *Studien über Hysterie* mit der Fallgeschichte von Anna O. erschien Gabriele Reuters Roman *Aus guter Familie*, der die Entstehung der Hysterie bei der behüteten Regierungsratstochter Agathe als Folge ihres inhaltsleeren Lebens nachzeichnet. Bis 1900 erreicht dieses Buch eine Auflagenhöhe von 100 000 Exemplaren. (Freud/Breuers, *Studien*: 250 Ex.) Die Wirkungsgeschichte dieses Buches: Es motiviert die bürgerlichen Leserinnen, die sich lebensgeschichtlich mit Agathe identifizieren können, sich in der sozialen Praxis der Frauenbewegung zu engagieren, um Gerechtigkeit in die gesellschaftlichen Verhältnisse hineinzutragen, anstatt, wie die Heldin, ihr Leben in einer Heilanstalt zu verdämmern. 2 Kellnerinnenfrage und Dienstbotenfrage: Jeweils 30% der unehelichen Kinder stammen von Kellnerinnen bzw. weibl. Dienstboten. Beide Berufe sind die prädestiniertesten in der Vorstufe *zur gewerblich registrierten Prostituierten*. Für beide sucht Bertha Pappenheim ein ehrenhaftes Berufsbild durchzusetzen, das jungen Mädchen gestattet, sittlich ungefährdet ihren Lebensunterhalt zu verdienen

    Als Mitglied der Kellnerinnenkommission des *ADF*, die zum Ziel hat, das Kellnerinnengewerbe ihres anstößigen Charakters zu entkleiden, führte Bertha Pappenheim in Frankfurt a.M. eine Fragebogenaktion bei Frauen, die in Animierkneipen, Bars, Varietés, Wirtschaften, Kneipen, Restaurants, Café chantants u.a. tätig sind, durch, um auf der Basis dieses Materials eine Petition im Reichstag einzureichen mit ehrenamtlich tätigen Frauen aus der sozialen Hilfsarbeit. Welche Schwierigkeiten diese ehrenamtlich durchgeführte Enquête den Helferinnen machte, berichtet sie auf der X. Generalversammlung des *ADF* (2.-4. Okt. 1912) in Gotha. »Ich selbst muß sagen, daß ich es mir wohl überlegt habe: Wen können wir beauftragen, in dieses Lokal zu gehen, um eine wirkliche Beantwortung des Fragebogens zu bekommen? [...] Wir können es jungen Frauen nicht zumuten und auch den Männern dieser Frauen nicht, den Antrag entgegenzunehmen, daß die Frauen eine Enquete in den Animierkneipen, in den Varietés und dergleichen Räumen machen.« Aus diesem Grund stellt sie den Antrag für eine berufsmäßig durchgeführte Enquête.

2.   In Frankfurt zählt Bertha Pappenheim zu den Mitbegründerinnen der Jüdischen Haushaltungsschule. Die Schülerinnen dieser Schule bereiten für die Mitglieder des von Bertha Pappenheim 1902 gegr. *Mädchenclubs* das Abendessen.

3.   Die meisten Prostituierten sind um die Jahrhundertwende geschlechtskrank. Paul Ehrlich, Direktor des Instituts für experimentelle Therapie in Frankfurt a.M., entwickelte 1909 mit seinem Mitarbeiter Hata das Heilmittel Salvarsan gegen die Syphilis. 1904 stellte Bertha Pappenheim auf der III. Nationalkonferenz zur Bekämpfung des Mädchenhandels den Antrag: »Daß die Frauenvereine durch die Nationalkomiteen auf die verschiedenen Formen des Mädchenhandels aufmerksam gemacht werden in seinem Zusammenhange mit der geheimen Prostitution und, daß die Frauen die Wichtigkeit der Armenpflege, der Berufswahl, der Gesindevermietung, der Dienstbotenfrage im Hinweis auf den deutschen Mädchenhandel kennen lernen.«

4.   veraltet für ukrainisch

5.   Gebote

6.   So würde ich z.B. raten, Kinder unter einem Jahr nicht aufzunehmen. Deren Pflege ist bekanntlich die schwierigste, und ihr Erfolg wird durch häusliche Unvernunft oft vernichtet. Ein oder der andere Todesfall, der unter den Säuglingen aus Gründen, die

mit der Krippe gar nicht zusammenhängen, vorkäme, würde bei dem Aberglauben und dem Mißtrauen der Bevölkerung einer Neuerung gegenüber eine solche Volkspflegeanstalt von vornherein in Verruf bringen. Also Vorsicht in der Auswahl und Aufnahme der Kinder und in der Anstellung eines bezahlten Arztes, der in der Stadt bekannt ist und das Vertrauen der Bevölkerung genießt.

7.   Ein detaillierter Plan für ein solches Erziehungsheim kann in diesem Bericht keinen Raum finden, derselbe ist noch besonders sorgfältig auszuarbeiten.

8.   Dieser Passus lautet nach dem Manuskript des Vortrags anders und wurde gegen die Absicht der Rednerin, um eine Polemik zu vermeiden, zur Veröffentlichung verändert.

9.   Erst im Jahre 1907 erklärte das *Deutsche Nationalkomitee* zur Bekämpfung des Mädchenhandels das Bordell als Käufer als Ursache des Mädchenhandels und als solche zu bekämpfen. Dieser Wechsel des Standpunktes, der im Staat gesetzlich festgeschrieben war, hatte zur Folge, daß die Frauenvereine sich dem *Deutschen Nationalkomitee* anschlossen, wie Bertha Pappenheim mit dem *Jüdischen Frauenbund*

10.   William Alexander Coote reiste 1898 nach Berlin, um die Begründung des *Deutschen Nationalkomitees zur Bekämpfung des Mädchenhandels* nach englischem Vorbild zu bewirken.

11.   Dazu auch Anatol aus Arthur Schnitzlers Liebelei: »Die Weiber haben nicht interessant zu sein, sondern angenehm! Erholen! Das ist der Sinn! Zum Erholen sind sie da!« Die Uraufführung erfolgte im Wiener Burgtheater 1895.

12.   Finanziert von dem Frankfurter Verein *Weibliche Fürsorge* wurden die drei »Sendbotinnen« Sophie Rosenthal, Helene Krämer und Johanna Stahl für den Aufbau von Kindergärten sowie einem Krankenhaus. Helene Krämer wurde nach ihrer Rückkehr nach Frankfurt (bedingt durch den I. Weltkrieg) Heimleiterin des Isenburger Heims.

13.   Carmen Sylva (eig. Elisabeth von Rumänien), 1843-1914, aktiv in der sozialen Fürsorge, geist- und phantasievolle Dichterin in neuromantischen, impressionistischen Stil; schwermütige Lyrik, Erzählungen, Dramen, symbolische Märchen, Volksballaden, Erinnerungen.

14.   Mit Heine ist B. Pappenheim über die gemeinsame Vorfahrin Glückel von Hameln verwandt

15.   die erste weibliche Polizistin

16.   Vorfahrin Bertha Pappenheims, die im 17. Jhd., nach dem Tode ihres Mannes ihre 12 Kinder alleine aufzog, alle gut verheiratete und am Ende ihres Lebens für ihre Kinder ihre Autobiographie schrieb, die erste Biographie einer Frau und Jüdin im deutschen Sprachraum, von B. Pappenheim 1910 übersetzt

17.   Meer

18.   Schöpfer der Welt

19.   wird Ihnen gerne helfen können

20.   jidd: uneheliches Kind

21.   Ausdruck B.P.'s für Spitzensammeln

22.   polnischer Verein für Frauenschutz

23.   Landarbeiter

24.   Geburtsort ihres Vaters

25.   Schläfenlocken

26.   spezieller humorvoller Ausdruck B. Pappenheims für ihre Leidenschaft Spitzen zu sammeln

27.   wörtlich: gestohlenes Wasser wird süß werden; übertragen: ein Mißgeschick wendet sich zum Guten

28.   bezieht sich auf ihr Spitzensammeln

29.   Auf diese Anregung hin wurden in Frankfurt die Wohnräume der Weiblichen Fürsorge, Fischerfeldstraße 25, gegründet.

30.   russ.: Bauer

31.   Wir tun alles für das Wiederaufleben unseres Volkes.

32.   Aber uns Juden erlaubt man nicht, das Gleiche zu tun für unsere Glaubensgenossen.

33.   Das war es niemals, niemals.

34.   Nein, und selbst wenn ich wollte, wäre es zu spät.

35.   Wortspiel mit dem Namen des liberalen Rabbiners Caesar Seligmann

36.   zum Gedenken am Jahrtag ihres Todes

37.   Kratzt den Russen

38.   der das Forschen nach der Vaterschaft untersagt

39.   Leopold P., berühmter jüdischer Maler, der B. Pappenheim als Glückel von Hameln portraitiert hat

40.   Charles Hallgarten, gest. 1908, sozialpolitischer Motor bei der Umgestaltung Frankfurts von privater Wohltätigkeit in rationelle Fürsorge

41.   Höre Israel

42.   höchster jüdischer Feiertag

43.   Bne Brith-Loge

44.   von ihr erstellte Liste von Frauen, die in verschiedenen Orten in ihrem Sinn jüdische Frauenarbeit leisten

45.   Golus: Exil, Vertreibung

46.   orthodoxen

47.   die eheverlassene Frau

9 788027 318438